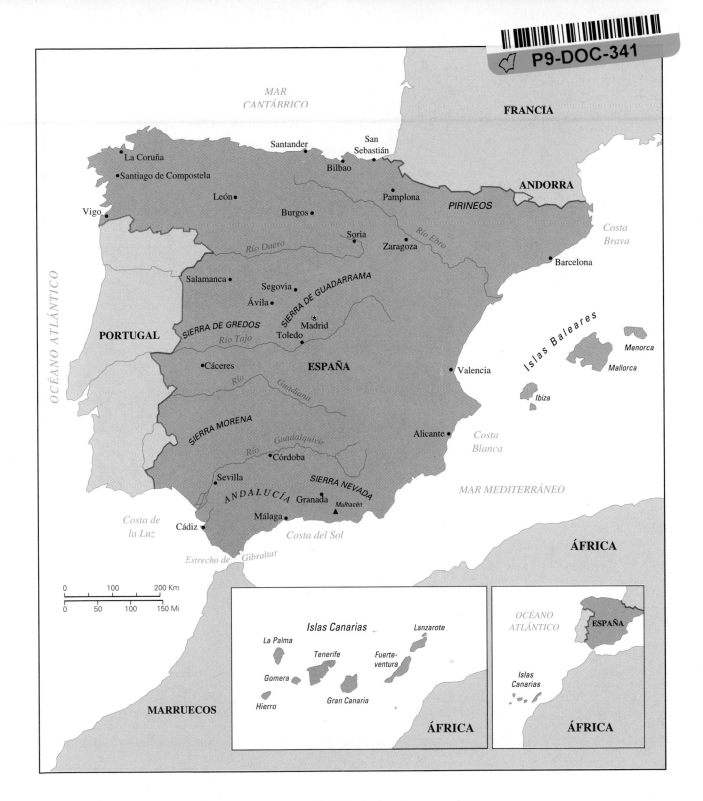

MAR CANTÁRICO

FRANCIA

Santander
San Sebastián
• La Coruña
Bilbao
• Santiago de Compostela
Pamplona
León •
Burgos •
Vigo •
Soria •
Zaragoza
Río Duero
Río Ebro
PIRINEOS
ANDORRA

Costa Brava

• Barcelona

OCÉANO ATLÁNTICO

Salamanca •
Segovia •
Ávila •
SIERRA DE GUADARRAMA

PORTUGAL

SIERRA DE GREDOS
Río Tajo
Madrid
Toledo

Islas Baleares
Menorca
Mallorca
Ibiza

ESPAÑA

• Cáceres
ESPAÑA
Río
Guadiana

• Valencia

SIERRA MORENA
Río Guadalquivir

Costa Blanca

• Alicante

MAR MEDITERRÁNEO

Río
• Córdoba
SIERRA NEVADA

Sevilla •
ANDALUCÍA
Granada
Mulhacén ▲

Costa de la Luz
Cádiz •
Málaga •

Costa del Sol

ÁFRICA

Estrecho de Gibraltar

0   100   200 Km
0   50   100   150 Mi

Islas Canarias

Lanzarote

La Palma
Tenerife
Fuerte-ventura
Gomera
Hierro
Gran Canaria

OCÉANO ATLÁNTICO

ESPAÑA

Islas Canarias

MARRUECOS

ÁFRICA

ÁFRICA

ESPAÑA

FUENTES

Lectura y redacción

FUENTES

SECOND EDITION

Lectura y redacción

Donald N. Tuten
Emory University

Lucía Caycedo Garner
University of Wisconsin–Madison, Emerita

Carmelo Esterrich
Columbia College Chicago

with the collaboration of
Debbie Rusch   *Boston College*
Marcela Domínguez   *University of California, Los Angeles*
Pepperdine University

Houghton Mifflin Company   *Boston   New York*

Director, Modern Language Programs: E. Kristina Baer
Development Manager: Beth Kramer
Development Editor: Sandra Guadano
Editorial Associate: Lydia Mehegan
Project Editor: Harriet C. Dishman
Senior Production/Design Coordinator: Jennifer Waddell
Senior Manufacturing Coordinator: Marie Barnes
Associate Marketing Manager: Tina Crowley Desprez

Cover design: Rebecca Fagan
Cover illustration: Tracy Walker

Text Permissions
The authors and editors thank the following persons and publishers for permission to use copyrighted material.

Preliminary Chapter: pages 4–5, Reprinted with permission of La Universidad de las Americas, Puebla. **Chapter 1:** pages 10–11, Reprinted with permission from Ajoblanco, Barcelona, Spain. **Chapter 2:** pages 25–26, Reprinted by permission of Oscar Prada. Please visit his web site at: http://www.gulas.se/oscar/escrito.htm; 35–36, Excerpt from "Drama Moderno," by Victoria Pueyrredón from *Cuentistas Premiados*, ed. Nicolás Bralosevich.

Credits for the remaining texts and for photos, illustrations, realia, and simulated realia are continued at the end of the book.

Printed in the U.S.A.

Library of Congress Catalog Card Number: 99-71897

ISBN: 0-395-96275-7

5 6 7 8 9-QH-03   02

Contents

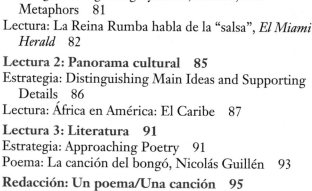

Lo femenino y lo masculino   181

Actos ilegales   204

Latinos americanos   223

To the Student

Fuentes: Lectura y redacción (*FLR*) is a reader for intermediate Spanish courses, intended for use with *Fuentes: Conversación y gramática* (*FCG*), though it may also be used independently. *Fuentes: Lectura y redacción* is designed to help you perfect your ability to read and write in Spanish and expand your knowledge of Hispanic cultures and societies.

The following description of the chapter elements includes study tips to help you get the most from studying with *Fuentes: Lectura y redacción.*

1. Chapter opener: Each chapter begins with visuals such as photos and artwork and an activity that introduces the chapter theme. These activities often ask you to brainstorm ideas and vocabulary that you will need as you do the readings and writing assignments.

2. Readings: Most chapters in *Fuentes: Lectura y redacción* contain three primary readings that tie in with themes discussed in *Fuentes: Conversación y gramática.*

- **Lectura 1** is generally an authentic selection from a newspaper or magazine that serves as a first approach to the chapter topic.
- **Lectura 2 (Panorama cultural)** is a reading that provides detailed information on some aspect of Hispanic culture and society.
- **Lectura 3** is generally a literary reading that further explores the chapter topic.

In order to understand these texts, you must draw on and develop three types of knowledge. First, each time you read, you must apply your knowledge of Spanish grammar and vocabulary. In so doing, you will actually be reinforcing your knowledge of these areas. Second, to read successfully, you must also apply certain reading strategies, strategies that you probably apply unconsciously when reading in English. Through clear explanations and practice, *Fuentes: Lectura y redacción* will help you develop a conscious awareness of such strategies so that you can utilize them to read more effectively in Spanish. These strategies are particularly valuable for reading authentic texts written for native speakers since they contain a wide range of vocabulary and grammar structures that you probably will not know. Third, understanding a text means more than understanding the language; you must also understand something of the culture and society to which the text refers as well as specific areas of knowledge with which it deals. The **Panorama cultural** aims at providing this kind of information.

Activities in *Fuentes: Lectura y redacción* are designed both to help you understand particular readings and to help you develop and apply the three types of knowledge needed for successful reading in Spanish. In particular, each activity practices a specific reading strategy. Activities are divided into prereading, active reading, and postreading. Prereading activities generally focus on vocabulary and background knowledge needed to do the reading. Active-reading activities help you focus your reading by giving it a specific goal. Postreading activities will lead you to a more thorough understanding of each reading.

Tips for reading:

- Read for meaning or "gist." Avoid using the dictionary or glossary on your first reading. After doing prereading activities, you will probably know enough about the topic and the vocabulary to read through the texts without stopping. It is perfectly acceptable to skip words that you do not understand as long as you get the general idea.
- If you find some parts of a text confusing, mark them for later study and try to continue reading. If the part you don't understand is very important, however, you may need to stop and decipher it.
- Try to make spontaneous use of the strategies studied and practiced in class since this is the natural way in which you will want to employ them when reading texts outside of *Fuentes: Lectura y redacción.*
- Talk about the readings with classmates or friends, in or out of class. Discussing a reading and considering its implications is one of the best ways to improve your understanding.
- Don't be afraid to disagree with what you read. Many readings have been chosen precisely because not everyone will agree with what they assert or on how to interpret them.
- Number paragraphs for each reading and use these numbers to indicate where you found the answers for the postreading exercises. This will make it easier for you to justify your answers with quotes from the text during class.
- Read each text at least a second time or perhaps a third time after completing activities in class. You will often notice details you missed during the first reading.

3. Writing: The types of writing you do will depend on the design of the course you are taking, but you will probably be asked to do some informal writing, in which you focus on simply writing down your thoughts, and some formal writing, in which your thoughts are the basis but where you must make careful decisions on content and organization, as well as vocabulary, grammar, spelling, and punctuation. These two types of writing are reflected in the two writing programs incorporated into *Fuentes: Lectura y redacción.*

- **Cuaderno personal:** The journal entry suggestions at the end of each reading encourage you to consider the topic in more personal terms and to compare Hispanic culture and society with your own. Your instructor may ask you to do these entries in a journal notebook or as individual microthemes. In addition, you may be asked to make other kinds of entries as well. You should focus primarily on generating and expressing ideas in Spanish and only secondarily on details of grammar.
- **Redacción:** More structured writing (composition) is practiced in this section (found at the end of each chapter). You will have the opportunity to write a variety of texts: personal ads, letters, news reports, film reviews, stories, myths, summaries, a résumé, and essays of various sorts. A variety of strategies are presented and practiced in the **Redacción** sections to help you become a better writer. An important assumption of these activities is that writing is not just a finished product but rather a process. *Fuentes: Lectura y redacción* will help you learn and practice parts of this process, which applies equally in

Spanish and English. For example, most writing requires you to brainstorm and select ideas, then organize these ideas, write them out, and polish your written text for details of content, organization, style, grammar, vocabulary, spelling, and punctuation. You may need to revise the text several times and ask for feedback from classmates and your instructor. Not every text needs to be polished, but you may be asked to do at least a few writing projects that take you from the beginning to the end of the writing process.

Tips for writing:

- Always brainstorm ideas before starting to write.
- Decide who your audience is and why you are writing.
- Get a good bilingual dictionary and learn how to use it.
- Try new things and take risks. If you see an interesting expression in one of the readings, try to incorporate it into your own writing.
- Talk about your ideas for writing with classmates, your instructor, or friends.
- Don't try to "pump out" compositions overnight. Write on one day and revise on another.
- Try to make spontaneous use of the strategies that are presented and practiced in *Fuentes: Lectura y redacción.* Even though an activity may focus on a particular strategy, you may also be able to use previously studied strategies in your own writing.

4. Vocabulary: As you read, you will encounter a greater number and variety of words and expressions than you have seen before. While the reading strategies will help you deal with much of this, there is no doubt that the more extensive your vocabulary, the easier your reading will be. Activities before each reading will provide you with the key vocabulary and also increase your active vocabulary, but by consciously reflecting on what you read, you can also develop your passive vocabulary, that is, the words and expressions that you recognize but don't necessarily use in conversation.

Tips for building your vocabulary:

- Try to use the key words from the activities in your informal writing.
- Keep a list of useful or interesting vocabulary that you want to learn as you study each chapter. Use these words in your informal writing.
- If you notice that a word is repeated in one or several readings, look it up and learn it. Such words are easier to learn since you have already encountered them several times.

5. Culture: Though vocabulary, grammar, and strategies are all important in becoming a better reader, writer, or speaker of Spanish, to acquire true fluency in a language you also need to learn about the cultures and societies in which that language is used. For this reason, the study of Hispanic culture is a primary focus of this text.

Tips for studying culture:

- As you work through the text, compare and contrast Hispanic cultures and societies with your own. Use your informal writing to explore these ideas and learn about your own underlying beliefs.
- Try to relate what you study and write about in this text with current events or material you are studying in other classes.

6. Spanish-English Vocabulary: A comprehensive vocabulary list at the back of the book contains most of the words used in the readings and exercises. Try to consult it only when you can't decipher the meaning of a word by applying strategies or when you need the meaning to complete an activity.

As you work through *Fuentes: Lectura y redacción,* remember that learning to read and write in Spanish is a process. In fact, you are probably still learning to write well in your native language. But you can make this process flow more easily by reading and writing something in Spanish every day, even if it is just a note. More important, stop every now and then to check your progress. Read something in Spanish that has nothing to do with class; you may not understand everything, but you will probably understand at least part of it.

Finally, the authors of this text hope that you find it both informative and interesting. Though it is often forgotten, the fact is that people do much of their reading and writing for fun, and we hope that at least some of the readings and writing activities in this text will spark your imagination.

Acknowledgments

The publisher and authors would like to thank the following users and reviewers of the first edition for their feedback and suggestions:

María Acosta Cruz, Clark University
José Luis Boigues-López, Emory University
Joaquim Camps, University of Florida, Gainesville
Glen Close, Wesleyan University
Joseph Collentine, Northern Arizona University
Reyes Fidalgo, University of Massachusetts, Boston
Kathleen Regan, University of Portland
Patricia Scarfone, Orange Coast College
Raymond Watkins, Central Carolina Technical College
Estelita Young, Collin County Community College

The authors wish to extend their thanks to the following individuals for their participation in the initial development of *Fuentes: Lectura y redacción:* Sandy Arfa (University of Wisconsin-Madison), Vicente Benet (Universitat Jaume I), Bruno Browning (University of Wisconsin–Madison), Robert L. Davis (University of Oregon), John Fields (Edgewood College), Linda C. Fox (Indiana University–Purdue University, Fort Wayne), Ray Harris-Northall (University of Wisconsin–Madison), Brad Hughes (University of Wisconsin–Madison), Victoria Junco de Meyer, Nancy Kason (Florida Atlantic University), Rubén Medina (University of Wisconsin–Madison), Michael Pratt, Olga Tedias Montero, Miguel Valladares (Dartmouth University), Janice Wright (College of Charleston).

For advice on improvements in the second edition, special thanks and appreciation are due to José Luis Boigues-López, Jorge Caycedo Dávila, Alberto Dávila Suárez, Myriam Diazgranados, Patrick Garlinger, Julienne Grant, Adán Griego, Rocío Rodríguez, and Claudia Steiner. In particular, we would like to note that Activity 21 in Chapter 6 was generously contributed by Glen Close (Wesleyan University). The authors also wish to thank colleagues at the University of Wisconsin–Madison, Emory University, Denison University, and Columbia College Chicago for their encouragement and input during the development of the second edition.

We also thank the following people for their valuable assistance during the development and production of this project: Kristina Baer and Beth Kramer for their encouragement and support; Harriet C. Dishman and Gloria Oswald for juggling all aspects of production with ease; our proofreader, Grisel Lozano-Garcini; numerous design, art, and production people that participated in the project; Tina Crowley Desprez for her support in marketing the program.

Finally, special thanks go to Sandy Guadano, development editor of both editions, for her unending patience, willingness to listen, and numerous and invaluable contributions to the development of *Fuentes: Lectura y redacción.*

We dedicate this book to George and André Garner, Joseph Myers, and Jean and Don Tuten.

Nuevas clases, nuevos intereses

▲ *Nuevos estudiantes en la Facultad de Derecho de la Universidad de Lima, Perú.*

Internet See the *Fuentes* Web site for related links and activities:http://college.hmco.com

ESTRATEGIA
DE LECTURA

Activating Background Knowledge

To understand a specific reading, you must employ knowledge you already have about the topic. Thinking about your background knowledge before reading helps you contextualize the topic and predict what kinds of information and vocabulary are likely to appear in the text. A useful, structured way of activating your background knowledge and related vocabulary is to represent it in the form of a mind map (**un mapa mental**). A mind map permits a visual representation of your knowledge and the brainstorming of relationships between ideas. To create a mind map, begin with a main topic in a capsule, then add key concepts in capsules around it and connect the capsules with lines. Brainstorm related ideas and add them with connecting lines to the appropriate part of the mind map.

Actividad 1: La vida universitaria   En parejas, hagan un mapa mental sobre la vida estudiantil. Usando la siguiente lista y sus propias ideas, completen el mapa según su situación en particular. Después, comparen su mapa mental con el de sus compañeros. ¿Qué diferencias hay?

Activating background
knowledge

las vacaciones	la Florida	Cancún
las clases	el horario	las notas
los trabajos escritos	los profesores	los exámenes
los libros	el dinero	la cuenta bancaria
la familia	los días de fiesta	las fiestas
la vida social	los deportes	el amor
los amigos	los novios	la residencia
las metas	la graduación	las profesiones
los clubes	el alcohol	las drogas
los compañeros de cuarto	el comedor universitario	???
el trabajo a tiempo completo	el trabajo a tiempo parcial	

Lectura: Un catálogo universitario

Actividad 2: Las clases más comentadas   En grupos de tres, respondan a las siguientes preguntas sobre las clases en su universidad.

Activating background knowledge

- ¿Cuál es la clase más popular?
- ¿Cuál es la clase más difícil?
- ¿Cuál es la clase más fácil?

ESTRATEGIAS DE LECTURA

Scanning

Scanning means searching a text for specific details or pieces of information without paying much attention to other information in the text. For example, when you decide to see a particular movie, you probably scan the film section of the newspaper for times and locations.

Identifying Cognates

Spanish and English share the Latin alphabet as well as many words of Latin and Greek origin. By depending on these similar words, or cognates, you will often be able to understand much of any text written in Spanish. Familiar cognates are **información**, **artista**, **historia**, and **similar.**

Actividad 3: Las clases de la UDLA   A continuación hay parte del catálogo de clases de la Universidad de las Américas en Puebla, México. En parejas, busquen los cursos que correspondan a las siguientes descripciones y escriban los títulos o números en los espacios en blanco. Hay más de una respuesta en algunos casos. Recuerden: lean sólo lo suficiente para identificar la clase y usen los cognados para entender el texto.

Scanning and identifying cognates

Encuentren la(s) clase(s) . . .

1. sin requisitos _____
2. con más de un requisito _____
3. con práctica de campo (fuera del aula de clase) _____
4. con trabajo de investigación y presentación oral _____
5. con uso de las computadoras _____
6. con enfoque histórico _____

P-1

CUADERNO PERSONAL

Describe tu horario, tus clases y tus profesores este semestre o trimestre. Usa expresiones como: Me gusta(n) /encanta(n)/interesa(n)/aburre(n), Me cae bien/mal, Esta clase trata de (is about) . . . , Me parece que va a ser . . . , Pienso estudiar . . .

Universidad de las Américas, Puebla, México
CATÁLOGO DE CLASES

AN-226 Geología
Requisito: Ninguno
Estudio de las formaciones de rocas y suelos sobre los que se desarrolló la vida humana. Reconocimiento de materiales. El curso incluye práctica de campo y en gabinete.

AN-281 Historia Antigua de México
Requisito: Ninguno
El desarrollo de los distintos grupos de Mesoamérica en las épocas que se han documentado por fuentes y material no arqueológico y su derivación de las tradiciones de estos grupos.

AN-431 Mito, Magia y Religión
Requisito: Antropología 333
Estudio comparativo de las creencias y rituales míticos, mágicos y religiosos mediante los cuales las diversas culturas intentan explicar sus orígenes, legitimar sus relaciones socioeconómicas, dar sentido y orientación a su vida y porvenir.

AN-601 Historia y Teoría de la Ciudad
Requisito: Antropología 521
Estudio del origen y la evolución de la ciudad: su impacto sobre la organización socioeconómica del hombre; las corrientes teóricas desarrolladas por los científicos sociales para explicar estos procesos. Se presta atención especial a la urbanización en América Latina.

AP-313 Arte Digital I
Requisito: Ingeniería en Sistemas Computacionales 160
Conocimiento y uso de los elementos que ofrece la computadora como herramienta para la generación de arte.

CO-435 Géneros Televisivos
Requisito: Comunicación 470
Análisis, definición y aprendizaje de los principales géneros de la producción televisiva, con especial énfasis en los formatos de la televisión educativa: noticiarios, documentales, telenovelas, infantiles, educación continua, musicales y de entretenimiento, programas científicos, culturales e históricos.

CP-178 Contabilidad en Hotelería
Requisito: Ninguno
Introducción a la técnica contable y aplicación de conocimientos específicos en el diseño e implementación de un sistema contable en la hotelería.

CP-361 Derecho Constitucional y Administrativo
Requisito: Contaduría 361
Importancia del derecho constitucional, la Carta Magna y las causas socioeconómicas que la formaron; estructura y funcionamiento del poder ejecutivo; el origen administrativo del país y su influencia social, política y económica.

DG-202 Historia del Arte Contemporáneo y del Diseño
Requisito: Diseño Gráfico 142
Estudio y comprensión del arte contemporáneo en todas sus manifestaciones y su ubicación en el contexto histórico general. Desarrollo del diseño en el contexto histórico.

EC-410 Problemas Económicos de América Latina
Requisito: Economía 402
El curso intenta describir y analizar los diversos problemas económicos a los cuales se han enfrentado los países latinoamericanos en su proceso de desarrollo económico y las teorías que se han creado para explicar el subdesarrollo de la región. Se estudian los problemas que han aquejado a Latinoamérica: inflación, desequilibrio en el comercio exterior, inversión extranjera, distribución del ingreso, estancamiento agrícola y deuda pública.

HO-255 Gastronomía
Requisito: Hotelería 250
Exploración y análisis de los diferentes tipos de cocinas internacionales. Creación de diferentes tipos de menús en forma lógica y rentable. Se requiere un trabajo de investigación y presentación final.

II-160 Introducción a la Ingeniería Industrial

Requisitos: Ingeniería Mecánica 130 y 131
Historia de la ingeniería industrial; aspectos administrativos, localización de fábricas, distribución de planta; ingeniería de manufactura; ingeniería de métodos y estudio de tiempos; planeación de la producción, aspectos de control y evaluación; lecturas.

IS-467 Procesamiento de Datos

Requisito: Ingeniería en Sistemas de Computación 185
Estructuras de datos avanzados. Medios y técnica de almacenamiento y organización de datos. Visión general de inteligencia artificial.

MA-235 Cálculo Avanzado

Requisito: Matemáticas 230 - Cálculo Vectorial
Tópicos de variable compleja; análisis matricial y vectorial; ecuaciones diferenciales; transformadas discretas; transformadas de Laplace y Fourier; variables de estado.

PS-577 Seminario sobre Aplicaciones Psicológicas a la Industria

Requisito: Ninguno
Análisis de problemas en la industria; aplicación de conceptos psicológicos para su solución.

SO-320 Ecología y Sociedad

Requisito: Ninguno
Estudio básico de los ecosistemas, procesos e interrelaciones; consideración de los problemas ecológicos de la sociedad moderna, tales como el ruido, los desechos y la contaminación ambiental; necesidad de una relación armónica de los sistemas ecológicos para elevar la calidad de vida humana.

Actividad 4: Preparación profesional   En grupos de tres, determinen qué clases son apropiadas para una persona que quiera ser: Scanning and skimming

1. abogado/a
2. ingeniero/a
3. arquitecto/a
4. psicólogo/a
5. hombre/mujer de negocios
6. asistente social

◀ *La plaza principal y la catedral de Puebla, una de las ciudades más antiguas de México y sede de la Universidad de las Américas.*

Redacción: Una carta formal

Using Models

One way to improve your writing is to use examples of texts as models and to imitate their style and/or format. This is frequently done when preparing documents with fixed formats such as formal letters.

Actividad 5: ¡Malas noticias!   **Parte A:** Llegas tarde a la universidad y muchas clases están llenas. Por eso tienes que escribir una breve carta al Coordinador de Estudiantes Extranjeros para poder matricularte en una clase que deseas tomar. Primero, en grupos de tres, lean la carta de Michael Rodríguez e identifiquen sus partes básicas:

Analyzing

la fecha	el saludo	la despedida
el destinatario	la presentación	la firma del remitente

Puebla, 27 de septiembre de 2000

Sr. José Guerrero Ortiz
Coordinador de Estudiantes Extranjeros
Decanatura de Asuntos Internacionales
Universidad de las Américas
Puebla 72820 México

Estimado Sr. Director:

   Me dirijo a Ud. para pedir su intervención en un asunto que me concierne. Soy un nuevo estudiante de intercambio en esta universidad. Estudio historia y literatura y me interesa tomar la clase sobre la Historia antigua de México (AN-281). Como soy de Los Angeles y mi familia es chicana, el tema es de gran interés para mí.
   Acabo de llegar a Puebla y no he podido matricularme a tiempo en la clase. Sin embargo, quisiera, con su permiso, entrar en ella.
   Gracias por su atención. Se despide de usted atentamente,

Michael Rodríguez
Michael Rodríguez

Capital letters often appear in print without accent marks. (e.g., **ángeles** but **Angeles**).

Parte B: Continúen el análisis contestando las siguientes preguntas.   Scanning

1. ¿Cómo se escribe la fecha?
2. ¿Dónde está Michael Rodríguez? ¿Cómo lo sabes? ¿De dónde es?
3. En esta carta, ¿cuáles son los equivalentes de *Dear* y *Sincerely*?
4. ¿Qué secciones de la carta tienes que cambiar para tu carta?

Parte C: Usando la carta de Michael como modelo, escríbele una carta al coordi-   Using models
nador para solicitar la clase que prefieres. Escribe individualmente, pero consulta y
compara con un/a compañero/a mientras escribes.

Gente hispana

José Carreras ★ Plácido Domingo ★ Fidel Castro ★ Roberto Durán ★ Gloria Estefan ★ Oscar de la Hoya ★ Rosie Pérez ★ Cameron Díaz ★ Carlos Fuentes ★ Fernando Botero ★ Gabriel García Márquez ★ Isabel Allende ★ Oscar Arias ★ Julio Iglesias ★ Enrique Iglesias ★ Conchita Martínez ★ Miguel Induráin ★ Nancy López ★ Diego Maradona ★ Rita Moreno ★ Tito Puente ★ Celia Cruz ★ Antonio Banderas ★ Jimmy Smits ★ Arantxa Sánchez-Vicario ★ Carolina Herrera ★ Ricardo Montalbán ★ Carlos Santana ★ Lee Treviño ★ Pedro Almodóvar ★ Liz Torres ★ Mary Jo Fernández ★ Gigi Fernández ★ Rebecca Lobo ★ Bobby Bonilla ★ Sammy Sosa ★ Pedro Martínez ★ Sandra Cisneros ★ José Canseco ★ Cristina Saralegui ★ Mariah Carey ★ Juan Carlos I y Sofía ★ Bianca Jagger ★ Paul Rodríguez ★ Camilo José Cela ★ Bernardo Atxaga ★ Jon Secada ★ Violeta Barrios de Chamorro ★ Fernando Valenzuela ★ Myriam Santos ★ Linda Ronstadt ★ Alicia Alonso ★ Chayanne ★ Ricky Martin ★ Marc Anthony ★ Albita ★ Andy García ★ Emilio Estévez ★ Victoria Abril ★ Gloria Anzaldúa ★ Rubén Blades ★ Mario Vargas Llosa ★ John Leguizamo ★ Vicki Carr ★ Edward James Olmos ★ Freddy Ferrer ★ Geraldo Rivera ★ Lorenzo Lamas ★ Daniel Santos ★ Montserrat Caballé ★ Gerardo ★ Miguel Ferrer ★ Pedro Delgado ★ Henry Cisneros ★ Alfonso Arau ★ Luis Miguel ★ Elena Poniatowska ★ Gabriela Sabatini ★ Manuel Puig ★ India ★ Ellen Ochoa ★ Linda Chávez-Thompson ★ Anthony Quinn ★ Andrés Cantor ★ Oscar de la Renta ★ Bob Vila ★ Daisy Fuentes ★ Shakira

See the Fuentes Web
Internet site for related links
and activities: http://college.
hmco.com

Actividad 1: Los hispanos famosos   Todos los nombres que aparecen en la página anterior son de personas famosas. Algunos viven en los Estados Unidos, otros en América Latina o España. Algunos son famosos en los Estados Unidos, otros tienen fama internacional y otros son conocidos en los países hispanos. En grupos de tres, identifiquen cinco personas que Uds. conocen. Hagan una lista de las personas y contesten estas preguntas para cada una:

- ¿De dónde es?
- ¿Cuál es el origen de su familia?
- ¿Qué hace?
- ¿Qué piensan Uds. de él/ella?

Lectura 1: Los anuncios personales

Actividad 2: ¿Qué desean?   Vas a leer unos anuncios personales escritos por hispanos y publicados en la revista española *Ajoblanco*. Primero, en grupos de tres, contesten las siguientes preguntas sobre los anuncios personales.

1. ¿Leen Uds. los anuncios personales con frecuencia? ¿Por qué?
2. ¿Les gustaría responder a un anuncio personal?
3. ¿Por qué escribe la gente anuncios personales?
4. ¿Qué información suelen incluir los anuncios personales?
5. ¿Creen que la gente miente mucho en los anuncios?
6. ¿Qué características buscan Uds. al leer los anuncios?

Actividad 3: Rasgos imprescindibles   Muchas veces buscamos características específicas al leer los anuncios personales. Mira rápidamente los siguientes anuncios personales y escribe el nombre o el número de referencia de una persona que corresponda a cada una de las siguientes descripciones.

1. Una mujer "madura" (mayor de 30 años) _____
2. Un estudiante de medicina _____
3. Un chico con interés en el rock español _____
4. Una persona que busque una chica con sentido del humor _____
5. Un hombre culto y atractivo _____
6. Dos chicas con interés en gente argentina _____
7. Una persona a quien le puedas escribir directamente _____
8. Una persona a quien le guste la fantasía _____

Activating background knowledge

Activating background knowledge

Ajoblanco contains articles ranging from philosophical essays to personal ads.

Scanning

AJOBLANCO

Páginas amarillas

INTIMIDADES

♥ Hola. Soy una mujer **divorciada de 34 años** que busca un hombre afín. Como no soy especialmente atractiva, el físico me da igual y la situación social o económica no me importa tampoco. Pero es importante que sea inteligente, sensible, culto y con sentido del humor. Besos. Beatriz. Málaga, España. Ref. G-1.

♥ Soy un muchacho de 23 años. Estudio y trabajo pues estoy en el último año de medicina interna, y me interesaría saber de cómo se desarrolla esta especialidad en otros países. Soy **soltero,** tengo pocas amistades y deseo relacionarme con otros amigos de diferentes nacionalidades e intercambiar ideas y experiencias. "Dr." Carlos. La Habana, Cuba. Ref. G-2.

♥ Tengo 25 años. Necesito compartir **sueños y proyectos** con chica no más de 35 años con sentido del humor para compartir amistad y, quién sabe, a lo mejor algo más. Ref. G-3.

♥ Tengo 31 años, me gustaría encontrar una **mujer que gustara de conversar, viajar,** vida sana y compartir un proyecto futuro. Soy varón y prometo contestar. Ref. G-4

♥ Deseo conocer a una **mujer inteligente, culta, atractiva e interesante** entre 30 y 40 años. Soy un hombre de 30 años, culto, atractivo, divertido y con muchas inquietudes. Me encanta viajar, leer, teatro, música, bailar, etc. Escríbeme, te contestaré. Vicente. Valencia, España. Ref. G-5.

♥ Somos dos chicas de Zaragoza y nos gustaría **cartearnos con gente argentina o mexicana.** Son dos países que nos gustaría conocer, pero no los podemos visitar por falta de dinero. Preferimos personas mayores de 25 años. Ref. G-6.

♥ Deseo intercambiar correspondencia con gente de todas partes de España, especialmente con gente "alivianada", que le interese **el rock, los libros, el cómic y el cine.** Realmente es casi una necesidad patológica comunicarme con gente de España. Me interesa conseguir material de "Siniestro Total", "No me pises que llevo chanclas" y otros grupos de rock español. Prometo contestar todas las cartas y mandar a España lo que pueda ser de interés para cualquiera de ustedes. Un saludo de un "manito". Daniel. Jalisco, México. Ref. G-7.

♥ Chico sincero **cansado de estar solo,** creyendo que tenía amigos, busca nuevas amistades sinceras. Mándame foto, prometo hacer lo mismo. Ref. G-8.

♥ Hola. Soy una adolescente de treinta y pico años que busca **la magia y lo inesperado.** Aunque las apariencias engañen, incluso Madrid podría convertirse en un bosque encantado. Si a ti te fascinan las leyendas y la fantasía, escríbeme ya. María "Byron". Madrid, España. Ref. G-9.

♥ Chico busca compañero para todo; alguien con quien conversar, salir . . . y, si llega el caso, compartir. En definitiva, **un amigo de verdad.** Yo 25. ¿Tú? . . . lo que sea. Juanma. C/Cirilo Amorós 54-1a, 46004 Valencia, España. Ref. G-10.

♥ Chico, 21 años, rubio, ojos verdes azulados, delgado y alto, busca a alguien que valore la amistad, la sensibilidad, la ternura y el amor. Te ofrezco comprensión, ternura y tal vez relación. Me gustaría conocer a alguien hasta 28 años. **Vivo solo en San Juan.** Si quieres venir para conocerme o conocer San Juan, la invitación ya está hecha. Escríbeme. César. Ref. G-11.

♥ Busco **hombre** separado de 46-48 años **con ganas de vivir,** carácter abierto e inquietudes culturales y sociales. Separada, 47, de espíritu joven. Alrededores de Barcelona. Ref. G-12.

♥ Hola, me llamo Javier, tengo 22 años y vivo en Salamanca. Escribo a la revista porque todavía **no he encontrado a la mujer de mi vida.** Soy alto y atractivo. Sé que tengo mucho que ofrecer y espero poder demostrarlo algún día. Mis aficiones van desde bailar en una discoteca, practicar algún deporte, pasar un fin de semana en el campo, observar las estrellas en una noche oscura o conocer alguna ciudad de España. Si tienes aficiones similares a las mías es que somos dos almas gemelas, y por mi parte puedo ofrecerte sinceridad y amistad. Ref. G-13.

♥ Soy un **joven cubano** de 25 años de edad y me gustaría mucho mantener correspondencia con españoles. Estoy interesado en obtener amigos mediante *Ajoblanco.* Mi dirección es: Ricardo Morales López. Apartado Postal No. 15. Regla 12. Ciudad de la Habana, Cuba. Saludos y muchas gracias. Ref. G-14.

♥ Soy un chico que quiere conocer a una chica. Una chica que, a su vez, conozca a Boris Vian y a John Cage; a Aalto y a la Bauhaus. Que sea **dulce, divertida, inteligente, delgada,** española o extranjera, que viva permanentemente en Madrid y que hable al menos dos idiomas. Tengo 31, soltero, 1,68, castaño. Madrid. Ref. G-15.

**ESTRATEGIA
DE LECTURA**

Skimming

You skim a text when you focus on just enough of its features to form a general idea of its content. You are skimming when you first glance over a newspaper article to see if it interests you and merits closer reading. Skimming is similar to scanning, but when scanning you search for specific details since you already know what kinds of information the text contains. Skimming and scanning are often done together.

Actividad 4: Las parejas perfectas   En parejas, miren los anuncios otra vez. Busquen dos personas que se complementen perfectamente. Luego, explíquenle a la clase por qué han seleccionado a esas dos personas.

Skimming and scanning

Actividad 5: ¿A quién prefieres?   Mira los anuncios y decide:

a. quién te gusta más y por qué
b. quién te gusta menos y por qué

Después, en grupos de tres, comenten y justifiquen sus preferencias. ¿Hay alguien que no le guste a nadie? ¿Por qué?

Actividad 6: Un corazón solitario   **Parte A:** En parejas, escojan una de las fotos de la página siguiente. Imaginen cómo es la persona, usando las siguientes preguntas como guía:

Brainstorming

1. ¿Quién es? ¿Cómo se llama?
2. ¿Qué hace? (profesión)
3. ¿Cuántos años tiene?
4. ¿Cómo es físicamente?
5. ¿Qué hace en su tiempo libre? (tres cosas)
6. ¿Qué no le gusta hacer? (tres cosas)
7. ¿Cómo es su personalidad? (tres adjetivos)
8. ¿Cómo es su pareja o amigo/a ideal?

Parte B: En parejas, escriban un anuncio para esta persona, usando los detalles de la Parte A. Usen el siguiente anuncio de modelo.

Using models

♥ Deseo conocer a una **mujer inteligente, culta, atractiva e interesante** entre 30 y 40 años. Soy un hombre de 30 años, culto, atractivo, divertido y con muchas inquietudes. Me encanta viajar, leer, teatro, música, bailar, etc. Escríbeme, te contestaré. Vicente. Valencia, España. Ref. G-5.

Parte C: Después de terminar el anuncio, intercámbienlo con otra pareja, lean el anuncio de la otra pareja y averigüen a qué foto pertenece.

1

2

3

4

5

6

1-1
CUADERNO PERSONAL
Imagina que te sientes muy solitario/a y decides poner un anuncio personal en el periódico. Escribe un anuncio como los que acabas de leer.

Lectura 2: Panorama cultural

Actividad 7: Hispanos, latinos y americanos Antes de leer "La dificultad de llamarse 'hispano'", en grupos de tres, decidan cuáles de estos tres términos, **hispano**, **latino** o **americano**, se pueden usar para describir a una persona de los siguientes países. Luego, escriban una definición de **hispano, latino** y **americano.**

Activating background knowledge

México	Francia	Canadá
España	Cuba	Chile
EE.UU.	Brasil	Guatemala

Actividad 8: Encuentra los cognados   En la siguiente lectura hay muchos cognados. Encuentra el equivalente en español de los siguientes términos:

the Caribbean   Latin America   South America
Central America   Latin American   Spanish America
Hispanic   North America
Latin   North American

Scanning and identifying
cognates

Actividad 9: La idea general   Parte A:
Lee por encima la siguiente lectura y decide cuál de estas ideas representa mejor la
idea general.

Parte A: Active reading

Parte B: Skimming

_____ Es una descripción de tres
hispanos: Orlando, Rosa y
Rocío.

_____ Es una descripción de la
geografía y la cultura hispanas.

_____ Es una explicación de palabras
que describen distinciones
raciales, culturales y
geográficas.

Parte B: Mientras lees, compara tus
definiciones de **hispano, latino** y
americano con las que aparecen en
el texto. ¿Son iguales o diferentes?

ESTADOS UNIDOS

OCÉANO
ATLÁNTICO

MÉXICO   CUBA   HAITÍ   REPÚBLICA DOMINICANA   PUERTO RICO
BELICE   HONDURAS
GUATEMALA   NICARAGUA
EL SALVADOR
COSTA RICA   VENEZUELA   GUAYANA   SURINAM   GUAYANA FRANCESA
PANAMÁ   COLOMBIA
ECUADOR
PERÚ   BRASIL
OCÉANO
PACIFICO
BOLIVIA
PARAGUAY
CHILE   ARGENTINA
URUGUAY

Hispanoamérica y
Latinoamérica

▶ *La parte del mapa
indicada con rayas representa
Hispanoamérica; combinada
con la parte gris, forma
Latinoamérica.*

LA DIFICULTAD DE LLAMARSE "HISPANO"

Hispano es más frecuente que **hispánico.**

Indígena americano = *Native American*

El rumano también es una lengua romance, pero la cultura de Rumania es más bien eslava.

En los Estados Unidos, **latino** = **hispano,** aunque tienen connotaciones políticas diferentes.

Norteamérica = la América del Norte

Centroamérica = la América Central

Suramérica/ Sudamérica = la América del Sur

Orlando es de Buenos Aires, tiene la piel blanca y el pelo rubio. ¿Es hispano, latino o blanco? Rosa es de Venezuela, tiene la piel muy oscura y el pelo negro y rizado. ¿Es hispana o negra? Rocío es de México, es morena y tiene rasgos indígenas. ¿Es mexicana, hispana o indígena? Como se
5 ve en los ejemplos anteriores, el uso de estos términos no está nada claro.

Los términos *hispano y latino* se confunden con otros más bien raciales: indígena, negro, blanco, asiático. Sin embargo, *hispano y latino* no se basan en distinciones de raza sino en distinciones de cultura. *Latino* es un término de significado bastante amplio que denomina a las personas que hablan lenguas
10 romances como el portugués, el español, el catalán, el francés y el italiano, lenguas que tienen su origen en el latín, y por eso también se llaman lenguas *latinas.* Como la cultura y la lengua van íntimamente relacionadas, el término *latino* es tanto cultural como lingüístico. *Hispano* es un término que denomina a un habitante de la antigua provincia romana de Hispania, hoy España, y se usa
15 actualmente para referirse a todas las personas de habla española y su cultura.

El uso de los nombres *latino* e *hispano* con connotaciones raciales es incorrecto, ya que hay hispanos blancos, negros, asiáticos e indígenas y mezclas de estos grupos. En realidad, *latino* también es una abreviatura de *latinoamericano,* término que incluye no sólo a los hispanos, sino también a los brasile-
20 ños (de habla portuguesa) y a los haitianos (de habla francesa). Al mismo tiempo, excluye a muchos habitantes indígenas que no hablan español ni portugués y que no se consideran latinos.

Estos problemas de nomenclatura no acaban aquí. También se confunden los términos geográfico-culturales con otros exclusivamente geográficos. *Lati-*
25 *noamérica* e *Hispanoamérica* pertenecen al primer grupo. Latinoamérica incluye a todos los países de lengua y cultura latinas, mientras que Hispanoamérica se compone de los diecinueve países de lengua española y cultura hispana. Otros términos puramente geográficos son *Norteamérica, Centroamérica, Suramérica* y el *Caribe.* En español, el nombre América no se refiere a ningún país, sino al
30 continente que se extiende desde el Ártico hasta Tierra del Fuego. Por esta razón, la palabra española *americano* no se debe usar para referirse a personas de los Estados Unidos, ya que todo habitante de América es americano. Por consiguiente, se han buscado alternativas, como *estadounidense* y *norteamericano.* Surge todavía más confusión, sin embargo, al usar *norteamericano* para
35 hablar de personas de los Estados Unidos, porque los canadienses y los mexicanos también son norteamericanos. Y la palabra *estadounidense,* formal y burocrática, simplemente no le gusta a nadie; así que, por falta de algo mejor, muchísimas personas dicen *americano* cuando hablan de la gente de los Estados Unidos.
40 Un examen detenido de estos términos revela diferencias geográficas, culturales, raciales y lingüísticas, y muestra la importancia de no confundir estas diferencias. A primera vista, los problemas ocasionados por el uso de tantos nombres pueden parecer triviales, pero, de hecho, no los son ya que reflejan la complicada realidad del mundo hispano.

**ESTRATEGIA
DE LECTURA**

Identifying the Main Idea of a Paragraph

Most writing is organized into paragraphs. Good paragraphs refer to a central idea, which may be found in a topic sentence, often the first sentence, or simply inferred. If the main idea must be inferred, you will need to read the entire paragraph and formulate the main idea in your own words.

Actividad 10: Las ideas principales Hay cinco párrafos en la lectura anterior. Pon un número (1–5) al lado de la descripción que exprese mejor la idea principal de cada párrafo.

Identifying main ideas of paragraphs

_____ los orígenes de **latino** e **hispano**

_____ ejemplos del uso confuso de algunos términos

_____ el uso incorrecto de **latino** e **hispano**

_____ la realidad compleja dificulta el uso de estos términos

_____ términos geográfico-culturales y términos geográficos

Actividad 11: Definiciones En parejas, busquen en la lectura anterior las definiciones de las siguientes palabras y cópienlas. Luego, discutan las definiciones.

Scanning

1. lenguas romances _____
2. latino   a. _____
             b. _____
3. hispano _____
4. americano   a. _____
                b. _____
5. Hispanoamérica _____
6. Latinoamérica _____
7. estadounidense _____

1-2

CUADERNO PERSONAL

¿Qué término te parece mejor: americano, norteamericano o estadounidense? ¿Por qué?

Lectura 3: Artículos breves

**ESTRATEGIA
DE LECTURA**

Using Format to Predict Content

The content of a reading passage is often reflected in its format. Before reading, always look at the layout, titles and subtitles, and photographs or other graphics for clues to content.

Actividad 12: El formato   Parte A: En parejas, lean el título y los subtítulos, miren las fotos y determinen el tema general de la siguiente lectura, "Gente hispana". Digan si la selección es de:

Using format to predict content

un periódico	un catálogo	un documento oficial
una carta	una revista popular	una revista literaria

Parte B: Lee rápidamente los artículos de "Gente hispana" e indica qué descripción corresponde a cada persona famosa. Después, compara tus resultados con los de otros compañeros.

Scanning

1. _____ actúa en películas.
2. _____ canta, baila y toca varios instrumentos.
3. _____ juega al béisbol.
4. _____ escribe novelas.
5. _____ juega al tenis.
6. _____ toca rock en español.

Gente hispana

"Don Juan" en Hollywood

Madonna lo ha llamado el hombre más *sexy* del mundo. A Melanie Griffith le gustó tanto que se casó con él en 1996. Pero el actor español José **Antonio** Domínguez **Banderas** no se ha dormido sobre sus laureles. Ya ha hecho más de cincuenta películas en Europa, Latinoamérica y Hollywood. A los trece años empezó a actuar en el teatro y la fama no tardó en llegar. Durante los años 80 y 90 trabajó con el irreverente director de cine Pedro Almodóvar en películas como *La ley del deseo, Mujeres al borde de un ataque de nervios* y la controvertida *Átame.* De ahí pasó a trabajar en el cine norteamericano en películas tan conocidas como *Filadelfia, Entrevista con el vampiro, Evita, La más-cara de Zorro,* y *El fantasma de la Ópera.* Y ahora empieza a producir y dirigir películas él mismo. Es conocido entre sus colegas por su seguridad, humor, comprensión y vitalidad, y es también respetado por su disposición a aceptar papeles difíciles y controvertidos.

¡Una mujer como yo!

Algunos dicen que es la Annie Lennox hispana, otros que es la k.d.lang latina, y otros la llaman la Edith Piaf cubana. Lo cierto es que —como lo indica el título de su álbum "Una mujer como yo"— la singular **Albita** es todo esto y mucho más. Es de Cuba, pero durante una gira por México en 1993, cruzó la frontera en Texas con los miembros de su grupo ecléctico: una mezcla de mujeres, hombres, blancos, negros y chinos, todos cubanos. Se fue directamente a Miami, donde conoció el éxito casi inme-diatamente. Su popularidad se debe a la calidad de su música y a su espectacular presencia en el escenario, donde canta, baila y toca varios instrumentos. Albita sigue cantando en español y respetando los tradicionales ritmos cubanos, pero compone y canta canciones eléctricas, contemporáneas, de un estilo único. Ahora, su fama sigue creciendo y cuenta entre sus muchos admiradores a Madonna, Cindy Crawford y Gloria y Emilio Estefan.

Todos lo aprecian

Nació pobre en un pueblo pequeño de la República Dominicana. Se le murió el padre a los cinco años y de niño tuvo que trabajar como limpiabotas. Pero la pasión caribeña por el béisbol lo invadió y con el tiempo lo llevó a Chicago, donde en 1992 empezó a jugar con los Cachorros. Sin embargo no fue hasta el 98 que se hizo famoso **Sammy Sosa.** Batió —durante la misma temporada que Mark McGwire— el viejo récord por el mayor número de jonrones en un año. Durante la competencia con McGwire por establecer el nuevo récord, Sammy se portó con tan buen estilo que estableció su reputación como modelo de conducta profesional y de comportamiento humano. Todos aprecian su talento, pero quizás más su personalidad, caracterizada por el sentido del humor y la seguridad mezclados con la reserva y la humildad.

La casa púrpura

Nació en Chicago de madre chicana y padre mexicano, pero pasó la infancia entre Chicago y México sin casa permanente, soñando siempre con tener una casa bonita. Más tarde, esta mujer independiente, hija única de una familia con seis hijos varones, rechazó el papel tradicional de la mujer latina. **Sandra Cisneros** se dedicó, entonces, a escribir sobre su vida como mujer latina . . . ¡en inglés! ¿Por qué? Quizás porque para ella, escribir significa poder cambiar la opinión que la gente tiene de su comunidad, su sexo y su clase social. En libros ya muy conocidos como *The House on Mango Street* y *Woman Hollering Creek*, Cisneros narra las experiencias de las chicanas y otras mujeres latinas pobres, creando perso-

najes femeninos fuertes que triunfan en un mundo de tensión intercultural, pobreza y humillación. Ahora, Cisneros ha comprado su propia casa en San Antonio, Texas. ¿Y su primer acto como dueña? Pintar la casa de color púrpura.

La victoria y la vida

A algunos les gusta simplemente jugar, pero a la española **Arantxa Sánchez-Vicario** le gusta ganar. Esta campeona mundial es conocida como una competidora feroz que no vacila al cuestionar las decisiones de los árbitros. Arantxa explica que esto no indica malicia, sino un espíritu competitivo. Ella cree que hay que ser justo y sincero en la cancha y en la vida. De hecho, Arantxa es conocida no sólo por su sinceridad sino por su alegría. Siempre sonríe —lo que no debe sorprender dado su gran éxito como jugadora de tenis. Pero el tenis no es todo para Arantxa. Afirma que hay que mantener una buena vida personal, y lo hace practicando otros deportes como fútbol, ciclismo, baloncesto, leyendo, viendo películas, escuchando música y pasando tiempo con su novio, sus amigos de Barcelona y con sus dos perros. Y ¿con qué sueña esta mujer rica, famosa y victoriosa? Ha dicho que quiere seguir disfrutando del tenis, formar una familia y conocer a Kevin Costner . . .

Maná del cielo

El movimiento de rock en español ha encontrado a sus mejores representantes en Guadalajara, México. El grupo **Maná** vende millones de discos no sólo en México, sino también en Argentina y España, mercados difíciles de penetrar para los músicos mexicanos. También arrasan en Estados Unidos y Canadá: Llenan auditorios y estadios en todas las ciudades que visitan durante sus giras. ¿Cómo lo hacen? Alex González, el líder del cuarteto, dice que buscan diferentes fusiones musicales, incorporando diferentes ritmos latinos y caribeños al mismo tiempo que siguen tocando rock. Buscan además la sencillez en las canciones, aunque esto no quiere decir que se limiten a tonterías, ya que en varios de sus discos han abordado el tema ecológico y el de la violación de los derechos humanos

Actividad 13: Detalles y pormenores   Busca la información indicada para cada persona o grupo en las lecturas de "Gente hispana".

Skimming and scanning

Lugar de origen
Talentos/Profesiones
Actividades favoritas
Un dato que te llama
   la atención

Actividad 14: ¿Cómo son?   **Parte A:** Los siguientes adjetivos se suelen usar para describir a las personas. Piensa en cuatro personas famosas. Para cada persona famosa, escoge tres adjetivos y justifica o ejemplifica cada adjetivo con algo que hace, cree o es esa persona.

Skimming, scanning, and describing

→   Creo que Rubén Blades es polifacético porque canta, actúa y también es político.

responsable	persistente	creativo/a
seguro/a	realista	obstinado/a
respetado/a	cortés	trabajador/a
raro/a (weird)	enérgico/a	cariñoso/a
inteligente	controvertido/a	prestigioso/a
poderoso/a	insoportable	egoísta (selfish)
gracioso/a (funny)	brillante	único/a
singular (unique)	aventurero/a	apasionado/a
idealista	rebelde	independiente
divertido/a (fun)	malicioso/a	atrevido/a
vulnerable	sensible (sensitive)	sensato (sensible)
polifacético/a	seductor/a	juguetón/ona
encantador/a	impulsivo/a	generoso/a
amable	cómico/a	vivaz

Parte B: Ahora prepara tres adjetivos que te describan a ti y justifica o ejemplifica cada adjetivo con algo que crees, haces o eres. Después, en parejas, compartan sus adjetivos y ejemplos. ¿Tienen características en común o son muy diferentes?

Actividad 15: La persona X   **Parte A:** Lee la siguiente descripción. ¿Puedes adivinar a quién se refiere?

Es bastante alto y delgado. Tiene el pelo lacio negro y ojos castaños. Además, tiene orejas únicas, ya que no es exactamente humano. En su tiempo libre, le gusta jugar al ajedrez tridimensional y tocar sus instrumentos musicales. Conoce perfectamente todas las ciencias. Es sumamente lógico, disciplinado y leal. No es emotivo y, por eso, a algunas personas no les cae muy bien.

La persona X es_____.

Parte B: Hay muchas maneras de describir a una persona. ¿Cuáles de los siguientes aspectos aparecen en el modelo? ¿Cuáles no aparecen?

Using models

_____ la edad	_____ el origen	_____ la personalidad
_____ la profesión	_____ los logros	_____ las actividades preferidas
_____ los gustos	_____ lo que no le gusta	_____ la apariencia física
_____ las metas	_____ la familia	_____ sucesos especiales de su vida

Parte C: Ahora, en parejas, escojan a una persona famosa. Pensando en el modelo, escriban una descripción de su persona X para que después otros estudiantes adivinen su identidad.

1-3

CUADERNO PERSONAL

Describe a una persona famosa y sus actividades actuales.

**E S T R A T E G I A
D E   R E D A C C I Ó N**

Redacción: Reseña de una entrevista

Reported Speech

The following activities will lead you to write an article based on an interview. In order to do this, you will need to convert direct speech to reported speech. Examine the following examples:

Direct Speech (estilo directo)
—Soy bella, elegante y rica.
—¡¡Yo no soy gordo!!

Reported Speech (estilo indirecto)
Dice que es bella, elegante y rica.
Insiste en que no es gordo.

Other expressions used to introduce reported speech:

Opina que	Piensa que	Cree que	Le parece que
Cuenta que	Afirma que	Explica que	Contesta/Responde que

Actividad 16: Un poco de práctica Cambia las siguientes frases del estilo directo al estilo indirecto.

Reported speech

Luisa Ciccone = Madonna

1. En realidad, me llamo Luisa Ciccone.
2. Tengo el pelo rizado y ojos amarillos.
3. Me gusta viajar en mi yate.
4. Voy a dirigir una obra de teatro en San Francisco.
5. Creo que soy muy impaciente.

Actividad 17: La entrevista   En parejas, uno de Uds. es periodista y la otra persona es una persona famosa. Sigan las instrucciones para su papel. Cuando terminen, cambien de papel.

Gathering information

Periodista

Tienes que escribir un artículo sobre una persona famosa. Por supuesto, necesitas información. Usa el siguiente cuestionario y entrevista a una persona famosa. Consigue toda la información que puedas. ¡Pídele detalles íntimos! Toma buenos apuntes para escribir el artículo.

Persona famosa

Eres una persona famosa (real o ficticia) y te va a entrevistar un/a periodista para un artículo. Contesta sus preguntas detalladamente.

1. ¿Cuál es su nombre verdadero?
2. ¿Le importa a Ud. si le pregunto su edad?
3. ¿Qué características físicas considera positivas en Ud.?
4. ¿Cuáles considera negativas?
5. ¿Qué características de su personalidad contribuyen a su fama?
6. ¿Hay detalles de su personalidad que considera negativos? ¿Cuáles?
7. ¿Cuáles son sus actividades favoritas?
8. ¿Qué piensa Ud. sobre _____?
9. ¿Qué planes tiene para el futuro?
10. ¿Tiene Ud. algún mensaje para nuestros lectores?

ESTRATEGIA DE REDACCIÓN

Defining Audience and Purpose

An effective writer defines and keeps in mind an audience. The audience may be the writer him- or herself, another person, a specific group, or the general public. At the same time, the writer must define and keep in mind a clear purpose. For example, a writer may want to brainstorm or explore ideas, express love, provide information, explain and/or convince. Defining and considering your audience and purpose will help you decide what to discuss and how to express your thoughts.

Actividad 18: El artículo   **Parte A:** Estudia la información que tienes sobre la persona famosa. Las respuestas de la entrevista se pueden dividir en cuatro categorías:

- apariencia física
- personalidad
- opiniones y actividades preferidas
- planes

Cada una de estas categorías puede formar la idea principal de un párrafo. Antes de seleccionar y organizar la información que vas a presentar, es importante decidir el público y el propósito de tu artículo. Escoge un público y un propósito de los siguientes:

Público:

  A. personas de 15 a 24 años
  B. tus padres y personas de su generación

Propósito:

  A. describir a una persona en términos positivos
  B. describir a una persona en términos negativos

Debes tratar de incluir toda la información pertinente, pero organizar y presentarla pensando en las opiniones, y preocupaciones de tu público y las necesidades de tu propósito. Ahora, escribe tu artículo.

Parte B: Después de escribir el artículo, muéstraselo a la "persona famosa" que entrevistaste para ver si la información es correcta.

La vida moderna

See the *Fuentes* Web
site for related links
and activities: http://college.
hmco.com

Actividad 1: La vida moderna   En la página anterior hay un dibujo que muestra algunas de las ventajas y desventajas de la vida moderna. En grupos de tres, hagan una lista de cinco aspectos positivos y otra de cinco aspectos negativos de la vida moderna.

Activating background knowledge

ya no = no longer, not anymore

→   (Negativo) Las personas usan demasiado el correo electrónico y ya no hablan con otras personas.

Lectura 1: Un artículo de Internet

ESTRATEGIA DE LECTURA

Guessing Meaning from Context

When reading, you will often come across words that are unfamiliar to you. In many cases these may be cognates and easily understood. In other cases, however, you will need to look at the wider *context* to guess the meaning of unfamiliar words. The parts of a passage that surround a particular word often limit what that word can and cannot mean. Though you may be tempted to look up each unfamiliar word in the glossary or dictionary, it is often faster and sometimes more helpful to guess the meaning of a word from its context, or even to skip it if it seems unimportant.

Actividad 2: Adivinar el significado según el contexto   En la siguiente lectura hay palabras y expresiones que probablemente no conoces. Usando los siguientes trozos *(fragments)* como contexto, escoge el significado que corresponde a cada una de las palabras indicadas.

Guessing meaning from context

"En mi artículo '¿Qué es Internet?', describí las posibilidades que se abren al usuario de una computadora conectada a la red internacional. Hoy, como contrapeso, quiero hablar de los riesgos políticos, sociales y culturales inherentes a la denominada Tecnología de la Información."

1. usuario
   a. una cosa que es útil
   b. una persona que usa una cosa
2. red
   a. Internet
   b. una computadora
3. riesgos
   a. beneficios o efectos positivos
   b. peligros o efectos negativos

> "A pesar de haber utilizado computadoras por más de quince años y de que hoy en día me gane la vida gracias a ellas, no creo, como algunos, que ellas sean la panacea universal que resolverá todos los problemas de la humanidad."

4. ganarse la vida
   a. mantenerse económicamente
   b. divertirse, pasarlo bien

> "Es tanta la cantidad de información accesible a través de la red, que se hace difícil separar el grano de la paja."

5. separar el grano de la paja
   a. leerlo todo y con mucho cuidado
   b. distinguir lo importante de lo no importante

> ". . . para encontrar pareja, los jóvenes enviarán sus datos a algún registro donde serán apareados con otros jóvenes del sexo opuesto o del mismo, según los intereses de cada uno."

6. pareja
   a. dos personas o cosas
   b. compañero/a, novio/a

Actividad 3: La tecnología de la información   En el siguiente artículo, vas a leer sobre algunos efectos del uso de la tecnología. Usando la siguiente lista de tecnologías, en grupos de tres, discutan cuál es la más útil, la más divertida, la más cara, la más difícil de usar y la más peligrosa.

Activating background knowledge

> las computadoras personales
> la/el Internet (la red)
> la televisión interactiva
> el correo electrónico
> la realidad virtual
> las consolas de juegos

→ —Creo que el correo electrónico es la tecnología más útil.
   —No estoy de acuerdo. El correo electrónico se usa menos que los juegos de video.
   —Pues, a mí me parece que el correo electrónico es más útil que los juegos de video, aunque los juegos se usan más.

Actividad 4: Los temas específicos   En grupos de tres, miren el título y el primer párrafo de la lectura. Después decidan cuál es el tema principal de la lectura y hagan por lo menos dos predicciones específicas sobre su contenido.

Identifying the main idea, predicting

Remember to identify and use cognates as you read.

LOS RIESGOS DEL IT   *Oscar Prada*

▶ *Todo lo que brilla . . .*

En mi artículo "Qué es Internet?" (*Liberación* No. 704, 14 de abril), describí las posibilidades que se abren al usuario de una computadora conectada a la red internacional. Hoy, como contrapeso, quiero hablar de los riesgos políticos, sociales y culturales inherentes a la denominada Tecnología de la Información.

A pesar de haber utilizado computadoras por más de quince años y de que hoy en día me gane la vida gracias a ellas, no creo, como algunos, que sean la panacea universal que resolverá todos los problemas de la humanidad.

Información o desinformación

Es tanta la cantidad de información accesible a través de la red, que se hace difícil separar el grano de la paja. Se mezclan los avisos comerciales, la pornografía, escritos políticos, literarios y teológicos de mayor o menor calidad, información turística y chistes, algunos buenos, otros inventados en el siglo pasado.

Tal cantidad de información se convierte en desinformación. Existen algunos catálogos y otros mecanismos a través de los cuales se ha tratado de estructurar en cierta manera la información existente en la red, pero esto limita a su vez la cantidad de información a lo que los autores de estos catálogos creen que es importante o quieren que se conozca.

Democracia

Entre los adictos a la Tecnología de la Información existen quienes opinan que ésta es el "summum" de la democracia. Dan como argumentos el hecho de que la información en Internet es accesible a todo el mundo y que cualquiera puede expresar su opinión en ella, sin que nadie pueda censurarles.

Se olvidan, sin embargo, que solamente un sector todavía muy pequeño de la población mundial tiene acceso a una computadora: los que lo pueden hacer a través de sus lugares de trabajo, los que lo hacen en sus lugares de estudios y los que tienen suficiente dinero como para tener una computadora en su hogar.

Control de opiniones

También es importante considerar la utilización de los nuevos medios para controlar y manejar a los ciudadanos. Si bien uno es libre de expresar lo que uno quiera en la Internet, ¿quién garantiza que sus opiniones no sean registradas por los organismos de inteligencia de los distintos países, empezando por la CIA? ¿Cómo estar seguro de la opinión aparecida en tal o cual foro de discusión electrónico no fue "infiltrada" por un agente para ver las reacciones de otros usuarios de Internet y registrar aquellas opiniones contrarias o favorables?

El otro aspecto es el manejo a través de la información o desinformación de la opinión de la gente. Una mentira ampliamente difundida por las autopistas de la información se puede llegar a convertir en una verdad.

Aislamiento

Una de las tendencias más desagradables de estos últimos años es la del llamado "cocooning", es decir, del encierro de la familia en su unidad habitacional (de "cocoon", palabra inglesa que designa al capullo en que se encierra la mariposa en su período crisálico).

El hombre es de por sí un animal social y el aislamiento es antinatural en esta especie. La televisión, el teléfono, la computadora en el hogar, las consolas de juego, todo contribuye al aislamiento. Pronto no será necesario moverse del hogar: se podrá trabajar desde el hogar, hacer las compras a través de la computadora, viajar y conocer otros lugares a través de la "realidad virtual", votar y participar en debates por medio de la televisión interactiva.

La participación activa en la vida política se verá reducida a apretar un botón y para encontrar pareja, los jóvenes enviarán sus datos a algún registro, donde serán apareados con otros jóvenes del sexo opuesto o del mismo, según los intereses de cada uno. ¿Una visión negra del futuro? No, esto ya existe en mayor o menor grado, en todos los países desarrollados. ¿Qué clase de deformaciones síquicas y físicas serán las consecuencias de este aislamiento? Están por verse.

Explotación

Con el desarrollo de las autopistas de la información se está popularizando el "trabajo a distancia". Las empresas vendedoras de computadoras y servicios de telecomunicaciones hacen grandes campañas publicitarias donde aseguran que gracias a la Tecnología de la Información, uno obtendrá más tiempo libre. Los que tenemos hoy en día posibilidad de trabajar desde la casa, sabemos lo que en realidad significa: hacemos en el hogar lo que no alcanzamos a hacer en la oficina. Creo que para poder gozar realmente del tiempo libre, uno debe poder desconectarse totalmente de su trabajo, pero si se tiene la oficina en la casa, eso es imposible. Por otra parte, el trabajar desde el hogar hace que se pierda el contacto con los compañeros de trabajo y la vida social e intercambio de ideas de las pausas y almuerzos desaparecen.

http://www.lared.com.ve/oscar.html

Actividad 5: Las opiniones del autor   Después de tu primera lectura, vuelve a leer el artículo. Mientras lees, piensa en las siguientes oraciones y determina si cada una es cierta o falsa. Justifica tu respuesta con una cita del texto.

Active reading

1. _____ Introducción: La tecnología de la información presenta tanto beneficios como problemas.

2. _____ Información o desinformación: Hay tanta información en la red que es imposible distinguir lo bueno de lo malo.

3. _____ Democracia: La tecnología de la información es un peligro para la democracia.

4. _____ Control de Opiniones: La CIA usa la red para controlar las opiniones de la gente.

5. _____ Aislamiento: La tecnología de la información tiende a reducir el aislamiento y facilitar el contacto entre la gente.

6. _____ Explotación: El uso de la tecnología lleva a un aumento en la cantidad de tiempo que la gente pasa trabajando.

Actividad 6: Otras opiniones   En grupos de tres, contesten las siguientes preguntas y preparen respuestas para compartir con el resto de la clase.

> ¿Con qué partes del artículo están de acuerdo? ¿Por qué?
> ¿Con qué partes no están de acuerdo? ¿Por qué?

⇢   El autor se queja de que hay demasiada información, pero no estoy de acuerdo porque . . .

Usen verbos como **interesarse por, quejarse de, preocuparse de/por, (no) darse cuenta de, olvidarse de, equivocarse, (no) tener razón.**

Actividad 7: El mayor peligro   En los mismos grupos de tres, respondan a las siguientes preguntas, sin limitarse a las ideas del autor del artículo.

> ¿Cuál es el mayor peligro o riesgo de la tecnología?
> ¿Por qué?
> ¿Existen soluciones para ese problema?

2-1
CUADERNO PERSONAL
¿Cuáles son los efectos de la tecnología de la información en tu vida diaria?

Lectura 2: Panorama cultural

ESTRATEGIA DE LECTURA

Using Sentence Structure and Parts of Speech to Guess Meaning

When using context to guess the meaning of unfamiliar vocabulary, you usually focus on the meaning of surrounding words. However, at times it is also useful to focus on the basic sentence structure and its parts. The larger parts of a sentence (subject, verb, object, prepositional phrase) can often be broken down into individual words, which can then be identified with a particular function or part of speech (noun, adjective, verb, adverb).

The parts of speech **(las partes de la oración)** include the following:

- **el sustantivo:** a noun is a person, place, thing or concept: **el jefe, el parque, la albóndiga, el impresionismo.**
- **el verbo:** a verb refers to an action or state: **subir, correr, estar.** Verbs can be transitive (they take a direct object—**Canto ópera.**) or intransitive (no direct object—**Estoy bien.**)

- **el adjetivo:** an adjective describes (**grande, impresionante, completo**) or limits (**algunos, este, doce**) a noun.
- **el adverbio:** an adverb describes the action of a verb (**despacio, rápidamente, temprano**) or describes the degree of an adjective (**muy, poco, increíblemente**).
- **el artículo:** an article marks the gender, number, and definite or indefinite nature of a noun: **el, la, los, las, un, una, unos, unas.**
- **la preposición:** a preposition identifies the links between other words: **a, con, de, desde, en, entre, hacia, hasta, para, por, sin, sobre,** etc.
- **la conjunción:** a conjunction connects elements within a sentence: **y, o, pero, sino.**
- **el pronombre relativo:** a relative pronoun connects a subordinate verbal clause to another element in the sentence: **que, quien, donde, el cual,** etc.

Identifying parts of speech may give you just enough information to determine the basic relationships within a sentence. Try this sentence written in nonsense Spanish. What information can you safely determine about the words?

El manículo golupeó calamente a Paco en la cloba gara.

Start with the familiar: **El** and **la** mark the nouns **manículo** and **cloba**. **En** is a preposition and marks off at least **la cloba** as part of a prepositional phrase. **Paco** is a common Spanish name, so the **a** could be a preposition (*to*) or **a** personal. Where's the verb? **Golupeó** looks likely since it follows the first noun (often the subject), ends in the preterit **-ó,** and is followed by an adverb ending in **-mente. Gara** is probably an adjective since it follows a noun and agrees with it in gender and number.

This sort of analysis can be useful in helping you understand difficult passages. Often, in order to get the gist of an idea, it is enough to pick out key verbs and nouns in order to know who is doing what. Then you can read on and clarify these basic ideas, since the natural redundancy of language will often lead to the same concept being repeated or referred to with different vocabulary farther on in the passage.

Actividad 8: Las partes de la oración   Determina las partes de las siguientes oraciones que aparecen en la lectura.

Determining parts of speech

1. Todos fuman.
2. El trabajo se ve principalmente como una necesidad económica.
3. El progreso eliminaba la ignorancia y los problemas del pasado.
4. La tecnología tiende a aislar a los individuos y crea graves problemas de contaminación.
5. Está claro que la perspectiva utilitaria está penetrando en el mundo hispano.

Actividad 9: Del contexto al significado   Antes de leer "Perspectivas sobre la vida", determina para cada oración cuál de las tres expresiones refleja el significado de la expresión en negrita.

Guessing meaning from context

1. María y Pilar **se parecen** tanto que muchos piensan que son hermanas.
   a. hablar   b. salir juntas   c. ser similares
2. Para hablar bien una lengua es **imprescindible** practicar con frecuencia.
   a. esencial   b. innecesario   c. recomendable
3. Para comprender la personalidad de uno, es necesario **tener en cuenta** sus experiencias durante la infancia.
   a. contar, narrar   b. recordar, considerar   c. contar, calcular
4. La tecnología tiende a **aislar** a los individuos ya que no necesitan tener contacto directo con otros para satisfacer muchas necesidades.
   a. separar   b. ayudar   c. alegrar
5. La mujer **rechazó** la oferta de trabajo porque el sueldo era muy bajo.
   a. aceptar   b. considerar   c. no aceptar

Actividad 10: Las generalizaciones y los estereotipos   Al hablar de la cultura casi siempre es necesario hacer generalizaciones, pero éstas pueden ser problemáticas ya que muchas veces se convierten en estereotipos. Después de leer la definición de cada término, lee los estereotipos sobre los norteamericanos y decide por qué son estereotipos. Luego, cambia las oraciones para convertirlas en generalizaciones válidas.

Activating background knowledge

- GENERALIZACIÓN CULTURAL: la expresión de una característica general o típica de la mayoría de un grupo, con el reconocimiento de excepciones y limitaciones.
- ESTEREOTIPO CULTURAL: una idea excesivamente **simplificada** de las características de un grupo, aplicada a **todos** los miembros del grupo sin consideración del contexto global, con un valor extremadamente **negativo** o **positivo.**

Estereotipos sobre los norteamericanos:

1. A los norteamericanos no les gusta fumar; son demasiado puritanos.
2. Los norteamericanos están obsesionados con el trabajo y el éxito profesional; se olvidan de la familia, las amistades y la vida.
3. Los norteamericanos son muy individualistas y competitivos; no se preocupan por la comunidad.
4. Los norteamericanos creen que la tecnología resuelve todos los problemas.
5. Los norteamericanos son muy fríos: siempre mantienen las distancias al hablar con la gente.

Actividad 11: Las perspectivas dominantes   La siguiente lectura habla de diferentes perspectivas sobre la vida que se encuentran en las culturas hispanas y las culturas angloamericanas. Lee por encima el pasaje e identifica la perspectiva o ideología dominante del mundo hispano y la perspectiva o ideología dominante del mundo angloamericano. Después, vuelve a leer con más cuidado para ver qué aspectos de cada perspectiva reflejan tus propios valores.

Skimming and scanning

PERSPECTIVAS SOBRE LA VIDA: EL MUNDO HISPANO Y LOS ESTADOS UNIDOS

En muchos respectos, las sociedades hispanas se parecen cada vez más a las sociedades norteamericanas y europeas: la televisión y los coches son omnipresentes, las computadoras y el correo electrónico se usan cada vez más. Sin embargo, existen todavía diferencias notables, y el norteamericano que viaja a un país hispano encuentra, sin duda, numerosas diferencias culturales. De hecho, muchos norteamericanos que van a España o Hispanoamérica se quejan: "todos fuman"; "siempre llegan tarde"; "se acercan demasiado". Estas quejas reflejan ciertos estereotipos muy conocidos, pero poco comprendidos. ¿A qué se deben?

Los estereotipos culturales tienen su origen en diferencias de perspectiva o ideología fundamentales y en las confusiones que surgen de estas diferencias. En el mundo hispano, la perspectiva dominante suele ser la tradicionalista, que favorece la estabilidad más que el cambio. El énfasis en lo tradicional se extiende a todas las facetas de la vida e incluye mayor aprecio por las creencias establecidas, las relaciones sociales establecidas y las autoridades establecidas. Estos aspectos se ven en el poder de la Iglesia Católica, la importancia de la familia y el respeto por las personas mayores. Como las relaciones personales y la comunidad tienen una importancia primordial, se les dedica mucho tiempo y energía. En cambio, el trabajo pasa a tener una importancia secundaria ya que se ve principalmente como una necesidad económica.

El tradicionalismo, aunque existe en los Estados Unidos, contrasta radicalmente con la perspectiva utilitaria de la mayoría de los norteamericanos. El utilitarismo surgió y se extendió a partir del siglo XVIII, principalmente en Inglaterra y los Estados Unidos. Los conceptos claves de la ideología utilitaria incluyen el progreso y el futuro, ya que el progreso elimina los problemas del pasado para crear un mejor futuro. La ciencia y la tecnología se consideran imprescindibles para el progreso, y el deseo de llegar a un futuro mejor lleva a una preocupación con la eficiencia, la productividad y la competitividad. Se enfatiza además la libertad del individuo y su responsabilidad por mejorar su vida y su mundo, y se cuestiona el orden establecido ya que puede limitar las libertades y la felicidad del individuo.

Algunas de las diferencias culturales de que se quejan los norteamericanos surgen del conflicto entre las ideas utilitaristas y las ideas tradicionalistas. Por ejemplo, muchos hispanos fuman porque para ellos es un rito social: toman tiempo no sólo para fumar, sino también para descansar y hablar con los amigos. La preocupación por la salud individual,

En algunas culturas el tradicionalismo se convierte en fatalismo o creencia en un destino determinado que no se puede cambiar. El fatalista puede lamentar su situación pero no intenta cambiarla. Lógicamente, prefiere disfrutar del momento actual y despreocuparse del futuro.

▼ *Este anuncio comercial refleja la creciente importancia de la tecnología. Managua, Nicaragua.*

▶ *Esta camerera española fuma mientras charla con sus clientes. Fumar sigue siendo una costumbre aceptada y bastante popular en la vida social de los países hispanos.*

aunque importante, es secundaria para estas personas. Los hispanos también suelen acercarse físicamente mucho más que los norteamericanos, lo cual sirve para marcar la importancia de las relaciones personales. Igualmente, otras diferencias se pueden comprender si se tienen en cuenta las perspectivas del utilitarismo y del tradicionalismo.

Ahora bien, está claro que la perspectiva utilitaria está penetrando en el mundo hispano, como lo demuestra la creciente importancia de la tecnología, la eficiencia, la productividad y la competitividad; pero esto causa conflictos culturales dentro de las sociedades hispanas, y hay muchos que lamentan la desaparición de las tradiciones. Por otro lado, hay quienes creen que la tecnología y el progreso representan una gran esperanza para mejorar el mundo.

Entonces, es posible preguntarse: ¿es superior una de estas dos perspectivas? Durante mucho tiempo, los norteamericanos no dudaban: el progreso eliminaba la ignorancia y los problemas del pasado. Pero ahora es evidente que el progreso también trae problemas. La tecnología tiende a aislar a los individuos y crea graves problemas de contaminación, tráfico y destrucción ecológica. Al reducir la tasa de mortalidad, los avances médicos contribuyen a la explosión demográfica. Y las poderosas tecnologías militares han abierto la posibilidad de la auto-destrucción.

Al iniciarse el siglo XXI, todos los países del mundo, no sólo los hispanos, se encuentran ante un mismo dilema: ¿es necesario rechazar el progreso y la tecnología para refugiarse en las tradiciones? No necesariamente. El tradicionalismo y el progreso utilitario representan extremos; ni el uno ni el otro pueden dar todas las soluciones. Hay que buscar en ambas perspectivas—o en otras—soluciones apropiadas para los problemas de cada contexto particular.

▶ *Vida urbana: el tráfico congestionado de Buenos Aires.*

Actividad 12: Las ideas principales Después de numerar los párrafos, indica a qué párrafo (1–7) corresponde cada una de estas ideas.

Identifying main ideas of paragraphs

_____ limitaciones de la perspectiva utilitaria

_____ diferencias culturales y problemas de comprensión intercultural

_____ la necesidad de no limitarse a una sola de estas perspectivas

_____ la ideología norteamericana dominante: el utilitarismo

_____ la penetración de las ideas utilitarias en el mundo hispano

_____ efectos del conflicto entre las ideas utilitarias y las tradicionalistas

_____ la perspectiva hispana dominante sobre la vida: el tradicionalismo

Actividad 13: Las ideas específicas **Parte A:** En la lectura se mencionan muchas características de las dos perspectivas sobre la vida: el tradicionalismo y el utilitarismo. En grupos de tres, miren la siguiente lista y decidan a qué perspectiva corresponde mejor cada concepto.

la vida rural	la vida urbana
el cambio	la democracia
el orden establecido	el triunfo
el individualismo	la comunidad
el futuro	el favoritismo
la crisis ecológica	la ciencia
la religión	las relaciones familiares
la productividad	la eficiencia y la puntualidad
la estabilidad	la felicidad

Parte B: En grupos de tres, comenten las siguientes preguntas.

- ¿Hay ejemplos de tradicionalismo o fatalismo en la sociedad norteamericana?
- ¿Qué ejemplos de las ideas utilitarias o tradicionales ven Uds. en la conducta de sus amigos o en su propia conducta?

Actividad 14: Los orígenes de los estereotipos En parejas, miren los estereotipos sobre los hispanos que aparecen abajo. Expliquen en qué realidad y en qué confusiones se basa cada estereotipo.

1. Todos fuman.
2. Siempre llegan tarde.
3. Se acercan demasiado.
4. Son muy alegres.
5. Son perezosos.
6. No son muy independientes; muchos jóvenes viven con sus padres hasta casarse.

2-2

CUADERNO PERSONAL

¿Cuál refleja mejor tu visión de la vida: el tradicionalismo o el utilitarismo? Incluye ejemplos de tu propia vida.

Lectura 3: Literatura

ESTRATEGIA DE LECTURA

Using the Bilingual Dictionary

Reading exposes you to new ideas and new words. As a general rule, the most efficient strategy for dealing with unfamiliar words is to try to guess their meaning from the context, or to skip over them if they do not seem important. However, there will be cases when you either need to look up a word in order to understand the passage, or you are simply curious to know more. If you finally decide to use the dictionary, here are some guidelines to help you:

1. Determine the part of speech.

2. Consider the context and try to guess its meaning. This may help you when you look up the word and are presented with numerous possibilities.

3. Look up the word in the Spanish half of a good bilingual dictionary. Be sure to check and compare all the possibilities given. Use the dictionary abbreviations to help you:

   m. masculine noun
   f. feminine noun
   adj. adjective (often given in masculine form)
   adv. adverb
   v. tr. transitive verb
   v. int. intransitive verb
   v. r. (ref., pr. or **prn.)** reflexive verb

The **pr.** or **prn.** refers to the reflexive pronoun that accompanies reflexive verbs.

4. Scan the entry to see if the word you are looking up is actually part of an idiom. Idioms are included toward the end of an entry.

Actividad 15: A buscar palabras   A veces no hay suficiente contexto para adivinar el significado de una palabra; entonces hay que buscarla en el diccionario. Busca en el vocabulario o en un diccionario bilingüe las siguientes palabras que aparecen en el cuento "Drama moderno", usando el contexto de las oraciones para determinar la parte de la oración y el significado apropiado.

Using the dictionary

1. Y **se** lo **llevaron.**
2. Oí los **sollozos** de un niño.
3. Ella **se aferró** al niño.
4. La niña **se arrojó** de la cama.
5. No puedo aguantar su **desprecio.**

a·fe·rra·da·men·te adv. tenaciously, persistently.
a·fe·rra·do, -da I. past part. see **aferrar II.** adj. tenacious, persistent.
a·fe·rrar §49 tr. (asir) to grasp, seize; MARIT. (plegar) to furl; (agarrar) to hook, grapple; (amarrar) to moor —intr. (insistir) to persist, insist; MARIT. to anchor, moor —reflex. to grapple, grasp one another; (insistir) to persist ◆ **aferrarse a** to cling to, persist in (opinions).
a·rro·jar tr. (lanzar) to throw, hurl, fling; (emitir) to emit, shed (light); COLL. (vomitar) to vomit, throw up; COM. to show <a. déficit to show a deficit> —reflex. (lanzarse) to throw or hurl oneself; FIG. (resolverse) to rush, venture <arrojarse a pelear to rush to a fight> ◆ **arrojarse sobre** to rush at, attack.
des·pre·ciar tr. (desdeñar) to disdain, look down on; (desairar) to slight, snub —reflex. to disdain, not to deign <no despreciarse de recibirnos not to deign to receive us>.
des·pre·cio m. (desdeño) disdain, scorn; (desaire) slight, snub.
lle·var tr. (transportar) to carry, take <le llevó flores al hospital he took flowers to her in the hospital>; (vestir) to wear <llevar medias negras he is wearing black socks>; (traer) to carry, have <no llevo dinero conmigo I have no money with me>; (conducir) to take, lead <este camino te llevará a Barcelona this road will take you to Barcelona>; (vivir) to lead <llevar una vida de perros to lead a dog's life>; (encargarse de) to manage, run <ella lleva las cuentas de casa she manages the household accounts>; (pasar) to have spent, have been <llevo cinco noches sin dormir I have spent five nights without sleep>; (ser mayor) to be older <mi hermana me lleva tres años my sister is three years older than me> ◆ **ll. a cabo** to carry out · **ll. adelante** to go ahead or forward with —intr. to lead <la carretera lleva a la ciudad the highway leads to the city> —reflex. (sacar) to take away, carry off <se llevó el premio gordo he carried off the first prize>; (robar) to take <se llevó el dinero del banco he took the money from the bank>; (conseguir) to get <se llevó lo que quería he got what he wanted> ◆ **llevarse bien** to get along well · **llevarse mal** to get along badly.
so·llo·zar §04 intr. to sob.
so·llo·zo m. sob ◆ **estallar** or **prorrumpir en sollozos** to burst into sobs.

Actividad 16: Las necesidades de la vida   En el cuento que vas a leer, se pierde algo muy importante. En grupos de tres, respondan a las siguientes preguntas.

Activating background knowledge

¿Hay personas o cosas sin las que no puedes vivir?
¿Por qué son importantes para ti esas personas o cosas?
Imagínate que alguien se las lleva: ¿cómo reaccionas?

Actividad 17: Línea por línea   Lee el cuento y contesta cada pregunta al llegar a la línea indicada. Lee sin consultar el diccionario. Subraya cualquier palabra importante que no entiendas y búscala después en el diccionario o el vocabulario.

Active reading

Línea

1: ¿Quién es **yo**? ¿Es mujer u hombre?
   ¿Dónde está? ¿Cómo está? ¿Cómo se siente?
4: ¿A qué se refiere **lo**?
8: ¿A qué se refiere **la**?
9: ¿Cómo se siente en ese instante?
11: ¿Qué hacen antes de irse él?
14: ¿Qué hace ella por él?
17: ¿Qué hace él por ella?
20: ¿Quién es él?

Victoria Pueyrredón nació en Buenos Aires, Argentina, y desde joven se dedicó a la creación literaria. Trabaja de periodista en Argentina y Uruguay, dirige la revista Letras de Buenos Aires *y es conocida internacionalmente como escritora de poesía y prosa. Su obra incluye colecciones de cuentos cortos que muchas veces brotan de la vida real pero que siempre terminan con un final sorpresivo.*

DRAMA MODERNO   *Victoria Pueyrredón*

¡Y se lo llevaron! Yo quise aferrarme. Me arrojé de la cama que se había aliado con mi enfermedad para separarme de él . . . Pedí . . . Supliqué . . . Mis ojos se llenaron de lágrimas, mi garganta de sollozos . . . Imploré con timidez primero, luego ordené: —¡No me lo lleven! . . .

5   Todo fue inútil. Lo vi desaparecer poco a poco, hasta que la puerta se cerró bruscamente, dejándome más sola que nunca.

Mi cuarto se llenó de una soledad sin remedio, soledad que me miraba con desprecio y altivez porque yo no la conocía.

10 ¿Cuándo le volvería a ver? Nunca me había sentido como en ese instante . . .
¡Y se lo llevaron!
Antes de desaparecer, quizá por una eternidad, nos miramos con ternura, con amor, con desesperación, con tristeza . . . ¿Podríamos seguir viviendo separados?
No. El necesitaría siempre mi voz que llenaba su vida, que disipaba su
15 soledad . . .
Yo, ¿cómo vivir sin él? . . . ¿En quién depositar mis penas y alegrías? ¿Dónde encontrar un oído para mis quejas? . . . ¿Quién habría de escucharme, así, tan callado pero lleno de vibraciones? . . .
¡No! . . . ¡Yo no podría seguir viviendo! . . . Y corrí hacia la puerta gri-
20 tando como una loca: —¡Devolvedme ese _____ ! . . . ¡No me lo quitéis que es mi vida! . . . ¡Por favor! . . .

Actividad 18: Un final personalizado   En parejas, decidan qué persona o cosa pondrían en el espacio en blanco del cuento y expliquen por qué.

Actividad 19: Una consulta con el psicólogo   En parejas, imagínense que Uds. son psicólogos y que ven por primera vez a la protagonista del cuento. Hagan una lista de preguntas para hacer durante la consulta. Después usen las preguntas en una entrevista con la protagonista.

Actividad 20: La personificación   En el cuento "Drama moderno" se personifica un objeto para mostrar la importancia que una cosa puede adquirir en la vida de una persona. Escribe una descripción personificada de un objeto de la vida diaria. Después lee la descripción en voz alta para que lo adivine el resto de la clase.

El final del cuento aparece en la última página de este capítulo. No lo mires hasta terminar la Actividad 18.

2-3
CUADERNO PERSONAL
Escribe una descripción de tu relación con algún objeto o tecnología desde la perspectiva de ese objeto.

Redacción: Una carta personal

ESTRATEGIA DE REDACCIÓN

Using the Bilingual Dictionary

When you write, try to express yourself as much as possible with vocabulary that is already known to you. This will make it easier for you to compose directly in Spanish. Nevertheless, there will be cases when you need to look up specific vocabulary in order to communicate your thoughts. Here are some guidelines to help you better use the dictionary when writing.

1. Determine the part of speech of the word you want. If you need to look up a phrase or idiom, look under the key word or words.

2. Look up the word in the English-Spanish section of the dictionary. Find the equivalents that match the same part of speech. If the word you are seeking is part of an English idiom, it may be listed later in the entry or under another key word. Remember that the Spanish equivalent may be quite different from the English, as in *to be 10 years old* and **tener 10 años.**

3. If you find more than one Spanish equivalent, you may need to cross-check each of these in the Spanish-English section of the dictionary.

When looking up a verb, determine whether you need to use it as transitive, intransitive, or reflexive, in which case the verb is used with a reflexive pronoun. Read the examples to determine if preposition(s) should be used with the verb. Make sure you do not try to translate English phrasal verbs (such as *to get up, to get off, to get over,* etc.) too literally. Many such verbs have a specific Spanish equivalent that may or may not be accompanied by a preposition.

Using the dictionary

Actividad 21: Los equivalentes en español La palabra *light* tiene varios equivalentes en español. Busca la traducción española de *light* según el contexto de cada oración.

1. Could you turn off the lights?
2. Have you got a light?
3. Now he sees it in a different light.
4. I always light candles.
5. Should we paint the wall light blue?
6. They prefer to travel light.

light¹ (līt) **I.** s. *(lamp)* luz *f* <*turn the lights on* enciende las luces>; *(radiation)* luz <*ultraviolet l.* luz ultravioleta>; *(illumination)* luz, iluminación *f*; *(daylight)* luz <*the l. of the day* la luz del día>; *(streetlamp)* luz, farol *m*; *(traffic light)* luz, semáforo; *(window)* ventana; *(skylight)* claraboya; *(headlight)* luz, faro; *(lighthouse)* faro, fanal *m*; *(flame)* fuego <*have you got a l.?* ¿me puedes dar fuego?>; FIG. *(spiritual awareness)* luz, iluminación; *(viewpoint)* aspecto, punto de vista <*I never saw the matter in that light* nunca vi el asunto desde ese punto de vista>; *(luminary)* lumbrera, eminencia <*he is one of the leading lights of science* él es una de las destacadas lumbreras de la ciencia>; *(gleam)* brillo <*the l. in her eyes* el brillo en sus ojos>; PINT. luz <*l. and shade* luz y sombra> ♦ **at first l.** al rayar la luz del día • **in l. of** en vista de, considerando • **in the cold l. of day** FIG. fríamente, desapasionadamente • **lights** FIG. *(opinions)* luces, conocimientos • **to bring to l.** FIG. sacar a luz, revelar • **to shed** *o* **throw l. on** FIG. arrojar luz sobre, aclarar • **to come to l.** salir a la luz, ser revelado • **to give the green l.** FIG. aprobar la realización (de un proyecto) • **to see in a different l.** FIG. mirar con otros ojos, mirar desde otro punto de vista • **to see the l.** FIG., RELIG. iluminarse; *(to understand)* comprender, darse cuenta • **to see the l. of day** salir a luz, nacer **II.** tr. **light·ed** *o* **lit** (līt), **light·ing** *(to ignite)* encender; *(to turn on)* encender, prender <*who lit this lamp?* ¿quién encendió esta lámpara?>; **light²** (līt) **I.** adj. **-er, -est** *(lightweight)* ligero, liviano; FIG. *(easily digested)* ligero, liviano; *(not forceful)* suave, leve; *(slight)* fino <*a l. rain* una lluvia fina>; *(faint)* débil; *(easy)* ligero, liviano <*l. work* trabajo liviano>; *(frivolous)* superficial, de poca importancia <*a l. chat* una charla de poca importancia>; *(blithe)* alegre, contento <*a l. heart* un corazón alegre>; *(low in alcohol)* de bajo contenido alcohólico ♦ **as l. as air** liviano como el aire • **l. in the head** mareado • **to be l. on one's feet** ser ligero de pies, moverse con agilidad • **to make l. of** no tomar en serio, restar importancia a **II.** adv. **-er, -est** ligeramente ♦ **to travel l.** viajar con poco equipaje

Actividad 22: Los verbos ingleses   Busca los equivalentes de las expresiones indicadas en cada oración. Da sólo los infinitivos.

Using the dictionary

1. He needs *to get away from* work.
2. She can't *get over* him.
3. When do we *get off* the bus?
4. I can't wait *to get back* home.
5. What time does this plane *get in?*
6. I'll never *get used to* the cold weather in Wisconsin.

---

get (gĕt) tr. **got** (gŏt), **got** o **got·ten** (gŏt´n), **get·ting** *(to obtain)* obtener, conseguir *<did you g. the job? ¿*conseguiste el empleo?>; *(to receive)* recibir; *(to win)* sacar *<he got a prize* sacó un premio>; agarrar, capturar; *(to catch)* coger, contraer *<to g. the flu* coger la gripe> ♦ **I can't g. over it** no lo puedo creer • **to g. across** *(to make understood)* hacer comprender; *(to cross)* cruzar • **to g. along on** arreglárselas con • **to g. along with** *(someone)* llevarse bien con • **to g. along without** pasar sin, prescindir de • **to g. around** *(something)* lograr pasar; *(someone)* engatusar • **to g. around to** encontrar tiempo para • **to g. at** averiguar, descubrir (la verdad, un motivo) • **to g. away from** *(place)* escaparse de; *(person)* librarse de • **to g. (something) away from** quitar (algo) a • **to g. away with** *(to succeed in)* conseguir (decir mentiras); *(to steal successfully)* llevarse • **to g. back** recuperar, recobrar • **to g. back at** vengarse de, desquitarse de • **to g. in with** trabar amistad con • **to g. into** *(clothes)* ponerse (prendas); *(car)* subir a; *(bed, trouble)* meterse en; *(bad habits)* adquirir malas costumbres • **to g. off** apearse de, bajar de (tren) • **to g. (someone) off** *(to send off)* mandar, enviar *<she finally got the kids off to school* finalmente mandó a los chicos a la escuela>; *(to secure release or lesser penalty for)* lograr la absolución o una pena leve para • **to g. (something) out of** *(to pry out of)* sonsacar (información); *(to profit from)* sacar de, obtener de; *(to borrow from a library)* sacar; *(to take out of)* sacar *<g. the car out of the garage* saca el automóvil del garaje> • **to g. over** *(illness)* reponerse de; *(shyness, disappointment)* superar; *(person)* olvidar; *(difficulty)* vencer; *(loss)* sobreponerse de; *(to become accustomed to)* acostumbrarse a • **to g. (something) over** o **over with** acabar con • **to g. through** pasar • **to g. through to (someone)** *(to reach by phone)* conseguir comunicación con; *(to be understood)* hacer comprender • **to g. at** *(to suggest)* insinuar; *(to try to express)* explicar • **to g. away** *(to escape)* escaparse; *(to manage to leave)* conseguir irse o marcharse; *(to go away)* irse, marcharse; *(to go on vacation)* ir de vacaciones • **to g. back** *(to return)* regresar, volver; *(to return home)* regresar o volver a casa • **to g. by** *(something)* lograr pasar; *(someone)* eludir, pasar inadvertido; *(to manage)* arreglárselas • **to g. down** bajar, descender • **to g. in** *(to arrive)* llegar *<what time does his plane g. in? ¿*a qué hora llega su avión?>; *(place)* entrar *<the theater was so crowded we couldn't g. in* el teatro estaba tan lleno que no pudimos entrar>; POL. *(to be elected)* ser elegido; *(to receive)* recibir; *(to return home)* volver o regresar a casa • **to g. through** *(tax bill, exam)* aprobar; *(the day, crowd)* pasar; *(to reach by phone)* lograr comunicar; *(to manage to arrive)* llegar a su destino (provisiones, mensaje); *(to finish)* terminar • **to g. together** *(to meet)* reunirse, juntarse; *(to agree)* ponerse de acuerdo • **to g. up** *(stand up)* ponerse de pie, levantarse; *(out of bed)* levantarse (de la cama) • **to g. used to** acostumbrarse a.

Actividad 23: Los cambios del último siglo   **Parte A:** Imagina—y es fundamental imaginar—que cuando H.G. Wells inventó la máquina del tiempo, también
abrió una agencia de viajes. Tú también vas a viajar al futuro y escribir una carta.
Para tener un modelo, lee la carta que escribió un joven cliente de esa agencia y fí-
jate en la comparación que hace entre el Puerto Rico de 1895 y el de 2000.

Using models

Parte B: Después de leer la carta, contesta las siguientes preguntas.

Scanning

1. ¿Qué cosa(s) siguen haciendo?
2. ¿Qué cosas ya no hacen?
3. ¿Qué cosas nuevas hacen?

Saludos comunes en tarjetas y cartas informales: **Querido/a** + nombre o simplemente **¡Hola!** (generalmente seguidos de dos puntos).

San Juan, 13 de junio de 2000

Querida mamá:

¡Es increíble! Puerto Rico es otro mundo en el año 2000. San Juan es muchísimo más grande y hay edificios muy, muy altos. Creo que ya no hay casi trenes (la estación que estaba cerca de la Plaza de Colón ya no existe). La gente siempre usa unas máquinas que van muy rápido por las calles y continuamente se escucha música dentro de ellas. Se mueven sobre el camino con unos tubos de goma.

Hace tres semanas que estoy aquí. El dinero no es español, sino de los Estados Unidos y está escrito en inglés. La ropa que llevo es muy diferente. Los pantalones no son de algodón normal, sino de un material azul muy resistente. Y mucha gente lleva camisetas en plena calle. ¡Qué escándalo!

Estoy viviendo en una pensión de estudiantes en Río Piedras. Ahora en Río Piedras hay una universidad. Dicen que es muy buena y que mucha gente viene de toda la isla para estudiar aquí. En la pensión hay luz que llaman "eléctrica" y que se enciende con un botón, y agua caliente que sale directamente a la bañera. Aquí se sigue comiendo arroz con habichuelas y plátano frito, pero no tan bueno como el tuyo, mamá.

Por la noche a los estudiantes les encanta mirar una caja con luz (un poco como la linterna mágica de papá). La caja presenta escenas a veces románticas, otras veces cómicas o melodramáticas. La llaman el televisor. Todos los viernes y sábados por la noche los estudiantes van en sus máquinas (muchas de ellas se llaman Toyota) a bailar y a beber en salones. Creo que se llaman discotecas o bares, pero no entiendo la diferencia todavía. A menudo se quedan allí hasta la madrugada.

Bueno mamá, termino la carta porque me van a enseñar a usar una máquina llamada "computadora". Luego te cuento más.

Un beso,

José María

José María

Despedidas comunes: **Un beso, Besos, Un abrazo, Abrazos,** y **Besos y abrazos.** Estas despedidas no indican interés romántico.

Jesús, María y **José** aparecen en nombres tanto de hombre como de mujer. Para los hombres, **María** sigue al nombre masculino: **Jesús María, José María.** Para las mujeres, **María** va primero: **María José, María Jesús, María del Carmen.**

ESTRATEGIA DE REDACCIÓN

Remember the use of **soler** as in **suelo ir** = I usually go, and **ya no** = no longer/not any more.

Describing Habitual Actions

Adverbs serve to describe actions precisely. Here is a list of adverbs and adverbial expressions you can use to describe the frequency of repeated or habitual actions.

todos los días	every day
todos los lunes, etc.	every Monday, etc.
siempre	always
con frecuencia/frecuentemente	frequently
a menudo	often
de vez en cuando	once in a while
a veces	sometimes
continuamente	continually
constantemente	constantly
generalmente/por lo general	usually
rara vez	rarely, infrequently

Actividad 24: La perspectiva desde el año 2100   **Parte A:** Uds. están en el año 2100 y ven cosas diferentes y nuevas, y también cosas que siguen iguales. En parejas, hagan tres listas:

Activating background knowledge

1. dos o tres actividades que ya no hace la gente
2. dos o tres actividades que son completamente nuevas
3. dos o tres actividades que sigue haciendo la gente

Consideren los siguientes aspectos: horario del día, comidas, bebidas, horario de comidas, trabajo, enfermedades, diversiones y pasatiempos, medios de transporte, ropa, problemas, contaminación, descanso, educación, casas, relaciones personales.

Parte B: Por fin hacen el viaje a los Estados Unidos en el año 2100. Después de una semana, le escriben una carta a su madre o a otro pariente (se puede mandar en la máquina del tiempo). Tienen que incluir información sobre aspectos que son diferentes, pero también sobre aspectos que son conocidos. Usen el formato de la carta de José María en la Act. 23 y también las ideas de la Parte A.

Final de "Drama moderno": "¡Devolvedme ese teléfono!"

España: Cruce de culturas

Mezquita, Córdoba

Catedral gótica, León

Iglesia románica, Ripoll

Teatro romano, Mérida

Pinturas, Cuevas de Altamira

El Generalife (La Alhambra), Granada

Acueducto romano, Segovia

Sinagoga de Santa María La Blanca, Toledo

See the *Fuentes* Web site for related links and activities: http://college.hmco.com

Actividad 1: Los monumentos históricos   Los monumentos históricos de cualquier país muchas veces reflejan la influencia de culturas anteriores. En grupos de tres, miren el mapa, los nombres de los monumentos y las fotos, y adivinen cuáles de las siguientes culturas están representadas. Luego, determinen con qué cultura se asocia cada monumento.

Activating background knowledge

Las culturas representadas:

_____ la ibérica prehistórica

_____ la romana

_____ la árabe (mora)

_____ la cristiana medieval

_____ la inglesa

_____ la griega

_____ la visigoda

_____ la judía

_____ la francesa

Lectura 1: Un itinerario

ESTRATEGIA DE LECTURA

Recognizing Chronological Organization

Understanding how a text is organized aids comprehension. One of the most common ways to organize a text is to follow a chronological sequence. Examples of a schematic use of chronological organization include recipes, trip itineraries, and instructions for putting things together or repairing things. These sorts of texts are often characterized by numbering or clear divisions between stages or events. Other more fully developed examples include certain types of news reports, histories, short stories, and novels. These last are generally referred to as examples of narrative.

Actividad 2: Primera mirada   Mira rápidamente los dos itinerarios de viaje en las páginas 44–45 y completa las siguientes oraciones:

Skimming and scanning

1. La división cronológica es:

_____ la hora   _____ el día   _____ la semana

_____ el mes

2. Son itinerarios de:

_____ avión   _____ tren   _____ autobús

_____ barco

3. En la primera excursión se visitan lugares de esta región de España:

_____ el norte   _____ el sur   _____ el este

_____ el oeste   _____ el centro

4. En la segunda excursión se visitan lugares de esta región de España:

_____ el norte   _____ el sur   _____ el este

_____ el oeste   _____ el centro

5. Se ven más monumentos de la cultura árabe en el itinerario de:

_____ el Viaje a Andalucía   _____ el Viaje de la Castilla Imperial

6. Las dos excursiones parten de:

_____ Toledo   _____ Barcelona   _____ Sevilla

_____ Granada   _____ Madrid

Actividad 3: Paradas y destinos   Quieres hacer un viaje a España pero tienes poco tiempo y deseas saber con qué excursión puedes ver más lugares de los que están en la lista. Lee rápidamente los itinerarios y marca en cuál (itinerario 1 ó 2) se puede ver cada uno de estos lugares. Luego, compara con un/a compañero/a para ver si tienen la misma información.

→   1 = Viaje a Andalucía

2 = Viaje de la Castilla imperial

_____ El Parque de María Luisa

_____ El Escorial

_____ La Alhambra

_____ La mezquita de Córdoba

_____ El Alcázar de Segovia

_____ El Alcázar de Sevilla

_____ La Plaza Mayor de Salamanca

_____ La plaza de toros de Ronda

_____ El monumento de Santa Teresa

_____ La sinagoga de Santa María la Blanca

Scanning

La **o** aquí lleva acento. ¿Por qué?

Al-Andalus es un tren de lujo, compuesto de coches restaurados de los años veinte y treinta, que recorre Andalucía y otras regiones de España.

▲ *El AVE tarda tan sólo 2 h. 15 m. desde Madrid hasta Sevilla.*

Al-Andalus Expreso
3 ó 5 días
Viaje a Andalucía

Andalucía es una de las partes más bellas y singulares de España. La región que fue ocupada por los moros durante siete importantes siglos y donde nacieron el flamenco y las tapas, constituye hoy un escenario de montañas, jardines y ornamentada arquitectura religiosa.

El Viaje a Andalucía recorre los lugares más importantes de la España andaluza. Tras un corto viaje desde Madrid en el AVE (Alta Velocidad Española)—un tren expreso que viaja a 240 kilómetros por hora — los pasajeros suben al 'Al-Andalus' en la antigua ciudad de Sevilla. Las primeras paradas son Córdoba y Granada, dos de las grandes ciudades moras de España, continuando por Málaga, en la Costa del Sol y Ronda, una de las ciudades más viejas de España. Después de una visita a Jerez, regresa a Madrid vía Sevilla.

Día 1: Los señores pasajeros toman el AVE al mediodía en la estación de Atocha, en Madrid, para hacer un viaje de tres horas a Sevilla. Se sirve la comida durante el viaje. Una vez en Sevilla los pasajeros se acomodan en el 'Al-Andalus', para luego ir a una excursión por toda la ciudad.

Día 2: Después de la comida a bordo del tren, los pasajeros emprenden otro recorrido turístico por la ciudad de Sevilla. Algunos puntos importantes de esta ciudad son la catedral, el Alcázar y el Parque de María Luisa, uno de los más bellos de España. A continuación toman el 'Al-Andalus' hacia Córdoba,

con almuerzo en el viaje, llegando a la ciudad por la tarde y con tiempo para una corta excursión. Puntos importantes de esta ciudad son la mezquita, el espléndido palacio del Alcázar y la judería. Por la noche, el tren sale hacia Granada, con cena a bordo.

Día 3: Los pasajeros se despiertan en Granada donde después del desayuno, visitan la Alhambra y los jardines del Generalife, el palacio de verano de los reyes moros nazaríes. Con comida en el tren, el 'Al-Andalus' se dirige a Málaga. Aquí termina el viaje de tres días "Vistazo a Andalucía". Los pasajeros que continúan tienen la tarde libre antes de subir al tren para la

▼ *La plaza de toros de Ronda, ciudad de origen del arte taurino.*

cena y partir hacia la antigua Ronda.

Día 4: Después del desayuno, los pasajeros visitan la ciudad de Ronda, el último estandarte de los moros contra los Reyes Fernando e Isabel. Regresan al tren para comer mientras se dirigen a Jerez, ciudad del finísimo vino blanco español. Después de la cena, visitan el casino de la villa pesquera del Puerto de Santa María.

▲ *Vista exterior del palacio de La Alhambra.*

Día 5: La visita a los puntos de interés comienza después del desayuno, con recorridos por las bodegas de Jerez y a la Real Escuela del Arte Ecuestre. Al regresar al tren, los señores pasajeros disfrutan de una comida de camino a Sevilla, donde abandonan el 'Al-Andalus' para tomar el AVE hacia Madrid.

▲ *El espectacular alcázar de Segovia.*

Al-Andalus Expreso
4 días
Viaje de la Castilla Imperial

Este itinerario explora Castilla, una región árida y azotada por el viento que recibió su nombre por la cantidad de castillos que existieron allí desde la época medieval. Famosa por su cielo despejado y sus vistas espectaculares, Castilla está asociada con algunas de las figuras más importantes de Europa. Además de ofrecer el escenario para *El Quijote* de Cervantes, el Cid, Santa Teresa, San Juan de la Cruz y El Greco vivieron, trabajaron, meditaron y lucharon en la meseta castellana.

El Viaje de la Castilla Imperial comienza en Madrid, donde los señores pasajeros suben al 'Al-Andalus' en la estación de Chamartín. De ahí, el tren viaja hacia el noroeste, al monasterio de El Escorial y continúa hacia el oeste a la ciudad amurallada de Ávila y a Salamanca, cuna del renacimiento español. Desde allí, el 'Al-Andalus' se dirige nuevamente hacia el centro de la meseta con paradas en Segovia, ciudad importante desde el período romano, y Toledo, vinculada para siempre a El Greco. El viaje termina en Madrid.

Día 1: Los señores pasajeros toman el tren por la mañana, con desayuno de camino a El Escorial. Este inmenso monasterio de granito fue construido por el rey Felipe II para conmemorar una victoria española en 1557. Después de esta visita, los pasajeros suben al 'Al-Andalus' para almorzar de camino a Ávila, ciudad rodeada por una muralla medieval con sus torres y puertas. El viaje también incluye una visita a la catedral gótica y al monumento de Santa Teresa de Jesús. A continuación, el tren sale para Salamanca con cena y música a bordo.

Día 2: Después del desayuno en el tren, los señores pasajeros visitan la Catedral Vieja y la Catedral Nueva, la Universidad con sus edificios medievales, la enorme iglesia de San Esteban con su monasterio, el convento de Las Dueñas y la Plaza Mayor. Luego de comer en la ciudad, tienen la tarde y parte de la noche libre. Ya en el tren, se ofrece a los pasajeros un espectáculo musical y una cena a última hora, de camino a Segovia.

Día 3: Desayuno en Segovia. Durante la mañana los pasajeros visitan el acueducto romano, la magnífica catedral gótica y el imponente fuerte del Alcázar. Comida en el parador local y la tarde libre antes de regresar al 'Al-Andalus' para cenar con música mientras el tren se dirige a Toledo.

Día 4: Después del desayuno, los señores pasajeros exploran la ciudad de murallas y almenas. La excursión incluye una visita a la sinagoga de Santa María la Blanca (del siglo XII), la iglesia de Santo Tomé que guarda el famoso cuadro "El entierro del conde de Orgaz" de El Greco, la catedral, y el hospital de Talavera que posee en su

▲ *El vagón restaurante del Al-Andalus.*

colección "El bautismo de Cristo" de El Greco. Después de su comida en el Parador de Toledo, tienen la tarde libre. A continuación regresan a bordo del 'Al-Andalus' para volver a Madrid, donde termina la travesía.

Actividad 4: ¿Cómo es el recorrido? Mira cada itinerario y dibuja flechas (→) en el mapa para mostrar el recorrido de cada excursión. Luego, compara con un/a compañero/a para ver si lo hicieron bien.

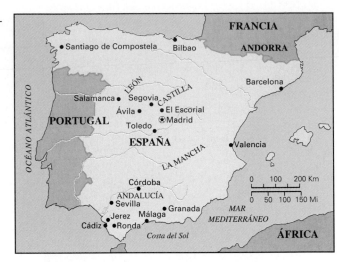

Scanning

Actividad 5: Información importante Busca en los itinerarios la siguiente información para confirmar si has entendido la lectura.

1. a qué se debe el nombre de Castilla: _____

2. dos lugares de importancia en Córdoba: _____

3. un producto conocido de Jerez de la Frontera: _____

4. ciudad donde se visita una universidad: _____

5. lugar de origen de las corridas de toros: _____

6. monasterio construido por el rey Felipe II: _____

7. ciudad rodeada por una muralla medieval: _____

8. ciudad donde los reyes moros tenían un palacio de verano: _____

Actividad 6: Mi viaje Escoge uno de los itinerarios del Al-Andalus. Apunta los lugares que más te interesan de las diferentes ciudades e imagínate que hiciste el viaje. Después, en parejas, cuéntense el viaje imaginario que hicieron. De la lista que escribieron, mencionen los lugares que más les gustaron.

→ Primero fui a Granada y me gustó mucho el Generalife. Después visité . . .

Actividad 7: El itinerario perfecto **Parte A:** En parejas, escojan una ciudad de los Estados Unidos y organicen un itinerario de dos días. Piensen en las cosas interesantes que se pueden hacer en la ciudad (monumentos, diversiones, excursiones especiales). Decidan cómo van a viajar desde su universidad a esa ciudad y dónde van a dormir y comer.

Parte B: Con otra pareja, intercambien la información de sus itinerarios y entre los cuatro, decidan cuál prefieren y por qué. Al describirle su itinerario a la otra pareja, usen expresiones como **Primero, Luego, Más tarde . . .**

3-1
CUADERNO PERSONAL
¿Cómo es el itinerario de "el viaje de tus sueños"? Descríbelo detalladamente.

Lectura 2: Panorama cultural

**ESTRATEGIA
DE LECTURA**

Using Syntax and Word Order to Understand Meaning

In the previous chapter, you practiced analyzing sentences in terms of parts of speech. These small units are organized into larger units that are fundamental to the meaning of a sentence.

- **El verbo:** The verb describes an action or state; it may be simple, compound, or linked in a series to form a verb phrase **(frase verbal)** as in **El hijo de Carmen no** *pudo ir.* All sentences contain either a verb or verb phrase.
- **El sujeto:** Nearly every verb has a subject with which it agrees. A subject may be one word or several: ***El hijo de Carmen* no pudo ir.** Remember that the subject is often not explicitly expressed in Spanish. In this case, it is necessary to look at surrounding context to determine the subject. A few verbs have no subject: ***Hay* veinte personas aquí.**
- **El complemento directo:** The direct object receives the action of the verb. It can be one word or more as in **Yo vi *al hijo de Carmen.*** Notice that persons or person-like things are introduced by the **a personal.**
- **El complemento indirecto:** The indirect object is the recipient of the direct object or the beneficiary of the action of the verb: **Paco *le* dio un libro *al hijo de Carmen.*** Notice in the example that the indirect object is preceded by the preposition **a** and marked redundantly with the indirect object pronoun **le.**
- **El complemento circunstancial:** This unit tells under what circumstances the action occurs (when, where, how, why) and often begins with a preposition such as **a, de, en, con, por, para. El hijo de Carmen llegó *a la fiesta* y se quedó *hasta las doce.***

If you have problems understanding a sentence, you may want to slow down, analyze the sentence, and figure out *when* or *where who* did *what* to *whom*, while remembering that the subject, verb, and objects are often groups of words. It helps to locate the verb first, determine its number, and look for a subject that corresponds. In Spanish, the subject may appear before the verb (as in English), after the verb, or at the end of the sentence. For example, these two sentences are both true in the following reading, yet they differ greatly in meaning:

> Conquistaron los moros a los cristianos.
> Conquistaron a los moros los cristianos.

Can you explain this difference in meaning?

Actividad 8: La estructura de las oraciones   En parejas, analicen las siguientes oraciones que van a ver en la lectura sobre la España medieval e identifiquen en cada una si hay sujeto (S), verbo (V), complemento directo (CD), complemento indirecto (CI) o complemento circunstancial (CC). Subráyenlos si aparecen.

Using syntax and word order to understand meaning

1. Una de estas tribus, los visigodos, controló la península durante unos tres siglos . . .
2. En el año 711 d. de C., los moros invadieron la península . . .
3. En el español moderno, todavía existen unos 4.000 vocablos . . .
4. . . . la presencia de los moros no significó la eliminación de los cristianos . . .
5. En enero de 1492 tomaron la ciudad de Granada . . .
6. La conquista de América se convirtió en una nueva cruzada con las connotaciones religiosas . . .

a. de C. = B.C.

d. de C. = A.D.

Actividad 9: Para hablar de historia   **Parte A:** Pon la letra de la definición más apropiada al lado de cada palabra. Puedes usar el diccionario o el glosario si es necesario.

Building vocabulary

1. _____ mezcla
2. _____ pueblos
3. _____ llevar a cabo
4. _____ huella
5. _____ gozar
6. _____ duradero
7. _____ reino
8. _____ cruce
9. _____ lograr

a. grupos étnicos o culturales
b. hacer y terminar, realizar
c. una marca
d. que no desaparece
e. la combinación de elementos diferentes
f. poder hacer algo
g. disfrutar, beneficiarse
h. el territorio de un rey
i. intersección

Parte B: En parejas, miren las siguientes expresiones y determinen cómo se deben leer en voz alta.

1. 218 a. de C. – 409 d. de C.
2. 4.000
3. Alfonso X, el Sabio
4. 711 d. de C.
5. 1252 – 1284
6. el siglo XV

Parte C: El tema de la siguiente lectura es la España medieval. En parejas, hagan una lista de temas y palabras que esperan encontrar en este tipo de historia. Luego, lean para ver cuántos de éstos aparecen.

Predicting, activating background knowledge.

HISPANIA, SEFARAD, AL-ANDALUS: ESPAÑA

L a formación de la cultura española se produjo de la interacción de diversas culturas que coexistieron durante muchos siglos en lo que hoy día conocemos como la Península Ibérica. Muchos pueblos llegaron a la península, pero fueron los romanos los que realmente sentaron las bases principales para
5   el desarrollo de la cultura española durante un largo período de dominio

(218 a. de C.–409 d. de C.) y más tarde, durante la Edad Media, hubo otro período de mezcla cultural aún más importante.

Los seis siglos de dominio romano sobre Hispania vieron el establecimiento de costumbres y leyes romanas, además de la adopción casi completa
del latín como lengua común. Incluso cuando cayó el imperio, las tribus ger-
mánicas que invadieron la península no afectaron mucho la cultura de los
habitantes hispano-romanos. Una de estas tribus, los visigodos, controló la
península durante unos tres siglos. Sin embargo, los visigodos mantuvieron el
uso del latín como idioma administrativo y, además, permitieron que los habitantes que no eran visigodos continuaran usando las leyes romanas. Después
de tres siglos, los visigodos, a su vez, fueron reemplazados por otro pueblo que
dejó una huella más duradera: los moros.

En el año 711 d. de C., los moros invadieron la península, derrotaron al rey
visigodo, y en siete años conquistaron casi todo el territorio, al que llamaron Al-
Andalus. Los moros, un grupo compuesto de árabes del Medio Oriente y bere-
beres del norte de África, trajeron consigo la religión musulmana y una cultura
avanzada que los árabes habían absorbido de sus contactos con Grecia, Persia e
India. Al-Andalus, con Córdoba como capital, se convirtió en el lugar más civi-
lizado de la Europa medieval. Los moros gozaron de un gran prestigio por sus
conocimientos de matemáticas, astronomía, agronomía y filosofía, entre otras
ciencias. La música y la poesía, junto con el idioma árabe, tuvieron una gran influencia en la península. En el español moderno, todavía existen unos 4.000 vocablos, muchos de uso común, que vienen directamente del árabe, tales como
alquilar, alcázar, alcalde, alfombra, alcohol, álgebra, azúcar, tarea, asesino y ojalá.

Sin embargo, la presencia de los moros no significó la eliminación de los
cristianos. Muchos de éstos se refugiaron en el norte, en los Montes Cantábricos, desde donde comenzaron la Reconquista. Pelayo, su primer jefe, ganó la
primera batalla contra los moros en 718 y fundó el reino de Asturias. Gradual-
mente, se fundaron otros reinos cristianos en el
norte. El último de éstos surgió en la frontera
con el territorio moro, y como se caracterizaba
por una gran cantidad de castillos defensivos,
se le dio el nombre de Castilla. Poco a poco
Castilla se convirtió en el reino más importante
y guerrero de la Reconquista. Gracias a su auge
político y militar, su lengua, el castellano, logró
imponerse y, por esta razón, la lengua española
todavía se conoce como el castellano.

Durante los casi ochocientos años que los
cristianos tardaron en expulsar a los moros, hubo
una convivencia, si no pacífica, por lo menos
fructífera, entre cristianos, moros y judíos, otro
grupo que también contribuyó a la riqueza de
la cultura medieval. Aunque ya habían sido
expulsados de varios otros reinos europeos,
como Inglaterra y Francia, en España, o Sefarad

Los vascos, del norte de España, nunca adoptaron el
latín y todavía hoy hablan un
idioma que no tiene relación
con ningún otro idioma de
Europa.

Ojalá, de la expresión árabe
"wa šā llâh" = y quiera Dios

La Península Ibérica en el siglo X.

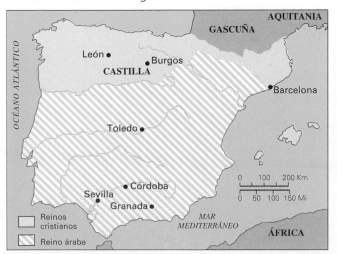

como la llamaban, los judíos pudieron vivir en una sociedad relativamente tolerante creada por la coexistencia de las religiones cristiana y musulmana. Allí lograron hacer grandes contribuciones, tanto intelectuales como económicas. La
55 labor de la Escuela de Traductores de Toledo bajo el reinado de Alfonso X, el Sabio (1252–1284) marcó el cenit de la cooperación entre los tres pueblos. Estudiosos judíos, cristianos y árabes se juntaron para traducir textos científicos e históricos del árabe y del latín al castellano. Fue así que gran parte de los conocimientos árabes pasaron al resto de Europa. Y fue así también como el
60 castellano, descendiente popular del latín, pasó a ser la lengua de administración y la lengua de uso más común.

   Aunque gran parte de la Reconquista se llevó a cabo antes del reinado de Alfonso X, las luchas internas entre los reinos cristianos impidieron la conquista del último reino moro, Granada. No obstante, a finales del siglo XV, la reina
65 Isabel de Castilla se casó con el rey Fernando de Aragón y, a fin de unificar y pacificar el país, los Reyes Católicos anunciaron una nueva cruzada contra los moros. En enero de 1492 tomaron la ciudad de Granada y terminaron así la Reconquista. Más tarde, ese mismo año, obligaron a los judíos o a salir del país o a convertirse al cristianismo. De esa manera lograron la unificación del reino
70 bajo el catolicismo y, habiendo completado la unificación política y religiosa, los reyes pudieron financiar la expedición de Cristóbal Colón a las Indias.

   El descubrimiento de América liderado por Colón fue una sorpresa para los Reyes Católicos y les brindó la oportunidad de continuar su política unificadora de (re)conquista. La conquista de América se convirtió en una nueva
75 cruzada con las connotaciones religiosas y las ideas expansionistas que habían dominado la Reconquista. La dominación del territorio americano y de los grupos indígenas fue, en muchos sentidos, una simple continuación de esa larga lucha comenzada en el año 718.

> Los judíos expulsados de Sefarad (España) en 1492, han sido conocidos desde entonces como los sefarditas.

La Península Ibérica en el siglo XV (antes de 1492).

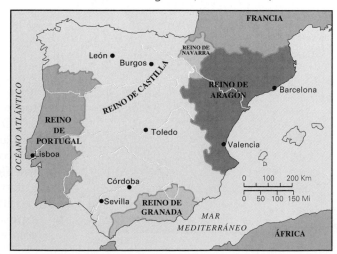

Actividad 10: A partir del contexto   Recuerda que, por lo general, es preferible adivinar el significado de una palabra antes de recurrir al diccionario. Intenta adivinar el significado de las palabras indicadas.

Guessing meaning from overall context

1. (línea 8) Los seis siglos de dominio romano sobre **Hispania** vieron el establecimiento de costumbres y leyes romanas . . .
   a. el nombre romano para Castilla
   b. el nombre romano para la Península Ibérica
   c. el nombre romano para Asturias
2. (línea 18) . . . los moros invadieron la península, **derrotaron** al rey visigodo, y en siete años conquistaron casi todo el territorio . . .
   a. negociaron con   b. conquistaron a   c. se escaparon de
3. (línea 28) . . . todavía existen unos 4.000 **vocablos**, muchos de uso común, que vienen directamente del árabe, tales como alquilar, alcázar, alcalde . . .
   a. vocales   b. monumentos   c. palabras
4. (línea 37) El último de éstos [reinos] **surgió** en la frontera con el territorio moro . . .
   a. apareció   b. expulsó   c. desapareció
5. (línea 38) Poco a poco Castilla se convirtió en el reino más importante y **guerrero** de la Reconquista.
   a. pacífico   b. generoso   c. agresivo
6. (línea 40) Gracias a su **auge** político y militar, su lengua, el castellano, logró imponerse . . .
   a. expansión   b. ruina   c. decadencia
7. (línea 53) Allí **lograron** hacer grandes contribuciones, tanto intelectuales como económicas.
   a. intentaron   b. pidieron   c. pudieron
8. (línea 54) La labor de la Escuela de Traductores de Toledo **bajo el reinado** de Alfonso X, el Sabio (1252–1284) marcó el cenit de la cooperación . . .
   a. durante la época   b. en el país   c. después de la muerte

Actividad 11: Datos históricos   Indica si cada oración es cierta (C) o falsa (F) según la lectura. Si es falsa, corrígela y lee la parte del texto que contiene la información.

Scanning

1. _____ El idioma base del español fue el castellano.
2. _____ Cuando hablamos de la Península Ibérica sólo nos referimos a lo que hoy llamamos España.
3. _____ Los visigodos no tuvieron un gran efecto sobre la cultura de la península.
4. _____ El idioma árabe no tuvo ningún efecto sobre el castellano.
5. _____ Los moros tardaron muchos años en conquistar la península.
6. _____ Los cristianos empezaron la Reconquista en 1492.
7. _____ España fue el primer país que expulsó a los judíos.

8. _____ Un ejemplo importante de la convivencia fructífera entre los cristianos, los judíos y los árabes fue la Escuela de Traductores de Toledo.

9. _____ Alfonso X atacó y eliminó el reino moro de Granada en 1252.

10. _____ Hubo poca relación entre la Reconquista de España y la conquista de América.

Actividad 12: Un resumen   En parejas, escojan y adapten palabras de las listas para terminar este resumen de la lectura.

Verbos	**Sustantivos**	**Adjetivos**
encontrar	visigodo(s)	árabe
expulsar	romano(s)	cristiano/a
conquistar	mezcla(s)	judío/a
descubrir	siglo(s)	guerrero/a

La cultura española moderna es el resultado de la _____ de muchas culturas a través de su historia. Hace más de dos mil años los _____ llegaron e impusieron su cultura y lengua a la población local. Después llegaron los _____, los cuales mantuvieron control sobre la península hasta la invasión de los moros en 711. Los moros _____ casi toda la península, menos algunas partes del norte, pero en el año 718, los cristianos empezaron la Reconquista, la cual duró casi ocho _____. Durante este período convivieron las culturas cristiana, _____ y _____ y, como resultado, surgió en la península una cultura distinta de la del resto de Europa. Por fin, en el año 1492, los Reyes Católicos lograron _____ a los moros y luego decidieron expulsar también a los judíos. Se acabó entonces la convivencia que tantos frutos había dado en España, pero la expansión _____ española continuó en América.

3-2

CUADERNO PERSONAL

¿Qué contribuciones hicieron o qué influencia tuvieron los ingleses, franceses, españoles y/u otros grupos en este país?

Actividad 13: La tolerancia   En grupos de tres, hagan una lista de tres o cuatro ejemplos de intolerancia y sus consecuencias. Luego compartan sus opiniones con el resto de la clase.

Lectura 3: Literatura

Actividad 14: Personajes y acciones   Las palabras que están en negrita en las siguientes oraciones aparecen en los cuentos que vas a leer. Lee cada oración y escribe a su lado la letra de la definición de la palabra.

Guessing meaning from context

1. _____ **El mercader** fue a vender sus productos y mercancías al mercado.

2. _____ Cuando la mujer oyó el ruido, hizo **un gesto** de sorpresa.

3. _____ El hombre robó el dinero, salió del banco y **huyó** en un coche viejo.

4. _____ **El criado** lavó los platos, limpió la cocina y se fue a acostar.

5. _____ Siempre que su padre le dice a Juanito que lo va a castigar, el niño tiene miedo de sus **amenazas.**

6. _____ Ella está muy triste por la **muerte** de su mejor amigo.

a. irse rápidamente de un lugar para escapar

b. empleado doméstico que trabaja para una familia

c. el fin de la vida

d. palabra antigua para referirse a un comerciante

e. movimiento físico expresivo

f. palabras o acciones que demuestran que una persona le quiere hacer mal a otra

Actividad 15: Del final al principio   Se dice que un buen cuento siempre tiene un buen final. Tapa todo el cuento "El criado del rico mercader" y lee sólo el último párrafo. En parejas, usen el vocabulario de la actividad 14 y ese párrafo para adivinar lo que pasa en el cuento.

Predicting

Otros cuentos conocidos de *Las mil y una noches* son "Aladino y la lámpara maravillosa" y "Alí Babá y los cuarenta ladrones". Muchos de los cuentos árabes se conocían en España durante la época de Al-Andalus.

Bernardo Atxaga (se pronuncia [a-chá-ga]) es el seudónimo del autor vasco Joseba Irazu Garmendia. Nació en 1951 en Bilbao, España, y ha publicado cuentos, novelas, poesía y libros infantiles. Escribe en vasco, su primera lengua materna y luego traduce sus obras al español, su otra lengua materna. En 1989 se hizo famoso en toda España cuando su novela Obabakoak *ganó el Premio Nacional de Literatura. En esta novela, Atxaga reúne muchos cuentos cortos de varias culturas para hablar del arte de contar historias. Una de sus fuentes son los cuentos de* Las mil y una noches, *obra clásica de la civilización árabe en la que la princesa Scheherazada cuenta una historia cada noche durante mil noches para que el rey no la mate. El cuento "El criado del rico mercader" pertenece a esta colección y Atxaga lo utiliza en su novela como ejemplo de un cuento bien escrito y para mostrar cómo influyen los cuentos en nuestra manera de pensar.*

EL CRIADO DEL RICO MERCADER
Contado por Bernardo Atxaga

É rase una vez, en la ciudad de Bagdad, un criado que servía a un rico mercader. Un día, muy de mañana, el criado se dirigió al mercado para hacer
la compra. Pero esa mañana no fue como todas las demás, porque esa
mañana vio allí a la Muerte y porque la Muerte le hizo un gesto.

5   Aterrado, el criado volvió a la casa del mercader.

—Amo —le dijo—, déjame el caballo más veloz de la casa. Esta noche
quiero estar muy lejos de Bagdad. Esta noche quiero estar en la remota ciudad
de Ispahán.

—Pero ¿por qué quieres huir?

10 —Porque he visto a la Muerte en el mercado y me ha hecho un gesto de
amenaza.

El mercader se compadeció de él y le dejó el caballo, y el criado partió con
la esperanza de estar por la noche en Ispahán.

Por la tarde, el propio mercader fue al mercado, y, como le había sucedido

15 antes al criado, también él vio a la Muerte.

—Muerte —le dijo acercándose a ella—, ¿por qué le has hecho un gesto
de amenaza a mi criado?

—¿Un gesto de amenaza? —contestó la Muerte—. No, no ha sido un
gesto de amenaza, sino de asombro. Me ha sorprendido verlo aquí, tan lejos de

20 Ispahán, porque esta noche debo llevarme en Ispahán a tu criado.

El presente perfecto, **ha sido,** se usa en algunas partes del centro de España en vez del pretérito **fue,** para referirse al pasado reciente.

Actividad 16: Otra mirada al contexto   Busca las siguientes palabras en el cuento que acabas de leer y escoge el sinónimo de cada una de ellas.

Guessing meaning from overall context

1. (línea 5) aterrado
   a. tranquilo   b. preocupado   c. sorprendido
   d. con mucho miedo

2. (línea 6) veloz
   a. lento   b. rápido   c. bello
   d. caro

3. (línea 6) déjame
   a. abandóname   b. párame   c. regálame
   d. préstame

4. (línea 12) se compadeció
   a. habló   b. sufrió   c. se puso triste
   d. tuvo compasión

5. (línea 19) asombro
   a. sombra   b. depresión   c. sorpresa
   d. alegría

Actividad 17: El final del cuento   **Parte A:** En parejas, comenten las siguientes preguntas.

Interpreting and predicting

1. ¿Cuál es la moraleja del cuento?
2. ¿Qué perspectiva de la vida se ve reflejada en esta moraleja?
3. ¿Están Uds. de acuerdo con esta moraleja? ¿Por qué sí o no?
4. ¿Les gusta el cuento?

Parte B: A Bernardo Atxaga no le gustó la visión fatalista de este cuento y escribió otra versión con un protagonista más fuerte y un final feliz: "Dayoub, el criado del rico mercader". En parejas, inventen un final feliz (o varios) para el cuento. Después, lean la versión nueva de Atxaga en la página 56 y comparen su final feliz con los que Uds. inventaron.

Actividad 18: ¿Cuál es el sujeto?   Busca estas oraciones en el siguiente cuento y determina el sujeto gramatical de cada una.

Using sentence structure to understand meaning

1. (línea 15) Comenzó a llamar de casa en casa, pidiendo amparo.
2. (línea 26) Te ha seguido a Ispahán, tenlo por seguro.
3. (línea 39) Entró por fin a Ispahán, y husmeó entre los miles de olores de la ciudad . . .
4. (línea 40) Enseguida descubrió su escondite . . .
5. (línea 41) . . . se hallaba en la tienda de Kalbum Dahabin.

D A Y O U B ,   E L   C R I A D O   D E L   R I C O   M E R C A D E R
Bernardo Atxaga

É rase una vez, en la ciudad de Bagdad, un criado que servía a un rico mercader. Un día, muy de mañana, el criado se dirigió al mercado para hacer la compra. Pero esa mañana no fue como todas las demás, porque esa mañana vio allí a la Muerte y porque la Muerte le hizo un gesto.

5   Aterrado, el criado volvió a la casa del mercader.

—Amo —le dijo—, déjame el caballo más veloz de la casa. Esta noche quiero estar muy lejos de Bagdad. Esta noche quiero estar en la remota ciudad de Ispahán.

—Pero ¿por qué quieres huir? —le preguntó el mercader.

10   —Porque he visto a la Muerte en el mercado y me ha hecho un gesto de amenaza.

El mercader se compadeció de él y le dejó el caballo, y el criado partió con la esperanza de estar esa noche en Ispahán.

El caballo era fuerte y rápido, y, como esperaba, el criado llegó a Ispahán

15   con las primeras estrellas. Comenzó a llamar de casa en casa, pidiendo amparo.

—Estoy escapando de la Muerte y os pido asilo —decía a los que le escuchaban.

Pero aquella gente se atemorizaba al oír mencionar a la Muerte y le cerraban las puertas.

20   El criado recorrió durante tres, cuatro, cinco horas las calles de Ispahán, llamando a las puertas y fatigándose en vano. Poco antes del amanecer llegó a la casa de un hombre que se llamaba Kalbum Dahabin.

—La Muerte me ha hecho un gesto de amenaza esta mañana, en el mercado de Bagdad, y vengo huyendo de allí. Te lo ruego, dame refugio.

25   —Si la Muerte te ha amenazado en Bagdad —le dijo Kalbum Dahabin—, no se habrá quedado allí. Te ha seguido a Ispahán, tenlo por seguro. Estará ya dentro de nuestras murallas, porque la noche toca a su fin.

—Entonces, ¡estoy perdido! —exclamó el criado.

—No desesperes todavía —contestó Kalbum—. Si puedes seguir vivo

30   hasta que salga el sol, te habrás salvado. Si la Muerte ha decidido llevarte esta noche y no consigue su propósito, nunca más podrá arrebatarte. Ésa es la ley.

—Pero ¿qué debo hacer? —preguntó el criado.

—Vamos cuanto antes a la tienda que tengo en la plaza —le ordenó Kalbum cerrando tras de sí la puerta de la casa.

35   Mientras tanto, la Muerte se acercaba a las puertas de la muralla de Ispahán. El cielo de la ciudad comenzaba a clarear.

—La aurora llegará de un momento a otro —pensó—. Tengo que darme prisa. De lo contrario, perderé al criado.

Entró por fin a Ispahán, y husmeó entre los miles de olores de la ciudad

40   buscando el del criado que había huido de Bagdad. Enseguida descubrió su escondite: se hallaba en la tienda de Kalbum Dahabin. Un instante después, ya corría hacia el lugar. En el horizonte empezó a levantarse una débil neblina. El sol comenzaba a adueñarse del mundo.

La Muerte llegó a la tienda de Kalbum. Abrió la puerta de golpe y . . . sus
45 ojos se llenaron de desconcierto. Porque en aquella tienda no vio a un solo
criado, sino a cinco, siete, diez criados iguales al que buscaba.

Miró de soslayo hacia la ventana. Los primeros rayos del sol brillaban ya
en la cortina blanca. ¿Qué sucedía allí? ¿Por qué había tantos criados en la
tienda?
50 No le quedaba tiempo para averiguaciones. Agarró a uno de los criados
que estaba en la sala y salió a la calle. La luz inundaba todo el cielo.
Aquel día, el vecino que vivía frente a la tienda de la plaza anduvo furioso
y maldiciendo.
—Esta mañana —decía— cuando me he levantado de la cama y he mirado
55 por la ventana, he visto a un ladrón que huía con un espejo bajo el brazo.
¡Maldito sea mil veces! ¡Debía haber dejado en paz a un hombre tan bueno
como Kalbum Dahabin, el fabricante de espejos!

Actividad 19: Detalles del cuento Después de leer el cuento, escoge el sinónimo de cada expresión indicada. Vuelve a mirar el contexto del cuento si es necesario.

Guessing meaning from overall context

1. (línea 15) Comenzó a llamar de casa en casa, pidiendo **amparo.**
   a. refugio   b. comida   c. dinero
2. (línea 18) Pero aquella gente **se atemorizaba** al oír mencionar a la Muerte y le cerraban las puertas.
   a. tenía miedo   b. se aburría   c. se enojaba
3. (línea 29) No **desesperes** todavía.
   a. te despiertes   b. te pierdas   c. pierdas la esperanza
4. (línea 30) Si la Muerte ha decidido llevarte esta noche y no consigue su propósito, nunca más podrá **arrebatarte.**
   a. perderte   b. llevarte   c. pegarte
5. (línea 43) El sol empezaba a **adueñarse del mundo.**
   a. ponerse   b. desaparecer   c. salir
6. (línea 44) Abrió la puerta de golpe y . . . sus ojos se llenaron de **desconcierto.**
   a. confusión   b. música   c. lágrimas
7. (línea 50) No le quedaba tiempo **para averiguaciones.**
   a. para investigar la situación   b. para mirarse más
   c. para buscar a otras víctimas

Actividad 20: Primero, luego y después Pon las siguientes oraciones en orden lógico para formar un resumen del cuento.

Recognizing chronological organization

_____ Con la primera luz del sol se veían muchos reflejos del criado en todos los espejos.

_____ Allí se encontró con la Muerte, que le hizo un gesto de amenaza.

_____ Dayoub fue corriendo a su amo, el rico mercader, y le pidió el caballo más veloz que tenía para escaparse de la ciudad.

_____ Un día el criado Dayoub fue al mercado de Bagdad para hacer la compra.

_____ Al llegar a Ispahán el criado buscó refugio, pero nadie quiso dejarlo entrar en su casa hasta que llegó a la casa de Kalbum Dahabin.

_____ Cuando entró la Muerte, quien tenía mucha prisa, se equivocó y cogió un espejo en vez de coger al criado.

_____ Kalbum se dio cuenta de que la Muerte llegaría pronto y entonces llevó a Dayoub a su tienda de espejos y lo puso en el centro de la tienda.

Actividad 21: Una experiencia personal En parejas, piensen en algo que les dio mucho miedo o que les sorprendió mucho y cuéntenle a su compañero/a lo que pasó. ¿Qué les asustó o sorprendió? ¿Qué hicieron Uds.? ¿Los/Las ayudó alguien?

3-3

CUADERNO PERSONAL

¿Qué cuento te gustó más? ¿Por qué? ¿Cuál de los dos cuentos parece más realista?

ESTRATEGIA
DE LECTURA

Redacción: Un cuento

Marking Sequence with Transition Words

When writing about events or activities that occurred in a particular sequence (as in a short story), transition words can help mark the chronological relationships between the actions. These include:

al principio	at first
primero	first
luego	then, next, later
en seguida	immediately/immediately afterward
antes	before
antes de eso	before that
después	afterward
después de eso	after that
por último	finally (last in a series)
por fin	finally (finally!)
finalmente	finally
al final	in the end

Avoid overusing sequence words. Reserve them primarily for clarification. You can also mark sequence by using verb tenses and time references such as **por la mañana** and **por la tarde** if the time sequence is clear.

The first important event of a story is often marked with **un día.**

Actividad 22: Los cuentos y la moraleja   A continuación hay una lista de cuentos folclóricos que son populares en este país. En parejas, adivinen el equivalente de cada título en inglés. Luego, escojan uno de los cuentos y preparen un resumen utilizando expresiones de transición. Después de completarlo, léanselo a la clase para que los demás digan la moraleja o lección moral.

Activating background knowledge

Títulos

Blancanieves y los siete enanitos
Ricitos de oro y los tres osos
La Cenicienta
El nuevo traje del emperador
Caperucita Roja
Los tres cerditos
El ratón de la ciudad y el ratón del campo
El patito feo
La bella durmiente

Actividad 23: La creación de un cuento original   **Parte A:** Vas a escribir un   Writing a story
cuento original. Escoge una moraleja que te parezca importante para tu cuento. La
moraleja puede ser tradicional o reflejar un tema moderno como el sexismo, el
ecologismo o la violencia.

Parte B: Los cuentos folclóricos suelen construirse a base de ciertos elementos
tradicionales. Escoge varios de los siguientes para tu propio cuento.

un rey	una reina
un reino	un castillo
un príncipe	una princesa
una bruja *(witch)*	un brujo/mago *(magician)*
la invisibilidad	un pájaro que habla
una alfombra mágica	un lago
una paloma *(dove)*	una ventana
un bosque	un hada madrina *(fairy godmother)*
un pez que habla	un caballo que vuela
una llave	un espejo mágico
una taza mágica	una espada mágica
un árbol con fruta mágica	una gota de sangre
un encanto *(spell)*	un tesoro
un lobo	un jorobado *(humpback)*
una receta *(recipe)*	un sapo *(toad)*
una serpiente	un dragón
un anillo	una torre
un pozo de los deseos *(a wishing well)*	

Parte C: Piensa en los acontecimientos de tu cuento y escribe la primera versión.   Once upon a time there
Recuerda que el cuento necesita los siguientes elementos.

was/were . . . = **Érase una
vez . . . / Había una vez . . .**
and they lived happily ever
after = . . . **y vivieron felices y
comieron perdices.**

título
un/a protagonista (el/la bueno/a)
un/a antagonista (el/la malo/a)
una descripción del contexto o del mundo de los personajes
moraleja

Usa expresiones de transición cuando sea necesario.

CAPÍTULO

La América indígena:
Ayer y hoy

▲ *Las ruinas de Uxmal,
Yucatán.*

See the *Fuentes* Web
site for related links
and activities: http://college.
hmco.com

Actividad 1: ¿Qué saben ustedes? En parejas, miren la foto de la página anterior e intenten contestar las siguientes preguntas.

Activating background knowledge

1. ¿Qué se ve en la foto?
2. ¿Dónde está?
3. ¿Cuándo fue construido?
4. ¿Para qué servía?
5. ¿Quiénes lo construyeron?
6. ¿Existe esa cultura hoy día?

Lectura 1: Un artículo de revista

ESTRATEGIA DE LECTURA

Recognizing Word Families

Many words with similar spelling and meaning share a common stem (**la raíz**) which is found in a base word. The base word is usually a shorter form, often a noun or verb and sometimes an adjective. For example: **enfermar, enfermo/a, un enfermo, enfermedad, enfermero** form a word family. **Enfermar(se)** (*to get sick*) is a verb and **enfermo/a** (*sick*) is an adjective. Either can be considered the base form for others in this group. **Un enfermo** (*a sick person*) is a noun, as are **una enfermedad** (*illness*) and **un enfermero** (*nurse*). Though each form has a precise meaning, they are all related to the concept of sickness. By combining your knowledge of base forms with information from the context, you can often guess the exact meaning of related words.

Actividad 2: Palabras emparentadas **Parte A:** Mira esta lista de palabras tomadas del artículo "Autopsia de una civilización". En cada línea hay una familia de palabras. Busca en el diccionario o el glosario el significado de cada palabra base (la que está en negrita).

Recognizing word families

Sustantivo	Verbo	Adjetivo
el entierro	**enterrar**	enterrado/a
el **esclavo**	esclavizar	esclavizado/a
la **guerra**	guerrear	guerrero/a
el hallazgo	**hallar**	hallado/a
el **incendio**	incendiar	incendiado/a
el poder	**poder**	poderoso/a
la **sangre**	sangrar	sangriento/a
la sequía	secar	**seco/a**

Parte B: Completa las siguientes oraciones con la forma correcta de la palabra base que precede cada oración o con otra palabra relacionada.

1. (guerra) En la civilización maya las ciudades _____ frecuentemente con otras ciudades cercanas.

2. (seco) En California hay con frecuencia _____ muy severas.

3. (incendio) Una de las causas de la deforestación son los _____.

deforestación o desforestación

4. (hallar) Algunos _____ arqueológicos han revelado que la civilización maya no era muy pacífica.

5. (enterrar) El _____ de mi abuelo me dejó muy triste.

6. (sangre) Yo no puedo mirar las escenas _____ de las películas de horror.

7. (esclavo) Muchas veces las culturas indígenas centroamericanas _____ a los enemigos capturados en las guerras.

Actividad 3: Hacia el significado   Las siguientes oraciones aparecen en el artículo. Determina el significado de las palabras en negrita según el contexto.

Guessing meaning from context

1. . . . los arqueólogos abrieron la tierra para **desenterrar** los misterios de una de las civilizaciones más complejas y desafiantes hasta ahora analizadas.
   a. ocultar   b. romper   c. descubrir

2. Sus habitantes se internaron en **la selva** para volver a sus orígenes más primitivos . . .
   a. el bosque tropical   b. el mar   c. la ciudad

3. . . . las guerras eran batallas bien **orquestadas**, con la finalidad de conquistar el poder y esclavizar nobles rivales.
   a. musicales   b. organizadas   c. originales

4. . . . las guerras llevaron a la completa destrucción del pueblo, provocando **un quiebre** en la estructura social.
   a. un colapso   b. un cambio   c. una renovación

5. Hoy se sabe que ellas [las ciudades mayas] funcionaban exactamente como **una urbe** moderna . . . Las ciudades eran circundadas por ciudades satélites que albergaban a la población suburbana como artesanos y obreros.
   a. una civilización   b. un estado   c. una ciudad

6. . . . las **escaramuzas** entre las decenas de ciudades-estado de la región evolucionaron hacia guerras sangrientas que transformaron poderosos centros urbanos en aldeas fantasmas.
   a. distancias   b. comunicaciones   c. pequeñas batallas

Actividad 4: La muerte de una civilización   La lectura trata de una cultura que desapareció de América. En grupos de tres, contesten las siguientes preguntas:

Activating background knowledge

1. ¿Conocen Uds. algunas culturas desaparecidas?
2. ¿Cuáles de estos factores podrían haber destruido una civilización en el pasado?

   la guerra (nuclear), la destrucción del medio ambiente, la pérdida de valores morales, el exceso de riqueza, la superpoblación, el hambre, una epidemia, un desastre natural

superpoblación o sobrepoblación

3. ¿Cuáles podrían destruir una civilización actual?

Actividad 5: ¿De qué trata este artículo?   Mientras lees este artículo de la revista   Identifying main ideas
chilena *Qué pasa*, escribe la idea general de cada párrafo en el margen. Después, en
grupos de tres, comparen sus apuntes para ver si están de acuerdo.

Autopsia de una civilización

Tras años de investigaciones, un grupo de arqueólogos descubre dos nuevos sitios arqueológicos intactos al sur de Belice que ayudan a desentrañar el misterio de la desaparición de los mayas.

A fuerza de palas, escobillas, pinceles, conocimientos e intuición, los arqueólogos abrieron la tierra para desenterrar los misterios de una de las civilizaciones más complejas y desafiantes hasta ahora analizadas. Con sus monumentales ciudades en el medio de la selva y ejerciendo el dominio sobre la mayoría de los pueblos contemporáneos de la región, los mayas vivieron su época dorada a partir del año 250 de la era cristiana.

Cinco siglos después, su civilización desapareció misteriosamente. Sus habitantes se internaron en la selva para volver a sus orígenes más primitivos y dejaron sólo las pruebas de su cultura: los templos y pirámides.

"Prepárense, mis hermanos, porque llegará el blanco, gemelo del cielo, y castrará al sol y nos traerá la noche, y la tristeza y el peso del dolor", es la profecía que registran los *Chilam Balam*, libros sagrados de los mayas y que, según algunos investigadores, podría haber influido en su desaparición. Aunque un millón de los actuales habitantes de la región habla un dialecto que se desarrolló directamente del lenguaje maya original, el misterio se ha mantenido por décadas. Sin embargo, los últimos hallazgos clarifican las razones que llevaron a los mayas a abandonar su imperio e internarse en la selva en el siglo octavo.

Los investigadores acaban de descubrir cuatro nuevos sitios arqueológicos—dos de ellos intactos—en las montañas, al sur de Belice. La lectura de los jeroglíficos hallados muestra que los mayas adoraban luchar. Sus gobernantes se esmeraban en el arte de torturar y matar a los enemigos. Inauguraciones, celebraciones esporádicas y ceremonias religiosas culminaban siempre con sacrificios rituales. Los estudios del arqueólogo de la Universidad de Vanderbilt, Arthur Demarest, realizados en la ciudad maya de Dos Pilas, cerca de la frontera mexicana de Guatemala, dividen la historia del Imperio en dos períodos: antes y después del año 761 d.C. En la primera fase, las guerras eran batallas bien orquestadas, con la finalidad de conquistar el poder y esclavizar nobles rivales. "En la segunda etapa las guerras llevaron

a la completa destrucción del pueblo, provocando un quiebre en la estructura social", dice Demarest a la revista *Time*. Lo que ocurrió fue una guerra civil, una insurrección tan violenta contra las clases dominantes de nobles y sacerdotes, que toda la cultura entró en crisis.

Sumado a lo anterior, el frágil lazo que representaba la religión se debilitó aún más. Una combinación de desastres naturales contribuyeron a ello, principalmente sequías severas provocadas por la desforestación, y la superpoblación, que elevó las tensiones sociales a niveles explosivos. La tierra ya no producía granos en cantidad suficiente para satisfacer a los sacerdotes y sus ceremonias de abundancia, en las que se quemaban grandes cantidades de alimentos, mientras el pueblo tenía hambre. La organización maya era similar a la de la antigua Grecia. Formaban ciudades-estado, organizadas independientemente y unidas sólo por la religión y la lengua, pero con enormes rivalidades. Las ciudades mayas no sólo estaban formadas por templos religiosos y por los palacios de la élite. "Hoy se sabe que ellas funcionaban exactamente como una urbe moderna", explica el antropólogo Antonio Porro. "Las ciudades eran circundadas por ciudades satélites que albergaban a la población suburbana como artesanos y obreros." Después de la era clásica, situada alrededor del año 750, las escaramuzas entre las decenas de ciudades-estado de la región evolucionaron hacia guerras sangrientas que transformaron poderosos

▶ *Los arqueólogos entienden cada vez mejor por qué desapareció la civilización maya que produjo estos jeroglíficos.*

centros urbanos en aldeas fantasmas. Prueba de ello fueron edificaciones incendiadas, arsenales militares y el aumento de las imágenes guerreras en los monumentos, evidencia encontrada en las ruinas de la ciudad de Caracol, en Belice.

Aunque existe consenso en que una de las principales causas de la decadencia de la civilización maya fue su descontrolado instinto guerrero, ninguno de los investigadores piensa que ésa es la única respuesta. Otro factor decisivo para la decadencia fue la superexplotación de la flora tropical, fuente de alimento y protección. Al comienzo de este año, investigadores ingleses analizaron sedimentos depositados en el lago Pátzcuaro, en México, y descubrieron que las antiguas prácticas agrícolas de la zona provocaron altas tasas de erosión del suelo, que no fueron igualadas ni por los invasores españoles.

Al analizar el polen enterrado entre los escombros de Yucatán, arqueólogos norteamericanos concluyeron que no existía flora tropical cerca de las principales ciudades mayas. "El polen encontrado muestra claramente que casi no existían más bosques para explotar", afirma Patrick Culbert, arqueólogo de la Universidad de Arizona. Desertificación, erosión, destrucción de bosques y hasta acidificación del suelo—problemas familiares para el hombre moderno—fueron responsables por la declinación de una de las sociedades más organizadas y avanzadas del pasado. Tal vez la guerra y un medio ambiente agotado impulsaron a los mayas a escapar de un mundo adverso que ya no tenía nada que entregar, y donde la única forma de renacer era volver al origen en la profunda selva tropical.

Actividad 6: Detalles importantes   Después de leer, indica si las siguientes oraciones son ciertas (C) o falsas (F), usando la información que ofrece el artículo. Corrige las oraciones que sean falsas.

Scanning

1. _____ A partir del año 250 d. de C., otros pueblos ejercieron el dominio sobre los mayas.

2. _____ La civilización maya duró más de mil años sin dejar señales de su existencia.

3. _____ Los _Chilam Balam_ predijeron la llegada del hombre blanco.

4. _____ La evidencia indica que la cultura maya era muy pacífica.

5. _____ La organización maya era similar a la de la antigua Grecia.

6. _____ Las guerras sangrientas empezaron alrededor del año 750.

7. _____ La única explicación de la decadencia de la civilización maya fue su descontrolado instinto guerrero.

8. _____ La desertificación y la erosión eran problemáticas para la civilización maya.

Actividad 7: Las causas de la decadencia   El siguiente párrafo es un breve resumen de las ideas importantes de la lectura. Escoge y adapta una expresión de la lista para cada espacio en blanco.

búsqueda
crecer
dejar de
empezar a
erosión
guerrero/a
octavo/a
pacífico/a
ritual
sacrificio
sangriento/a

Las investigaciones recientes parecen indicar que la civilización maya era bastante _____. En una primera etapa, sus guerras eran bien orquestadas, parte integral de una sociedad rígida y estable, y servían para obtener víctimas para los _____ rituales. Sin embargo, en el siglo _____, las escaramuzas empezaron a convertirse en guerras _____. Después de cinco siglos de relativa estabilidad, la población ya _____ en exceso y la tierra se había cultivado cada vez más intensamente, llevando a la deforestación. Como resultado, la tierra había sufrido _____ y acidificación, y _____ producir suficientes alimentos, precisamente cuando la población llegaba a su número más alto. Como no había suficiente comida para todos los habitantes, las guerras dejaron de ser un _____ religioso y se convirtieron en una manera de buscar recursos y alimentos. Esta _____ desesperada llevó a la destrucción de la civilización clásica de los mayas.

Actividad 8: Un destino misterioso   Uds. son arqueólogos que han estudiado a los mayas y hablan sobre lo que posiblemente les pasó. En grupos de tres, túrnense para decir cuál creen que fue su destino.

→   Los dioses destruyeron a los mayas porque . . .

→   Todos se enfermaron y se murieron. Después de internarse en la selva . . .

Actividad 9: Una civilización extinta   **Parte A:** Haz una lista de algunos conceptos que se utilizan para definir una civilización.

Conceptos: el arte, la religión, etc.

Parte B: En parejas, creen una civilización imaginaria y usen los conceptos de la Parte A para describirla. Expliquen qué religión tenían, qué arte producían, etc., y cómo y por qué desapareció esa civilización.

Parte C: Cuéntenle a la clase la historia de su civilización.

4-1

CUADERNO PERSONAL

En tu opinión, ¿hay semejanzas entre la civilización maya y la nuestra? ¿Vamos por el mismo camino?

Lectura 2: Panorama cultural

Using Suffixes to Distinguish Meaning

Suffixes can help you determine the function and meaning of a word. Certain suffixes are associated with certain parts of speech. The following suffixes often mark conceptual nouns (nouns that express a concept), as opposed to a concrete object or an agent:

-miento	el nacimiento, el mantenimiento
-ancia / -encia	la importancia, la influencia
-dad / -tud	la sociedad, la magnitud
-io / -ía / -ia	la armonía, la presencia
-(c)ión	la contribución, la aparición
-ado/a, -ido/a	el cuidado, la cruzada
-aje	el maquillaje, el porcentaje

Some conceptual nouns are the same as the **yo** form of the related verb:

el logro (yo logro)   el comienzo (yo comienzo)

Other suffixes can indicate a noun agent (doer of an action):

-ero/a	el/la cocinero/a, el/la enfermero/a
-dor/dora	el/la conquistador/a, el/la operador/a
-ante / -(i)ente	el/la cantante, el/la dependiente

Adjectives may be marked with these suffixes:

-ante / -(i)ente	interesante, creciente
-ado/a, -ido/a	habitado, reconocida
-dor/dora	hablador, conservadora
-ero/a	casero/a, fiestero/a

Adverbs are often marked with **-mente**: rápidamente, precisamente

Adverbs ending in **-mente** have an accent when the adjective they derive from has an accent: **rápido --> rápidamente.**

Many adverbs do not end in **–mente: bien, temprano, mucho, despacio.**

Actividad 10: Una raíz en común   La lectura "La presencia indígena en Hispanoamérica" contiene palabras relacionadas con los siguientes verbos. Para cada verbo, busca en el diccionario un sustantivo como **lector** (*reader*) o **lectura** (*reading*), y un adjetivo como **legible** (*legible*) o **leído** (*read*).

Using suffixes to distinguish meaning

durar	desaparecer	creer
dominar	conservar	despreciar
aislar	establecer	menospreciar

Actividad 11: Palabras útiles   Después de mirar la siguiente lista, completa las oraciones que siguen con las palabras apropiadas.

Building vocabulary

los antepasados	ancestors	**el culto**	worship, adoration
el portavoz	spokesperson	**la prueba**	proof, evidence
el rasgo	trait, feature	**autóctono**	native
la supervivencia	survival	**el esfuerzo**	effort

1. _____ del gobierno anunció que las negociaciones iban bien.

2. Una de las características de muchas religiones es el _____ a los antepasados.

3. Un _____ importante de la cultura norteamericana es la afición a la tecnología.

4. El científico Charles Darwin definió la teoría de la _____ del más fuerte.

5. Algunos de mis _____ eran españoles, pero otros eran portugueses.

6. El éxito que tiene en su trabajo es _____ de su talento.

7. La papa y el maíz no se conocían en Europa antes del siglo XVI porque son comidas _____ del continente americano.

8. A pesar de sus _____, el presidente no pudo resolver la crisis.

Actividad 12: ¿Indígenas o indios?   Últimamente, tanto en Norteamérica como en Centro y Suramérica, ha habido una revaloración del indio; incluso se prefiere usar el termino **indígena** en vez de **indio**. En parejas, antes de leer la lectura siguiente, contesten estas preguntas.

Activating background knowledge

indígena americano = Native American

1. ¿Cuáles eran algunas de las características negativas que se asociaban con el término **indio** en la cultura norteamericana?
2. ¿Cuáles son algunos aspectos positivos de la cultura indígena que se aprecian hoy día?
3. Actualmente, ¿a qué problemas se enfrenta la población indígena de Norteamérica? ¿la de Hispanoamérica?

Actividad 13: Las ideas principales   Mientras lees, escribe la idea principal de cada párrafo en el margen. Después, en grupos de tres, comparen sus apuntes para ver si están de acuerdo.

Identifying main ideas

LA PRESENCIA INDÍGENA EN HISPANOAMÉRICA

En el siglo XV, cuando Cristóbal Colón llegó al Nuevo Mundo, encontró una tierra habitada por pueblos y civilizaciones que llevaban allí más de treinta mil años. Tribus y pueblos pequeños alternaban con grandes civilizaciones: la azteca de México, la maya de Centroamérica y la incaica del
5   Perú. La conquista española arrasó y llevó a la desaparición a numerosos pueblos indígenas de Suramérica y el Caribe, a la destrucción de los grandes imperios y al establecimiento de la lengua y la cultura españolas a través de

▶ *En los Andes, se siguen usando instrumentos de cuerda de procedencia española, así como flautas y tambores de origen indígena.*

Vocablos del taíno (Caribe): canoa, tabaco, maíz, maní. Vocablos del náhuatl (México): chocolate, tomate, cacahuete, aguacate. Vocablos del quechua (los Andes): papa, chino/a, chacra.

la región. Sin embargo, la presencia indígena no se borró totalmente y se produjo una mezcla de la cultura española dominante con las culturas indígenas
10   autóctonas. La unión entre españoles y mujeres naturales de la región produjo una nueva población de *mestizos*, que llevaban en las venas sangre europea y sangre indígena. De esta unión racial o *mestizaje*, nacieron nuevas culturas con lengua, costumbres y religión que hasta el presente dominan la vida de varios países de Centro y Suramérica.
15   Poco a poco el mestizaje empezó a sentirse en todos los aspectos de la cultura. En primer lugar, la lengua española adoptó vocablos de origen indígena, mientras que, a su vez, evolucionaron la agricultura y la cocina y fueron apareciendo productos y comidas propios del mestizaje. Los españoles introdujeron, por ejemplo, la idea de freír los alimentos y, actualmente, se fríen muchas co-
20   midas autóctonas como los frijoles, de origen mexicano. Igualmente, los productos lácteos o el arroz que trajeron los conquistadores se combinan con maíz, papas, tomate y otros productos americanos para preparar comidas que se consumen en todo el mundo. Elementos igualmente inseparables se manifiestan en el campo de la expresión artística. La música andina, para dar un
25   ejemplo, combina instrumentos indígenas, como la flauta, con instrumentos españoles como la guitarra, en tanto que la literatura y las artes plásticas y artesanales de los diversos países muestran la riqueza de la fusión de las culturas.
Pero si la lengua y las costumbres hispanoamericanas reflejan parcial-
30   mente esta fusión, quizás sea la religión una de las pruebas más evidentes del mestizaje. La religión católica, impuesta por los españoles, fue aceptada por los indígenas como un vehículo de su expresión religiosa y las imágenes cristianas se convirtieron en representaciones de los dioses tradicionales. Así tenemos a la Virgen de Guadalupe, patrona de México, quien se reveló a un

▲ *La conocidísima imagen de la Virgen de Guadalupe (Villa de Guadalupe Hildago, México).*

▶ *Un cementerio en Tzintzuntzan cerca de Pátzcuaro, Morelia, México, donde se observa la gran importancia que tiene la celebración del Día de los Muertos.*

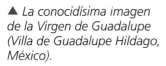

Países con una importante población indígena son México, Guatemala, Perú, Ecuador, Bolivia y Paraguay.

35 indígena en el lugar donde antes había existido un templo a la diosa madre de los aztecas, Tonantzin. Asimismo, la celebración católica del Día de los Muertos tomó en ese país rasgos indígenas del culto de los antepasados convirtiéndose en una celebración de gran importancia para el mexicano actual. Por otro lado, en el Perú, la Virgen María fue asociada con Pachamama,

40 diosa incaica de la tierra, y como tal se la venera actualmente en algunas comunidades.

No obstante, a pesar de que en algunos países predomina una cultura mestiza, la inmensa contribución indígena a estas culturas no se ha reconocido y ha sido menospreciada mientras que se favorece casi exclusivamente el aporte

45 europeo. Igualmente se ha menospreciado a las sociedades indígenas que sobrevivieron la dominación española. Éstas se han mantenido separadas, ya sea viviendo en la selva, en el campo o al margen de la sociedad dominante, y sólo así han podido conservar más o menos intactas sus lenguas y tradiciones. Sin embargo, es precisamente este relativo aislamiento físico y cultural que ha

50 permitido por un lado su supervivencia, el que a la vez ha impedido su participación en la vida política, económica e intelectual de sus países. A causa de su pobreza y falta de educación, se ha visto a los grupos indígenas como un obstáculo al progreso—"el problema del indio"—y actualmente siguen siendo despreciados por gran parte de la sociedad que prefiere no prestar atención a sus

55 necesidades.

Esta situación ha empezado a cambiar con la aparición de grupos indígenas que se interesan por defender sus derechos. En 1983, la comunidad Shuar decidió unirse con otras tribus para formar la Confederación de las Naciones Indígenas de la Amazonia Ecuatoriana, confederación que fue creada para

60 combatir la explotación del petróleo y la destrucción de la selva amazónica. Gracias a sus esfuerzos, los Shuar han logrado evitar, en parte, la destrucción de su hábitat natural.

Chiapas, cerca de Guatemala, está habitado principalmente por grupos mayas.

Tratado de Libre Comercio (TLC) = NAFTA

Los aymaras representan más del 30% de la población boliviana.

Los quichés son uno de más de 20 grupos mayas de Guatemala.

65   En otros casos, la frustración de los indígenas se ha manifestado de forma violenta. En 1994, un grupo indígena, el Ejército Zapatista de Liberación Nacional (EZLN), ocupó varias ciudades del estado mexicano de Chiapas. Los rebeldes temían que el Tratado de Libre Comercio deteriorara aún más la situación económica de la población indígena, pero igualmente protestaban por la poca atención que en general les prestaba el gobierno de México.

70   A pesar de los problemas, surgen cada vez más líderes y portavoces indígenas. En la década de los 90, por ejemplo, se ha elegido a indígenas como representantes del Congreso de Colombia y la Constitución del país reconoce ahora la autonomía y soberanía de las comunidades indígenas; en Bolivia, un indígena aymara ha sido vicepresidente de la nación; y, durante los últimos años, varias comunidades indígenas han hecho llegar su mensaje al

75   mundo por medio de sus propias páginas de Internet. Pero, sin lugar a dudas, la voz más reconocida del movimiento indigenista es una mujer quiché de Guatemala, Rigoberta Menchú. Menchú, conocida por su lucha contra la violencia y a favor de los derechos de los indígenas, fue laureada con el Premio Nóbel de la Paz de 1992.

80   Éstos y otros acontecimientos parecen anunciar un cambio importante en las relaciones entre los diversos grupos que componen la población hispanoamericana. Durante varios siglos, los indígenas tuvieron que abandonar su identidad para adoptar la cultura hispana. Ahora, después de quinientos años, están recobrando su voz y defendiendo sus culturas; al mismo tiempo,

85   se están convirtiendo en una fuerza política que tendrá que tomarse en cuenta en el desarrollo de las naciones hispanoamericanas durante el siglo XXI.

Actividad 14: Detalles importantes   Después de leer, determina si las siguientes   Scanning
oraciones son ciertas (C) o falsas (F), de acuerdo con la información que aparece
en la lectura. Corrige las oraciones que sean falsas.

1. _____ La conquista española no tuvo mucho impacto en los pueblos indígenas de América.

2. _____ Pocos hispanoamericanos llevan sangre indígena en sus venas.

3. _____ El mestizaje ha tenido efecto en muchos aspectos de la cultura.

4. _____ Las comunidades indígenas nunca aceptaron la religión católica.

5. _____ Todavía hoy existen comunidades indígenas separadas de la cultura hispana.

6. _____ Muchos indígenas son pobres y analfabetos.

7. _____ Los Shuar abandonaron su territorio tradicional en 1983.

8. _____ El EZLN atacó a los indígenas por protestar contra el gobierno.

9. _____ El portavoz y líder más conocido de los indígenas es un indígena boliviano.

ESTRATEGIA DE LECTURA

Making Inferences

When reading, it is often necessary to read between the lines, that is, to extract information that is not explicitly stated. This may include information or beliefs that the author takes for granted, or additional conclusions that may be drawn from the information presented. For example, it is safe to conclude from the preceding reading that Spanish American music and food differs significantly from music and food in Spain.

Actividad 15: Más allá del texto   Las siguientes oraciones representan deducciones o inferencias que se basan en la información del texto anterior. Busca la información que apoya cada inferencia.

Making inferences

1. La conquista española fue bastante violenta.
2. La mayoría de la población mexicana es católica.
3. En Cuba, Costa Rica y Argentina, ya no hay una presencia indígena importante.
4. Para los indígenas modernos, es muy difícil defender sus derechos.
5. Muchos hispanoamericanos tienen vergüenza de su sangre indígena.

Actividad 16: Comparaciones   En grupos de cuatro, dos personas son indígenas de los Estados Unidos y dos indígenas de Hispanoamérica. Comparen cómo fueron sus relaciones con los europeos, cómo es su vida actual y cuál será su futuro. Temas posibles de discusión: el *mestizaje* o la separación, la comida, la religión, la música, el activismo político.

4-2

CUADERNO PERSONAL

¿Crees que los indígenas deben proteger sus culturas manteniéndose separados o que deben integrarse a la cultura dominante? ¿Hay otras soluciones?

Lectura 3: Literatura

Actividad 17: Para hablar de la vida indígena   Estudia estas expresiones que aparecen en la próxima lectura de Rigoberta Menchú. Luego, lee las oraciones y complétalas con la forma adecuada de las expresiones apropiadas.

Building vocabulary

la cosecha	harvest	**juntar**	to join or bring together
dañar	to damage	**rezar**	to pray
dar de comer	to feed	**sagrado/a**	sacred
herir	to wound	**sembrar**	to sow, plant seed

1. Hay que mostrar gran respeto a las cosas _____.
2. La primavera es la estación para _____.
3. El otoño es la estación de _____.
4. Todas las mañanas, el chico se levantaba para _____ a los animales hambrientos.
5. Los vegetarianos suelen creer que es malo _____ a un animal.
6. En muchas familias, todos _____ antes de cenar para dar gracias a Dios.
7. Demasiada lluvia puede _____ la cosecha.
8. Todos los habitantes _____ sus recursos económicos para comprar la lotería.

Actividad 18: Con un poco de contexto   Lee bien los siguientes pasajes de la lectura para determinar el significado de las palabras en negrita. Después de leer toda la lectura, vuelve a mirar tus respuestas para verificar si son correctas o incorrectas.

Guessing meaning from context

1. "...el agua es algo sagrado. La explicación que nos dan nuestros padres desde niños es que no hay que **desperdiciar** el agua, aunque haya."
   a. usar   b. usar mal   c. usar bien
2. "...antes de sembrar nuestra **milpa**, tenemos que pedirle permiso a la tierra."
   a. un campo de maíz   b. una casa de campo   c. una comida de maíz
3. "El copal es una goma que da un árbol y esa goma tiene un **olor** como incienso."
   a. color   b. textura   c. fragancia
4. "...cuando está la cosecha tenemos que **agradecer** con toda nuestra potencia."
   a. descansar   b. esperar   c. dar gracias

Actividad 19: ¿De qué trata la lectura?   En parejas, miren el título de la lectura y digan cuáles de los siguientes temas creen que se van a mencionar. Luego, lean individualmente y determinen cuáles de los temas se han mencionado.

Predicting content

los mitos   las ceremonias
la economía   la violencia
los árboles   la religión
la tecnología   los animales
la agricultura   la familia
la comida   los orígenes

▲ *Rigoberta Menchú, portavoz de los pueblos indígenas de Guatemala.*

Rigoberta Menchú nació en Guatemala en 1959. En 1992 ganó el Premio Nóbel de la Paz por sus esfuerzos a favor de las comunidades indígenas de su país y del mundo. Menchú huyó de Guatemala en 1981, en medio de la lucha violenta entre el gobierno y los indígenas, después de que las fuerzas militares mataron a sus padres y a su hermano. En el exilio, tuvo que perfeccionar el español—idioma extranjero ya que su lengua materna era el quiché—para poder contar la historia trágica de su vida y de su pueblo. Elizabeth Burgos transcribió el testimonio oral de Menchú y lo publicó en 1983 bajo el título Me llamo Rigoberta Menchú y así me nació la conciencia. *Hoy día, Menchú dirige la Fundación Menchú, organismo que defiende los derechos de los indígenas del mundo entero.*

La siguiente lectura es una sección de su libro en la cual habla de algunos de los valores que aprendió de niña.

ME LLAMO RIGOBERTA MENCHÚ Y ASÍ ME NACIÓ LA CONCIENCIA

La Naturaleza. La tierra madre del hombre. El sol, el copal, el fuego, el agua.

ladinos (Guatemala) = personas que rechazan los valores indígenas

Entonces también desde niños recibimos una educación diferente de la que tienen los blancos, los ladinos. Nosotros, los indígenas, tenemos más contacto con la naturaleza. Por eso nos dicen politeístas. Pero, sin embargo, no somos politeístas . . . o, si lo somos, sería bueno, porque es nuestra cultura,
5 nuestras costumbres. De que nosotros adoramos, no es que adoremos, sino que respetamos una serie de cosas de la naturaleza. Las cosas más importantes para nosotros. Por ejemplo, el agua es algo sagrado. La explicación que nos dan nuestros padres desde niños es que no hay que desperdiciar el agua,
10 aunque haya. El agua es algo puro, es algo limpio y es algo que da vida al hombre. Sin el agua no se puede vivir, tampoco hubieran podido vivir nuestros antepasados. Entonces, el agua la tenemos como algo sagrado y eso está en la mente desde niños y nunca se le quita a uno de pensar que el agua es algo puro. Tenemos la tierra. Nuestros padres nos dicen "Hijos, la tierra es la
15 madre del hombre porque es la que da de comer al hombre". Y más, nosotros que nos basamos en el cultivo, porque nosotros los indígenas comemos maíz, fríjol y yerbas del campo y no sabemos comer, por ejemplo, jamón o queso, cosas compuestas con aparatos, con máquinas. Entonces, se considera que la tierra es la madre del hombre. Y de hecho nuestros padres nos enseñan a res-
20 petar esa tierra. Sólo se puede herir la tierra cuando hay necesidad. Esa concepción hace que antes de sembrar nuestra milpa, tenemos que pedirle permiso a la tierra. Existe el pom, el copal, es el elemento sagrado para el indígena, para expresar el sentimiento ante la tierra, para que la tierra se pueda cultivar.
25   El copal es una goma que da un árbol y esa goma tiene un olor como incienso. Entonces se quema y da un olor bastante fuerte. Un humo con un olor muy sabroso, muy rico. Cuando se pide permiso a la tierra, antes de cultivarla,

se hace una ceremonia. Nosotros nos basamos mucho en la candela, el agua, la cal. En primer lugar se le pone una candela al representante de la tierra, del
30 agua, del maíz, que es la comida del hombre. Se considera, según los antepasados, que nosotros los indígenas estamos hechos de maíz. Estamos hechos del maíz blanco y del maíz amarillo, según nuestros antepasados. Entonces, se ponen esas candelas y se unen todos los miembros de la familia a rezar. Más que todo pidiéndole permiso a la tierra, que dé una buena cosecha. También se
35 reza a nuestros antepasados, mencionándoles sus oraciones, que hace tiempo, hace mucho tiempo, existen.

Se menciona en primer lugar, el representante de los animales, se habla de nombres de perros. Se habla de nombres de la tierra, el Dios de la tierra. Se habla del Dios del agua. Y luego, el corazón del cielo, que es
40 el sol . . . y luego se hace una petición concreta a la tierra, donde se le pide "Madre tierra, que nos tienes que dar de comer, que somos tus hijos y que de ti dependemos y que de ese producto que nos das pueda generar y puedan crecer nuestros hijos y nuestros animales . . . " y toda una serie de
45 peticiones. Es una ceremonia de comunidades, ya que la cosecha se empieza a hacer cuando todo el mundo empieza a trabajar, a sembrar.

Luego para el sol, se dice, "Corazón del cielo, tú como padre, nos tienes que dar calor, tu luz, sobre nuestros ani-
50 males, sobre nuestro maíz, nuestro fríjol, sobre nuestras yerbas, para que crezcan para que podamos comer tus hijos". Luego, se promete a respetar la vida del único ser que es el hombre. Y es importantísimo. Y decimos "nosotros no somos capaces de dañar la vida de uno de tus hijos, que somos
55 nosotros. No somos capaces de matar a uno de tus seres, o sea ninguno de los árboles, de los animales". Es un mundo diferente. Y así se hace toda esa promesa, y al mismo tiempo, cuando está la cosecha tenemos que agradecer con toda nuestra potencia, con todo nuestro ser, más que todo con las ora-
60 ciones. . . Entonces, la comunidad junta sus animalitos para comer después en la ceremonia.

▼ *Indígenas guatemaltecos* 35 *realizando labores de siembra.*

Actividad 20: Los elementos básicos de la vida   Rigoberta Menchú dice que los   Scanning
siguientes elementos son importantes. Por ejemplo, dice que el agua es algo puro y
sagrado (además de otras cosas). Apunta lo que dice sobre cada elemento.

El agua: _____.

La tierra: _____.

El copal (el pom): _____.

El maíz: _____.

El sol: _____.

El hombre, los árboles y los animales: _____.

Actividad 21: Las ceremonias   En parejas, comenten las siguientes preguntas según lo que dice Menchú.

Scanning and making inferences

1. ¿Por qué son necesarias las ceremonias?
2. ¿Qué cosas se usan en las ceremonias? ¿Qué simbolizan?
3. ¿A qué o a quiénes se dirigen las oraciones?
4. En tu opinión, ¿son politeístas los indígenas quichés? ¿Qué opinión tiene Menchú sobre esto?
5. Hay una contradicción aparente en el último párrafo: "No somos capaces de matar a los animales", pero se los comen en las ceremonias. ¿Cómo se puede explicar esta contradicción?

politeísta = que cree en muchos dioses

Actividad 22: Características culturales   **Parte A:** En parejas, usando la siguiente lista y otras ideas propias, túrnense para hacerse preguntas y describir a las personas de la cultura de Rigoberta Menchú, pensando en lo que dice ella en la lectura.

optimista	radical	holgazán
paciente	idealista	supersticioso
materialista	espontáneo	impulsivo
intrépido	prudente	trabajador
religioso	tacaño	politeísta

→   ¿Son optimistas los quiché? ¿Cómo lo sabes?

Parte B: Ahora comenten cuáles de esas características se pueden aplicar a su propia cultura y den ejemplos para justificar sus opiniones.

4-3

CUADERNO PERSONAL

Muchas personas afirman que en la sociedad moderna se necesitan los valores indígenas expresados por Rigoberta Menchú. ¿A ti te parecen importantes estos valores? ¿Por qué sí o no?

Redacción: Un mito

Actividad 23: El origen del ser humano   La literatura empezó en muchas culturas para explicar los orígenes y los valores y se transmitía de generación en generación por vía oral. En cierto sentido, Rigoberta Menchú continuó esta tradición al narrarle su vida a otra persona. Hace mención específica del mito de la creación de los hombres encontrado en el *Popol Vuh*, el libro sagrado de los mayas. Así como los mayas, todas las culturas tienen historias que explican el origen de la humanidad. En este país, la tradición judeocristiana es la que mejor se conoce.

Listening and note taking

Parte A: Ahora tu profesor/a va a contar la historia de la creación de los hombres según el *Popol Vuh*. Escucha y toma apuntes para poder volver a contar la historia después. Usa el siguiente esquema para tus apuntes.

la historia = the story; history

- Dos o tres características del mundo que crearon los dioses
- Lo que decidieron hacer los dioses después de crear el mundo y por qué
- Cómo resultó esta creación
- Otra decisión de los dioses
- Características de los tres tipos de Hombre y cómo resultó ser cada uno

	Características	Resultados
1.		
2.		
3.		

Parte B: Ahora, usando tus apuntes, ayuda a recrear la leyenda con el resto de la clase.

ESTRATEGIA DE REDACCIÓN

Providing Smooth Transitions

As discussed in Chapter 3, transition words provide the glue that holds a piece of writing together. Transition words studied in Chapter 3 refer primarily to sequence; however, there are others that can be used to express other types of relations.

así que . . .	so (result)
como resultado	as a result
de repente, de pronto	suddenly
entonces	so (logical result)
por eso	that's why
por lo tanto	therefore
sin embargo	however

Actividad 24: Tu propio mito   Ahora, vas a escribir tu propio mito. Primero, haz un esquema de los puntos importantes que vas a desarrollar en la historia y después, escribe el mito, usando las palabras de transición y el pretérito y el imperfecto.

Providing smooth transitions

CAPÍTULO

El sabor africano del Caribe

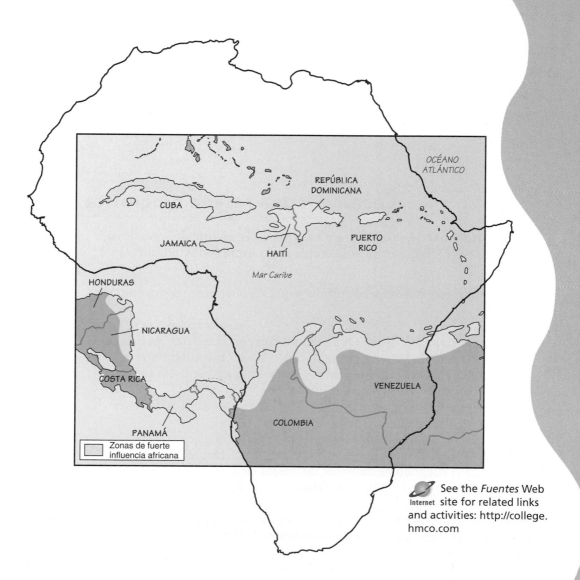

OCÉANO ATLÁNTICO

REPÚBLICA DOMINICANA

CUBA

JAMAICA

HAITÍ

PUERTO RICO

Mar Caribe

HONDURAS

NICARAGUA

COSTA RICA

VENEZUELA

PANAMÁ

COLOMBIA

Zonas de fuerte influencia africana

See the *Fuentes* Web site for related links and activities: http://college. hmco.com

Actividad 1: ¿Qué saben del Caribe?   Usando sus conocimientos y la información del mapa, en grupos de tres miren el mapa, lean las siguientes oraciones y determinen cuáles son ciertas y cuáles son falsas. Si no están seguros, adivinen.

Activating background knowledge

1. _____ Haití y Jamaica son los únicos países del Caribe que tienen una fuerte influencia africana.
2. _____ La comida caribeña es muy similar a la comida mexicana.
3. _____ La salsa es muy popular en el Caribe.
4. _____ El español es el idioma oficial de todas las naciones caribeñas.
5. _____ Hay grandes comunidades indígenas en las islas caribeñas.
6. _____ En el pasado, había muchas plantaciones con esclavos en el Caribe.
7. _____ La música caribeña no conserva las tradiciones de la música española.
8. _____ En el Caribe, la influencia africana ha sido más importante que la influencia indígena.

Lectura 1: Una reseña biográfica

Actividad 2: ¡Adivina!   Lee estas oraciones basadas en el artículo sobre la cantante cubana Celia Cruz y escoge el sinónimo de las expresiones indicadas en negrita.

Guessing meaning from context

1. Su carrera profesional empezó cuando ganó el primer lugar en **un concurso** de radio.
   a. un canal   b. un curso   c. una competición
2. La salsa es **el conjunto** de todos los ritmos cubanos mezclados en uno solo.
   a. el grupo musical   b. la conjunción   c. la combinación
3. Los instrumentos de la salsa incluyen instrumentos de cuerda, como la guitarra y **el bajo**.
   a. un tipo especial de tambor   b. un tipo especial de guitarra
   c. un tipo especial de flauta
4. Los arreglos de sus canciones son **realizados** por un músico cubano.
   a. hechos   b. apreciados   c. financiados
5. Esta música la **tildaban** de callejera, de música cualquiera, sin crédito.
   a. decoraban   b. apreciaban   c. caracterizaban

Actividad 3: Familias de palabras   Como preparación para la lectura "La Reina Rumba habla de la 'salsa'", piensa en el significado de la palabra base (en negrita) de cada familia de palabras de la lista. Luego, completa las siguientes oraciones con la forma apropiada de la palabra que corresponde.

Recognizing word families

Sustantivo	Verbo	Adjetivo
admiración, admirador	**admirar**	admirado, admirable
arreglo	**arreglar**	arreglado
bondad	—	**bueno**
cansancio	**cansar**	cansado, incansable
encanto	**encantar**	encantador/a
fascinación	**fascinar**	fascinante
grabación, grabadora	**grabar**	grabado
salida	**salir**	—
significado	**significar**	significativo

1. Pasamos toda la noche hablando de espiritualidad; fue una conversación
   _____.

2. Me gusta mucho esta _____ de la canción. Se oye muy bien.

3. Una canción puede tener muchos _____ distintos, según los
   instrumentos que se usen.

4. Sus _____ la siguen por todas partes para asistir a sus
   conciertos.

5. Ese hombre nunca para. Es verdaderamente _____.

6. Papá es honesto, paciente y generoso. Su enorme _____ es
   bien conocida por todos.

7. Buscamos otra _____ pero por fin volvimos a la puerta principal.

8. Ella tiene un _____ especial que atrae a la gente.

9. ¿Qué _____ esta palabra?

ESTRATEGIA DE LECTURA

Recognizing Symbols, Similes, and Metaphors

When reading, you must be careful not to take everything too literally. Many words and expressions are used for their symbolic potential. A symbol (**un símbolo**) signifies or represents something else, often more powerfully than a simple declaration. For example, the skull and crossbones is a visual symbol used to warn of dangerous poisons. Similes and metaphors are comparisons between elements, which are often used with symbolic significance in writing. A simile (**un símil**) is explicit and uses the words *like* or *as* (**como**): *He's as cold as ice.* A metaphor (**una metáfora**) directly equates two elements <u>without</u> the use of *like* or *as*: *All the world's a stage.* Symbols, similes, and metaphors are used in all types of writing, though they are especially frequent in songs and poetry.

Actividad 4: Más allá de lo literal   **Parte A:** Mira el título y la foto del artículo. Luego, en parejas, decidan si las siguientes palabras se usan literal o simbólicamente.

Recognizing metaphors
Active reading

     reina   salsa   embajadora

Parte B: Mientras lees el artículo, busca y apunta la siguiente información.

1. Tres ritmos cubanos que eran populares antes de la salsa: _____.
2. Aspectos que según Celia cambiaron o influyeron en el proceso de creación de la salsa: _____.
3. Nombre que preferiría Celia para la salsa: _____.
4. Razón principal de que la salsa no entre fácilmente en los EE.UU.: _____.
5. Opinión que tiene Celia de sí misma y de la música que canta: _____.

La Reina Rumba habla de la 'salsa'

Norma Niurka
Redactora de *El Miami Herald*

Celia, embajadora de la música caribeña.

Celia Cruz es algo más que una cantante de "salsa", término que era desconocido cuando empezó su carrera interpretando ritmos que se conocían como la rumba y la guaracha. Aún en vida, se ha convertido en leyenda: *la Reina Rumba, la Guarachera de Cuba, la Reina de la Salsa.*

Admirada por antillanos,[1] suramericanos, europeos y estadounidenses, esta mujer tiene un significado trascendental en la historia de la música caribeña. El Olympia de París, el Madison Square Garden de Nueva York; el Palacio de la Salsa en México; han temblado ante esa figura incansable, llena de energía, gracia y bondad, que canta, baila a su aire, y despliega una fascinante personalidad escénica.

Cuando Celia se iniciaba en el ambiente artístico, en la radio cubana, estaba familiarizada con la gua-

---

[1] **antillano** = de las Antillas (las islas del Caribe)

racha y la rumba; en esa época empezaban a ponerse de moda el cha cha chá y el mambo.

"Lo que ahora se llama salsa, en la época en que empecé a cantar era la rumba. La salsa, para mí, es el conjunto de todos los ritmos cubanos metidos en uno solo." Celia tiene sus teorías acerca del surgimiento de la palabra "salsa".

"La salsa empezó en 1967, en Nueva York, yo ya estaba en Estados Unidos. En ese año, estuve en Venezuela, en un programa de Fidias Danilo Escalona, que se llamaba *La hora de la salsa* . . . Para mí no hubo cambio, yo seguí cantando de la misma forma que he cantado siempre."

Celia cita tres cambios en el proceso de rumba a salsa: los instrumentos, los arreglos y una cierta influencia de Estados Unidos.

"Los arreglos te dan más oportunidad de desarrollar un número. Cuando grabé *La bemba colorá* duraba tres minutos, ahora dura diez. Los instrumentos para la salsa son electrónicos. Yo nunca con la Sonora toqué con bajo eléctrico. Antes los pianos eran grandísimos, el pianista necesitaba un camión para él solo. Ahora son electrónicos, pequeños, y se llevan como un violín."

Sus arreglos son realizados por el cubano Javier Vázquez (pianista de la Sonora Matancera), pero desde hace años ha incluido en ese trabajo a algunos puertorriqueños que se han formado en Estados Unidos. Éstos, según Celia, han impregnado su música de otros sonidos.

"En estos pasajes de arreglos de salsa hay un poco de la esencia del jazz, por haber ellos estudiado aquí, aunque sea música del Caribe. La música cubana no pierde sus raíces, ahí están el bajo, la tumbadora, el bongó y, a veces, la maraca; pero yo a esta música le pondría jazz latino si no tuviera el nombre de salsa."

Sin embargo, aclara que no ha cantado jazz ni lo hará.

"En Cuba éramos muy adeptos a oír la música americana. Conocimos muy bien a Ella Fitzgerald y a Count Basie. Toda la música tiene su encanto, pero nunca me interesó cantar ese tipo de música. Si no lo haces en inglés, no sale igual. Si yo hago una guaracha en inglés no me va a salir lo mismo." Con su buen sentido del humor, comenta: "No es lo mismo que en vez de decir ¡Azúca!, diga ¡Sugar!"[2]

A pesar de aceptar que entre sus admiradores se encuentran muchos americanos, Celia no es optimista en cuanto al interés del país en la salsa. "Cuesta trabajo entrar un disco de salsa en español en el mercado americano. El idioma es la barrera."

De origen muy humilde, Celia se crió entre catorce primos y hermanos, en una casa que compartía su madre, con su hermana y su prima. Cuando todavía era estudiante, un familiar la inscribió en un concurso radial y ése fue el comienzo de una carrera brillante en el campo de la música popular.

Continuó interpretando ritmos afrocubanos y muy pronto se estableció su estilo en la guaracha. Su nombre siempre estuvo asociado a la orquesta La Sonora Matancera, con quien grabó hasta su salida de Cuba, continuando la unión más tarde, en el exilio.

"Si hoy tengo un par de aretes me lo he ganado cantando", dice. "He dado un ejemplo, no sólo con mi música, sino porque me he dado a respetar. Esta música la tildaban de callejera, de música cualquiera, sin crédito. Hoy es música de mucho valor, es folclore y es cultura, es una música que todo el mundo respeta. Y yo me he dado a respetar comportándome como una dama. En el escenario canto y bailo, pero cuando me bajo de ahí todos me tienen que respetar."

Actividad 5: Celia   Determina si las siguientes oraciones son ciertas o falsas. Corrige las oraciones falsas.

1. _____ Celia empezó su carrera musical cantando guarachas y rumbas.
2. _____ Celia es famosa sólo en Cuba, Miami y Nueva York.
3. _____ La salsa refleja influencias afrocubanas y estadounidenses.
4. _____ Celia es de familia bastante rica.
5. _____ Celia canta bien, pero tiene una personalidad difícil.

El uso del nombre "Celia" es excepcional; en el español escrito suele usarse o el apellido o el nombre completo de personas famosas.

Scanning

---

[2] Celia suele gritar **¡Azúca(r)!** cuando interpreta una canción.

Actividad 6: Entre líneas   Busca en la lectura algunos datos que confirmen las siguientes deducciones.

Making inferences

1. La carrera de Celia Cruz empezó en los años 50.
2. La influencia africana es muy grande en la música cubana.
3. Cuba es la fuente de gran parte de la música caribeña.
4. Gracias a los inmigrantes, Nueva York también se ha convertido en un centro de la música caribeña.

Actividad 7: Una canción de Celia   **Parte A:** Ahora vas a escuchar una canción de Celia Cruz, típica del Caribe. Primero, mira el cuadro de abajo. Luego úsalo para apuntar tus reacciones a la canción.

¿Cómo describes esta canción?

Título: _____

Marca todas las palabras que reflejen tus reacciones a la canción.

aburrida	dulce	religiosa	sosa
apasionante	inspiradora	repetitiva	trágica
bailable	lenta	romántica	tranquila
cómica	monótona	sabrosa	triste
desagradable	política	salvaje	con buen ritmo
divertida	rápida	sensual	de mensaje social

Marca todas las frases que reflejen tus opiniones.

_____ es demasiado larga

_____ tiene buena letra

_____ quiero escucharla otra vez

_____ me gustaría asistir a un concierto

_____ tiene buen arreglo

_____ tiene una letra tonta

_____ se la regalaría a un amigo

Creo que la persona que canta:

_____ es sincera   _____ está enamorada

_____ está enojada   _____ está aburrida

_____ es aburrida   _____ está divirtiéndose

Using additive connecting words

Parte B: Ahora, en parejas, comparen sus reacciones y digan por qué reaccionaron así. Para conectar sus ideas, usen las siguientes expresiones: **también, además (de)** *(in addition, besides)*, **es más** *(what's more)*.

Actividad 8: Influencias en la música   En la lectura sobre Celia Cruz se dice que la salsa y la música caribeña, en general, tienen gran influencia africana. En grupos de tres, discutan si existe o no esta misma influencia y otras influencias en la música de su país. Den ejemplos concretos y expliquen cómo se manifiestan esas influencias. Piensen en el rock, el jazz, el reggae, etc.

5-1

CUADERNO PERSONAL

Muchos músicos respetan a Celia Cruz tanto por su talento como por su personalidad. ¿A qué músico o cantante respetas? ¿Por qué?

Lectura 2: Panorama cultural

Actividad 9: Del contexto al significado   Adivina el significado de las palabras en negrita según el contexto de la oración.

Guessing meaning from context

1. Los esclavos africanos **aportaron** varios elementos de sus propias culturas a la cultura caribeña.
   a. eliminaron   b. copiaron   c. contribuyeron
2. Los instrumentos son de variada **procedencia**: el güiro parece ser de origen indígena, pero la guitarra vino de España.
   a. origen   b. forma   c. manera de tocar
3. Luego se sofríen en aceite cebolla, pimientos, tomate y jamón en una **olla** grande.
   a. recipiente para la basura
   b. recipiente para servir comida
   c. recipiente para cocinar
4. De África se adoptaron todos los instrumentos que marcan el ritmo, todo tipo de **tambores** . . .
   a. instrumentos de cuerda
   b. instrumentos de viento
   c. instrumentos de percusión
5. El ritmo es **primordial** en la música caribeña, mientras que la melodía ocupa un nivel secundario.
   a. de principal importancia
   b. de muy poca importancia
   c. de interés para el especialista
6. La cuenca del Caribe es como una gran **sopera** en la cual se han mezclado muchos ingredientes culturales.
   a. recipiente para la sopa   b. tipo de comida   c. formación geográfica

Actividad 10: El verdadero significado   Busca las siguientes palabras en la lectura de esta sección, "África en América: El Caribe", y trata de deducir su significado según el contexto. Después, usa un diccionario bilingüe o el glosario para determinar si has deducido correctamente. Escribe el significado correspondiente en el espacio en blanco.

Guessing meaning from context, using the dictionary

1. (línea 7) la cuenca _____
2. (línea 19) florecer _____
3. (línea 29) la yuxtaposición _____
4. (línea 36) comestible _____
5. (línea 58) el trueno _____
6. (línea 60) fundirse _____

ESTRATEGIA
DE LECTURA

Distinguishing Main Ideas and Supporting Details

Texts that seek to inform and explain (as opposed to narratives, which tell stories) are normally organized around a central topic and certain main ideas. The main idea is often the topic of a paragraph, though several paragraphs may also develop one main idea. The body of the paragraph is made up of supporting details. Correctly distinguishing main ideas from supporting details and ideas can greatly improve your overall comprehension of a text.

Actividad 11: ¿Idea principal o detalle?   Lee rápidamente cada párrafo de la lectura para ver cuál de las dos frases es la idea principal del párrafo y cuál es un detalle de apoyo. Luego lee todo el texto sin interrupción para ver la interrelación entre las ideas.

Distinguishing main ideas and supporting details, Skimming and scanning

Párrafo 1
a. la mezcla cultural del Caribe
b. los ingredientes del sancocho

Párrafo 2
a. orígenes y definición de "mulato"
b. orígenes y naturaleza de la presencia africana

Párrafo 3
a. los moros y los cristianos, resultado de la mezcla cultural
b. el tipo de mezcla cultural

Párrafo 4
a. el impacto culinario de los africanos
b. métodos de cocinar los ingredientes de la comida africana

Párrafo 5
a. la importación de los orishas
b. la creación de religiones sincréticas

Párrafo 6
   a. los instrumentos musicales de origen africano
   b. las características africanas de la música caribeña

Párrafo 7
   a. el desarrollo de bailes cubanos
   b. la influencia africana en la música y el baile

ÁFRICA EN AMÉRICA: EL CARIBE

"Se cocinan carne de res, un rabo de buey y un pollo picado en pedazos. Luego, se sofríen en aceite un pedazo de jamón, cebolla picada, pimientos, tomate y tocino en una olla grande. Se añaden las carnes, y se echa agua para hervir pedazos de papa, batata, ñame, yautía, yuca, plátano y mazorcas de maíz . . ." Así empieza la receta para lo que se llama ajiaco en Cuba y Colombia, o sancocho en la República Dominicana y Puerto Rico. Esta "supersopa" es un plato típico del Caribe. De hecho, la cuenca del Caribe se puede ver como una gran sopera en la cual se han mezclado elementos de muchas culturas: las indígenas, la española, la inglesa, la francesa, la holandesa, la portuguesa y las africanas. Hoy día se hablan allí otras lenguas además del español—el inglés en Jamaica, el francés en Haití— aunque el idioma español y la cultura hispana todavía predominan en la región. Sin embargo, todas las islas y gran parte de la costa caribeña comparten una importante influencia africana que se ve reflejada en la comida, la religión, la música y el baile.

Durante los años de la colonia (siglos XV–XIX), los españoles—y más tarde los franceses, ingleses y holandeses—necesitaban trabajadores para sus plantaciones de caña de azúcar, café y tabaco y por esa razón empezaron a llevar esclavos africanos al Caribe. Estos esclavos provenían especialmente de la cultura yoruba (o lucumí), la cual floreció en países de África Occidental en lo que hoy se conoce como Nigeria y Benin. Con el tiempo, la población africana del Caribe creció enormemente y empezó a mezclarse con la europea. Como resultado, los mulatos o personas que llevan en sus venas tanto sangre europea como africana, forman hoy día gran parte de la población caribeña.

La presencia africana influyó también en muchos aspectos de la cultura del Caribe. La mezcla racial y cultural se ve simbolizada en un plato típico de Cuba, los "moros y cristianos", que consiste en cocinar arroz blanco con frijoles negros. En ese plato, un ingrediente no absorbe al otro, sino que los dos se complementan. Asimismo, en el Caribe, una cultura no absorbe completamente a la otra, sino que se crea un sincretismo, es decir, una yuxtaposición de elementos de las dos culturas en la que ambas coexisten a la vez que conservan elementos propios.

La llegada de los africanos contribuyó, entonces, no sólo a la riqueza racial sino también a la riqueza culinaria. Aunque la dieta caribeña contiene muchos productos autóctonos que consumían los indígenas, así como ingredientes y métodos de cocinar de los españoles, los africanos, a la vez que introdujeron

Hay muchas variaciones de este plato.

▲ *En santería se les dedica altares a los santos. Este altar tiene regalos y ropa para Sarabanda Rompe Monte.*

productos comestibles africanos como el ñame, los gandules, el plátano y el banano, aportaron sus propias costumbres culinarias como el uso de mucho aceite y la frecuente mezcla de los frijoles con el arroz.

40   La influencia africana se extiende además a las creencias religiosas. La santería, culto muy popular en Cuba, Puerto Rico y en zonas cubanas y puertorriqueñas de los Estados Unidos es un buen ejemplo del
45   sincretismo entre las culturas española y africana occidental. Cuando la población traída de África entró en contacto con los santos de la religión católica, los esclavos empezaron a identificar elementos similares entre los santos cristianos y los orishas o dioses
50   yorubas. De esa manera —y a pesar de las prohibiciones de la Iglesia Católica— los esclavos comenzaron a adorar a los santos en reuniones secretas llamadas cabildos, sin abandonar sus ritos africanos ni sus dioses lucumíes. Sus ritos incluían música y baile,
55   altares con flores y comida, oraciones y magia. Es a esos ritos y a esa fusión de figuras religiosas que los españoles denominaron como santería. Así, a Changó, el dios lucumí del trueno y de la guerra, se le sincretiza con Santa Bárbara, patrona de los militares;
60   San Lázaro, santo patrón de los enfermos, se funde con Babalú Ayé, el dios que causa y cura las enfermedades; y la Virgen de la Caridad del Cobre, patrona de Cuba, es en santería Ochún, la diosa más poderosa y venerada.
65   La música caribeña refleja también la mezcla de culturas. Los instrumentos son de variada procedencia: el güiro parece ser de origen indígena, mientras que la guitarra proviene de España. De África se adoptaron los instrumentos de percusión, todo tipo de tambores que luego se convirtieron en bongoes,
70   congas, timbales y tumbadoras. La gran influencia del tambor es evidente en el hecho de que el ritmo es primordial en este tipo de música, en tanto que la melodía tiene un papel secundario. Puesto que el ritmo que se establece con los instrumentos de percusión es tan importante, la improvisación musical, tan típica de esta música, también se deriva en gran parte de la influencia africana.
75   Debido a su fuerte ritmo, la música caribeña está íntimamente asociada con el baile. Aunque la República Dominicana ha contribuido con el merengue, Puerto Rico la plena y Colombia la cumbia, fue Cuba el país donde se crearon más bailes basados en ritmos africanos. A partir de los años treinta, bailes cubanos como la rumba, el mambo y el cha cha chá se hicieron famosos en
80   todo el mundo. A finales de los sesenta se comenzó a desarrollar la salsa, un producto de la fusión de todos esos bailes y ritmos. Aunque es popularísima en el Caribe, la salsa se inició en Nueva York entre los hispanos —principalmente cubanos y puertorriqueños— que vivían allí. Algunos de los iniciadores de la

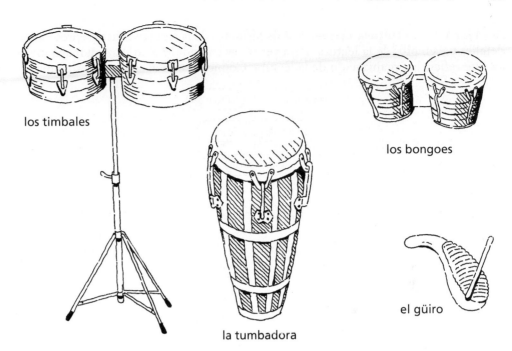

los timbales

los bongoes

la tumbadora

el güiro

salsa neoyorquina son Celia Cruz, Willie Colón, Johnny Pacheco y Héctor
85   Lavoe. Más tarde, éstos y otros artistas difundieron la salsa por todo el Caribe
y el resto de Hispanoamérica. Entre los intérpretes más conocidos de la salsa
están Rubén Blades, quien introdujo el mensaje de protesta social y política a la
salsa, Lalo Rodríguez, uno de los cantantes de la "salsa cama", de sentido más
sensual y romántico, y Juan Luis Guerra y su grupo 4-40, que interpreta tanto
90   canciones de mensaje social como de amor. Más recientes aún, son la joven
cubana Albita y el puertorriqueño Marc Anthony.

Hoy en día, la música caribeña ha llegado a ocupar un lugar de importancia mundial. Sin embargo, el Caribe es mucho más que su música: es un
mundo rico y vibrante cuya riqueza cultural, ya sea religiosa, culinaria o
95   musical, proviene de la unión de razas de África y Europa sobre la tierra del
continente americano.

Actividad 12: Datos incorrectos   Las siguientes oraciones son todas incorrectas.
Corrígelas de acuerdo con la información de la lectura.

1. Todas las naciones del Caribe son de habla española.
2. La mayor parte de los esclavos africanos en el Caribe eran del norte de África.
3. Los mulatos son personas de origen indígena y europeo.
4. La comida caribeña es una combinación de contribuciones africanas,
   asiáticas e indígenas.
5. Los esclavos africanos adoptaron totalmente la religión cristiana.
6. La santería ya no se practica.
7. La melodía tiene especial importancia en la música africana.
8. Puerto Rico ha sido la fuente de la mayoría de los ritmos y bailes
   afrocaribeños.

Actividad 13: La cultura caribeña Los términos de la siguiente lista representan detalles y ejemplos de la lectura. Para ver si has entendido bien, haz un mapa mental que refleje la organización de la lectura. Comienza con el siguiente esquema.

Elementos

la rumba	las plantaciones	los mulatos	Changó
el sancocho	los cabildos	mucho aceite	San Lázaro
los esclavos	moros y cristianos	Albita	la improvisación
Santa Bárbara	Babalú Ayé	el merengue	la caña de azúcar
el sincretismo	bongoes	tumbadoras	el café
el banano	la salsa	el ritmo	el mambo
la plena	el tabaco	timbales	Juan Luis Guerra
Nueva York	el ajiaco	Lalo Rodríguez	el plátano
Celia Cruz	Marc Anthony	la Virgen de la	los orishas
Willie Colón	Ochún	Caridad del Cobre	???
Rubén Blades	Héctor Lavoe	los yorubas	

▼ *Tito Puente y los miembros de su orquesta.*

5-2

CUADERNO PERSONAL

En la lectura anterior, los platos típicos se usan como símbolos de la composición social y cultural del Caribe. En tu opinión, ¿qué plato representa mejor la composición social y cultural de este país? ¿Por qué?

Actividad 14: Tu propia herencia En parejas, usen el esquema básico de la Actividad 13 para hablar de las influencias étnicas y culturales que existen en sus propias familias.

Lectura 3: Literatura

Actividad 15: La poesía y la canción   En esta sección, van a leer un poema cubano muy conocido. En parejas, contesten y comenten las siguientes preguntas sobre la poesía.

Activating background knowledge

1. ¿Te gusta la poesía? ¿Por qué sí o no?
2. ¿Cuáles son algunos de los temas típicos o populares de la poesía?
3. ¿Cuál es la diferencia entre un poema y la letra de una canción?
4. ¿Por qué a muchas personas les gustan las canciones pero no los poemas?

ESTRATEGIA DE LECTURA

Approaching Poetry

Poetry is often written to express deep feelings. Relative to prose writing, it is marked by its careful, limited use of vocabulary and powerful use of symbols. Fewer words and more metaphors can make interpretation difficult. Nevertheless, some familiarity with the topic and with basic poetic devices can aid comprehension. Many poems are characterized by:

- a rhythmic use of language (**el ritmo)**
- the grouping of words into lines (**versos),** stanzas (**estrofas),** and refrains or repeated lines (**estribillos)**
- the repetition of sounds, words, phrases or structures to emphasize important aspects
- rhyme (**la rima)**
- frequent use of metaphors and symbols

This poem, actually part of a song by Willie Colón and Héctor Lavoe, contains examples of some poetic devices.

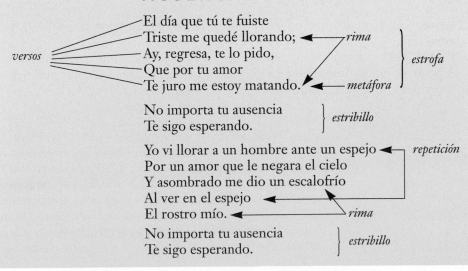

AUSENCIA

El día que tú te fuiste
Triste me quedé llorando;   *rima*
Ay, regresa, te lo pido,
Que por tu amor
Te juro me estoy matando.   *metáfora*

versos   *estrofa*

No importa tu ausencia
Te sigo esperando.   *estribillo*

Yo vi llorar a un hombre ante un espejo   *repetición*
Por un amor que le negara el cielo
Y asombrado me dio un escalofrío
Al ver en el espejo
El rostro mío.   *rima*

No importa tu ausencia
Te sigo esperando.   *estribillo*

Actividad 16: Lectura de un poema **Parte A:** Lee la primera estrofa del poema   Approaching poetry
"La canción del bongó" y contesta estas nueve preguntas con un/a compañero/a.

Estructura

1. ¿Qué versos forman el estribillo?
2. ¿Qué otros ejemplos de repetición hay?
3. ¿Parece más importante el ritmo o la rima?

Interpretación

1. ¿A quiénes se refiere el poeta al decir "el que más fino sea"?
2. ¿Quién es el "yo"? ¿De dónde es?
3. ¿Qué simboliza el bongó?
4. ¿Por qué algunos contestan "ahora mismo" y otros "allá voy"?
5. ¿Qué significan los versos ocho y nueve?
6. ¿Cuál es el mensaje de los versos diez a trece?

Parte B: Lee la segunda estrofa y después, en parejas, hagan las asociaciones entre los siguientes versos y temas. No repitan ninguna letra.

_____ 1. versos 18–19   _____ 4. versos 22–23

_____ 2. verso 20   _____ 5. versos 24–25

_____ 3. verso 21   _____ 6. versos 26–27

a. el sincretismo religioso
b. los orígenes extranjeros y la unión de dos razas y dos culturas
c. es mejor aceptar la mezcla racial y cultural
d. la vergüenza que tienen algunos cubanos de sus antepasados africanos
e. el orgullo que tienen algunos cubanos de sus antepasados europeos
f. el hecho de que muchísimos cubanos llevan sangre africana y europea

Parte C: Lean la tercera estrofa y después lean las siguientes interpretaciones. En parejas, decidan cuál les parece más correcta y justifiquen su decisión con citas del poema.

1. La relación entre lo africano y lo europeo es como la relación entre dos amantes.
2. Para el "buen cubano", la influencia africana es más importante que la europea.
3. A pesar de que algunos cubanos niegan sus orígenes, deben aceptar quiénes son y sentirse orgullosos de su herencia cultural.

El cubano Nicolás Guillén (1902–1989), es uno de los poetas más importantes de la literatura latinoamericana y uno de los primeros en introducir la cultura afro-caribeña en la literatura de su país. Guillén nació en una sociedad donde los blancos ocupaban los niveles más altos de la sociedad y la cultura europea disfrutaba de gran prestigio. Los negros, en cambio, ocupaban los rangos inferiores de la sociedad y, además, se despreciaban las contribuciones africanas a la cultura cubana. En su poesía, Guillén defiende el valor de lo africano frente a la cultura europea dominante. Ése es el tema de su poema "La canción del bongó".

LA CANCIÓN DEL BONGÓ *Nicolás Guillén*

Esta es la canción del bongó:

—Aquí el que más fino sea,°   *even the finest*
responde, si llamo yo.
Unos dicen: ahora mismo,°   *right now*
5   otros dicen: allá voy.°   *I'm coming*
Pero mi repique bronco,
pero mi profunda voz,
convoca al negro y al blanco,
que bailan el mismo son,°   *tune*
10   cueripardos y almiprietos
más de sangre que de sol,
pues quien por fuera no es noche,
por dentro ya oscureció.
Aquí el que más fino sea,
15   responde, si llamo yo.

En esta tierra, mulata
de africano y español
(Santa Bárbara de un lado,
del otro lado, Changó),
20   siempre falta algún abuelo,
cuando no sobra algún Don,°   *título de respeto para nobles españoles*
y hay títulos de Castilla°   *región central de España*
con parientes en Bondó:°   *región imaginaria de África*
vale más callarse, amigos,
25   y no menear la cuestión,°   *hablar del tema*
porque venimos de lejos,
y andamos de dos en dos.
Aquí el que más fino sea,
responde, si llamo yo.

30   Habrá quien llegue a insultarme,
pero no de corazón;
habrá quien me escupa° en público,   *spit on*
cuando a solas me besó . . .
A ése, le digo:
35   —Compadre,
ya me pedirás perdón,
ya comerás de mi ajiaco,
ya me darás la razón,
ya me golpearás el cuero,
40   ya bailarás a mi voz,
ya pasearemos del brazo,°   *we'll walk arm in arm*
ya estarás donde yo estoy:
ya vendrás de abajo arriba,
¡que aquí el más alto soy yo!

Palabras inventadas por Guillén: **Cueripardo** = cuero *(skin)* + pardo *(brown, dark);* **almiprieto** = alma *(soul)* + prieto *(dark).*

La expresión normal es **de arriba abajo** = *from top to bottom*

Actividad 17: De lo poético a lo prosaico   Lee el siguiente resumen de las ideas que aparacen en el poema. Después, en parejas, contesten las preguntas.

Incluso los cubanos más ricos, importantes y blancos comparten el aspecto africano de la cultura cubana. Quizás no tengan la piel negra, pero sí tienen parte del alma africana. No pueden negar esta influencia y no pueden rechazar el ritmo de un bongó. Los que se creen superiores por ser aparentemente más europeos, un día tendrán que reconocer este aspecto de sí mismos, porque la influencia africana es fuertísima en Cuba, tan fuerte como la seducción del bongó.

1. ¿En qué se diferencian este resumen y el poema original?
2. ¿Qué información tiene el uno que no tiene el otro?
3. ¿Prefieren este resumen en prosa o el poema original? ¿Por qué?

Actividad 18: Poesía viva   La poesía es mejor cuando tiene vida. Van a leer todo el poema en tres grupos. Un grupo es la voz del bongó (B), otro grupo es la voz de los descendientes africanos (A) y el tercero representa a los cubanos descendientes de europeos que no quieren aceptar su herencia africana (E). Practiquen con esta estrofa y luego decidan quiénes dicen cada verso de las otras estrofas. Después lean todo el poema con mucho entusiasmo. Finalmente, hablen de cómo se sintieron leyéndolo y del efecto de leer el poema en voz alta.

B:	En esta tierra mulata
B:	de africano y español
E:	(Santa Bárbara de un lado,
A:	del otro lado, Changó),
B:	siempre falta algún abuelo,
B:	cuando no sobra algún Don,
E:	y hay títulos de Castilla
A:	con parientes en Bondó:
B:	vale más callarse amigos,
B:	y no menear la cuestión,
A:	porque venimos de lejos,
A y E:	y andamos de dos en dos.
B:	Aquí el que más fino sea,
B:	responde si llamo yo.

Actividad 19: ¿Homogénea o heterogénea?   En grupos de cuatro, dos personas comentan las ventajas (o desventajas) de una sociedad totalmente homogénea y las otras dos, las ventajas (o desventajas) de una sociedad extremadamente heterogénea (diversas culturas, razas, religiones, comida). Primero hagan una lista de las ideas que quieren mencionar. Después debatan las ventajas y desventajas de cada tipo de sociedad. Traten de ser objetivos aunque sus propias opiniones sean diferentes.

Redacción: Un poema/Una canción

ESTRATEGIA DE REDACCIÓN

Using Repetition for Emphasis

Repetition of words, phrases, or structures is a way of emphasizing the relative importance of what is being expressed. Repetition is often found in emotionally charged texts, such as editorials, speeches, and certain advertisements, but is most frequently found in poetry and songs.

Actividad 20: Una receta poética Muchos poemas y canciones siguen una forma establecida. El poema puede tener cierto número de estrofas, cada una seguida de un estribillo que repite y resume la idea más importante del poema. A veces los temas poéticos como el amor se asocian con temas cotidianos como la comida, y las metáforas surgen de estas asociaciones. Así, en la película mexicana *Como agua para chocolate*, se usa la imagen de calentar y recalentar agua para describir una relación amorosa de gran pasión. Ahora, Uds. van a desarrollar ideas para escribir un poema.

Activating background knowledge

Parte A: En grupos de tres, escojan uno de estos temas: **el amor, la amistad** o **la vida**. Luego, desarrollen un estribillo de dos versos para el poema. El estribillo debe reflejar la idea básica que quieren expresar. Intenten encontrar un símbolo o metáfora para expresar la idea. Usen el poema de la Actividad 21 como guía.

Parte B: En la primera estrofa, incluyan los ingredientes necesarios para crear lo que quieren describir. Háganse preguntas como: ¿Qué cosas requiere el amor o la amistad? Hagan listas de ideas. Por ejemplo, el poema modelo de la Actividad 21 se basa en esta lista: sonrisa, comprensión, generosidad, trabajo, esfuerzo, amor, paciencia y compasión.

Parte C: En la segunda estrofa, describan las ventajas o la satisfacción de poseer lo que están describiendo. Hagan una lista de ideas. Por ejemplo: ser optimista, causar felicidad, aceptar problemas, traer paz.

Actividad 21: La forma del poema Ahora vas a escribir tu propio poema o canción. Ya debes tener el estribillo. Úsalo después de cada estrofa. Cada estrofa debe ser de seis a diez versos. En cada estrofa, debes usar y repetir ciertas estructuras. No tienes que preocuparte por la rima, pero la mayoría de los versos deben tener más o menos el mismo número de sílabas.

Writing poetry Using repetition

1. En la primera estrofa, usa las estructuras y el vocabulario asociados con la cocina: se echa, se añaden, se revuelve, se fríe, etc. También se pueden usar mandatos: echa, añade, etc. Combina estas estructuras con los ingredientes de la Actividad 20, Parte B.
2. En la segunda estrofa, usa el presente del indicativo o **ir a** + *infinitivo*. Combina estas estructuras con las ideas de la Actividad 20, Parte C.
3. Al terminar, tu poema debe tener un formato como el del poema modelo.
4. Finalmente, dale un título que exprese bien las ideas del poema.
5. Si eres músico/a, convierte tu poema en canción.

VIDA SABROSA
Lucía Caycedo Garner

Estribillo (opcional aquí)

será = will be

La vida será sabrosa
si tú la sazonas bien.

Estrofa: 6–10 versos

Para una vida feliz,
esta receta es segura:
Se mezclan salud y amor
en la olla de la vida.
Se añade la comprensión
y también una sonrisa;
se condimenta con paz,
trabajo y mucha alegría;
se revuelve todo junto
con esperanza y sin prisa.

Estribillo

La vida será sabrosa
si tú la sazonas bien.

Estrofa: 6–10 versos

Si tienes vida feliz,
y disfrutas cada día,
haces felices a otros
creando siempre
        armonía.
Aceptas los problemas
con paciencia y
        optimismo,
y gozas con alegría
de tu plato favorito.

Estribillo

La vida será sabrosa
si tú la sazonas bien.

Dictadura y democracia

▲ *Una manifestación de las Madres de la Plaza de Mayo, Buenos Aires, Argentina.*

See the *Fuentes* Web
Internet site for related links
and activities: http://college.
hmco.com

Actividad 1: Las responsabilidades de un gobierno   **Parte A:** En grupos de tres, numeren las responsabilidades de un buen gobierno según su importancia. Después, decidan qué tipo de gobierno, dictadura o democracia, cumple mejor esas responsabilidades.

Activating background knowledge

a. _____ la distribución justa de los recursos de la sociedad

b. _____ el mantenimiento de una economía estable

c. _____ el control del crimen

d. _____ la protección de los derechos humanos

e. _____ el mantenimiento de los valores dominantes de la sociedad

f. _____ la protección de los derechos civiles

g. _____ la conservación del medio ambiente

h. _____ la adquisición de nuevos recursos o territorios

i. _____ el mantenimiento de relaciones de paz con otros países

j. _____ la protección de la salud de los ciudadanos

k. _____ la defensa de las libertades (de palabra, de religión, etc.)

Parte B: La foto de la página anterior es de las Madres de la Plaza de Mayo de Argentina. Los hijos de estas mujeres eran, en su mayoría, estudiantes que desaparecieron misteriosamente por protestar contra la junta militar de 1976–1983. Hubo más de diez mil desaparecidos, la mayoría de los cuales murieron después de ser torturados. Las manifestaciones de las madres ayudaron a poner fin a la dictadura y a restaurar la democracia. ¿Qué responsabilidades de la Parte A no cumplió el gobierno de la junta militar argentina?

Actualmente, las madres y abuelas se siguen reuniendo todos los jueves en la Plaza de Mayo.

Lectura 1: Una reseña de cine

**ESTRATEGIA
DE LECTURA**

Dealing with False Cognates

English and Spanish have many cognates or words that have a similar form and meaning: **posible** = *possible*, **generosidad** = *generosity*. As you've studied, recognizing cognates can make reading much easier. However, some words, though of similar form, have slightly or completely different meanings: **asistir a** = *to attend*, **atender** = *to wait on/pay attention*, **embarazada** = *pregnant*. If you encounter an apparent cognate that does not seem to make sense in a particular context, it is likely to be a false cognate. The context may be sufficient to guess the meaning, but, if not, you will need to look up the word in the dictionary.

Actividad 2: Amigos falsos   Las siguientes oraciones contienen cognados falsos que aparecen en la reseña de la película *La historia oficial*. Piensa en el contexto de la oración para adivinar el significado de cada palabra en negrita. Luego, busca la palabra en un diccionario bilingüe o en el glosario para ver si adivinaste.

Dealing with false cognates, Using the dictionary

La historia oficial se estrenó en el año 1984.

1. Ella me contó las **historias** de "El patito feo" y "Los tres cerditos".
2. Paula siempre me mira de una **forma** muy rara.
3. Antonio Banderas hizo el **papel** del amigo en la película *Filadelfia*.
4. La **actuación** de Harrison Ford en *El fugitivo* me pareció muy buena.
5. Siempre hay **manifestaciones** políticas delante de la Casa Blanca.
6. No le dieron el trabajo porque tenía malos **antecedentes**.

Actividad 3: Del contexto al significado   Antes de leer la reseña, escribe la traducción de las palabras en negrita, usando el contexto como guía.

Guessing meaning from context

1. _____ Cuando vuelvo a casa, siempre digo: "Hogar, dulce **hogar**".
2. _____ Los políticos suelen odiar a los reporteros y otros miembros de la **prensa**.
3. _____ No es lo mismo ver una película en video que en **pantalla** grande.
4. _____ Llegué tarde a la reunión porque **no me di cuenta de** la hora.
5. _____ Él buscó y buscó, pero su **búsqueda** no sirvió de nada.
6. _____ Éste es un **asunto** muy complicado.
7. _____ La película se basa en una novela, pero el **guión** de la película no fue escrito por el autor de la novela.
8. _____ Arnold Schwarzenegger suele **desempeñar** el papel del macho fuerte.
9. _____ Es una mujer **afligida**: no deja de llorar.

Actividad 4: Los filmes políticos La siguiente lectura es una reseña de una película argentina de contenido político. Esas películas suelen personalizar la política, es decir, mostrar los resultados de las acciones o pensamientos de un individuo en ciertas situaciones causadas por la política del país. Al mismo tiempo suelen enseñar una lección. En parejas, escojan una película de contenido político y describan su trama y cómo afecta la política a los personajes. ¿Cuál es la moraleja de la película? Posibilidades:

Saving Private Ryan   *La lista de Schindler*
Malcolm X   *Filadelfia*

Activating background knowledge

Actividad 5: Durante la lectura Mientras lees la reseña tomada de *El Nuevo Herald* de Miami, Florida, piensa en esta pregunta: ¿Le gustó la película a la redactora de la reseña?

Active reading

LA HISTORIA OFICIAL

Por Beatriz Parga
Redactora de *El Nuevo Herald*

Ganadora de un Oscar a la mejor película extranjera, *La historia oficial*, una producción sobre el drama de "los desaparecidos" en Argentina, narra la tragedia de una madre que de pronto se enfrenta a esa dolorosa verdad cuando decide averiguar el origen de su hija adoptiva.

Los interrogantes del filme
El drama comienza cuando Alicia, la valiente madre protagonizada en la película por la galardonada actriz Norma Aleandro, empieza a preguntarse la razón por la que su hija adoptiva llegó hasta su hogar, después de ver una manifestación de familiares de los desaparecidos durante la dictadura militar, en la década de los setenta.

Impecable actuación
El papel desempeñado por Aleandro en la película, ha recibido la mejor crítica de la prensa mundial. Además, por su actuación en *La historia oficial*, la actriz argentina obtuvo un Oscar y premios en Cannes, Italia y Cartagena.

Entre los comentarios favorables que ha recibido esta película, se destaca la forma en que el drama fue llevado a la pantalla, en una forma mesurada y digna. La decidida investigación de Alicia sobre los antecedentes de la niña pone fin a su tranquilidad, dentro del ambiente cómodo en el que disfruta de las ventajas propias de una familia de buena posición

▲ *Alicia con su hija adoptiva Gaby.*

económica y buenas conexiones.

Ese mundo feliz en el que ella vive, empieza a derrumbarse en la medida que va recogiendo las evidencias y se da cuenta de que una terrible verdad rodea el pasado de la pequeña Gaby, esa niña que desde su adopción se ha convertido en el centro de su vida.

El dolor de una madre
Solamente la angustia y el amor de una madre pueden

hacer que la búsqueda se convierta en una faena realizada con la meticulosidad de un diestro investigador. Comenzando por los archivos del hospital donde nació la niña, Alicia empieza a encontrar las verdaderas raíces familiares de la niña que tiene bajo su tutela maternal.

Todo se complica cuando ella empieza a hacer preguntas, tropezando siempre con la preocupación y el hermetismo de su esposo Roberto, interpretado por Héctor Alterio, artista con otras dos grandes películas en su historia profesional: *Cría cuervos* y *Camila*.

Dudas y conflictos

Las dudas y conflictos de Alicia no encuentran en Roberto respuesta ni apoyo. Poco a poco, se va dando cuenta de que esa verdad que ella quiere descubrir a toda costa, no es vista con buenos ojos por su esposo, que prefiere que el pasado de la niña continúe permaneciendo en el misterio.

Finalmente, Alicia llega hasta la abuela legítima de su hija adoptiva, una mujer afligida que—entre lágrimas—habla de sus recuerdos mientras muestra fotos y papeles arrugados, el único testimonio que le queda de su hija y de su yerno, ambos desaparecidos

en una forma inexplicable.

Pero ningún descubrimiento logra impactar tanto a Alicia como el conflicto que surge al sospechar la razón por la que su esposo prefiere el silencio a la descarnada verdad y la pared que se ha interpuesto entre ambos. Mientras que para ella la honesta búsqueda de la verdad es un asunto vital, Roberto está demasiado ligado a las fuerzas paramilitares y a los comerciantes que se han beneficiado de la corrupción oficial.

Desesperado final

Dirigida por Luis Puenzo, con guión de Puenzo y Aida Bortnik, esta película—con

subtítulos en inglés—culmina cuando Alicia decide confrontar a su esposo con la verdad y éste reacciona con violencia y crueldad, reprochándole su intromisión en un mundo en el que el silencio es más importante que la misma existencia. Afligida, Alicia se da cuenta de que la búsqueda del pasado de su hija no solamente ha dejado una dolorosa cicatriz en su vida y un interrogante sin respuesta, sino que, además, ha destruido su matrimonio, la ha dejado con un sabor amargo y las manos vacías.

Actividad 6: La trama de la película   La reseña de *La historia oficial* incluye un resumen bastante completo de la trama *(plot)* de la película. Pon los siguientes sucesos en orden lógico y luego compara tus resultados con los de un/a compañero/a.

Identifying chronological organization

a. _____ Un día, Alicia ve una manifestación de las madres de los desaparecidos.

b. _____ Preocupada, se dedica a investigar el pasado de Gaby.

c. _____ También le hace preguntas a su marido, pero él no la quiere ayudar.

d. _____ Entonces, ella se da cuenta de que su marido no quiere que ella descubra la verdad.

e. _____ Como resultado, empieza a pensar en los orígenes de su hija.

f. _____ Alicia y Roberto adoptan a una niña, Gaby.

g. _____ Al final, Alicia se encuentra sola con su dolor.

h. _____ Comienza su búsqueda en los archivos del hospital donde nació la niña.

i. _____ Sin embargo, con el tiempo, Alicia encuentra a la abuela de Gaby, quien le muestra fotos de su hija y su yerno.

j. _____ Después de eso, Alicia confronta a su marido con la verdad y él se pone furioso.

6-1

CUADERNO PERSONAL

Imagina que tú eres Alicia al final de la película. ¿Cómo te sientes? ¿Qué vas a hacer?

Actividad 7: Deducciones y opiniones En parejas, den la información que apoye cada una de las siguientes deducciones. Después reaccionen a estas deducciones y a lo que pasó en la película.

Making inferences, reacting

→ Es lamentable/una pena que mucha gente de negocios haya apoyado a la dictadura.

1. Al principio de la dictadura Alicia vivía sin muchas preocupaciones.
2. Bajo la dictadura, los niños recién nacidos de los desaparecidos fueron robados.
3. Muchos miembros del mundo de los negocios apoyaron la dictadura.
4. Hubo diferencias de opinión hasta dentro de las familias.
5. El director de la película hizo una crítica de la dictadura.

Actividad 8: Las dictaduras Primero, haz una lista de cuatro aspectos negativos de una dictadura. Después, en parejas, comparen las listas y den su opinión sobre las ideas de su compañero/a.

→ Es terrible que los ciudadanos no tengan derecho de votar, pero me parece/ creo que la censura es peor.

Actividad 9: Mi película En parejas, cuéntenle brevemente a su compañero/a la trama de una película que hayan visto recientemente y que les haya impresionado. Díganle qué opinan de la actuación y del guión y por qué.

Lectura 2: Panorama cultural

Actividad 10: La política Después de estudiar esta lista de palabras que aparecen en la lectura sobre la política latinoamericana, escoge la palabra adecuada para completar cada una de las oraciones en la página siguiente.

Building vocabulary

derechista (de derecha)	rightist
la etapa	stage, phase
exigir	to demand
el guerrillero	guerrilla fighter
la ira	ire, anger, wrath
izquierdista (de izquierda)	leftist
la jerarquización	hierarchization
la junta	board, council
la malversación de fondos	embezzlement
la medida	measure, step
la renuncia	resignation
el soborno	bribery, bribe

1. En los parlamentos franceses, los conservadores se sentaban hacia la derecha y por lo tanto se llamaban _____.

2. En el siglo XX los socialistas y los comunistas se han considerado _____.

3. En 1998, algunos politicos querían _____ la _____ del presidente Clinton.

4. Los _____ luchan contra un gobierno establecido por medio de pequeños ataques militares contra las instalaciones del gobierno.

5. El _____ y la _____ son dos tipos de corrupción que se encuentran en casi todos los gobiernos.

6. Una _____ militar es un grupo de generales u oficiales militares que gobiernan un país.

7. La _____ consiste en una división de la sociedad en varias clases desiguales, con una élite que controla la riqueza y el poder.

8. Se cree que las sociedades pasan por muchas _____ en el proceso de desarrollo.

9. El aumento de los impuestos y otras _____ implementadas por el gobierno provocaron la _____ de los ciudadanos.

Actividad 11: Formas de gobierno   En grupos de tres, contesten y comenten las siguientes preguntas antes de leer el texto.

Activating background knowledge

1. ¿Qué es una democracia?
2. ¿Qué es una dictadura?
3. ¿Cuál de estas formas de gobierno es más difícil de establecer? ¿Por qué?
4. ¿Cuál de estas formas de gobierno asocian Uds. con Latinoamérica?

Actividad 12: Las ideas principales   La siguiente lectura contiene doce párrafos. Para cada párrafo, subraya la oración que resume la idea general o escribe al lado una oración original que resuma la idea general del párrafo.

Active Reading, Identifying main ideas

POLÍTICA LATINOAMERICANA: PASOS HACIA LA DEMOCRACIA

Latinoamérica saluda al nuevo milenio con gobiernos democráticos y casi todas las naciones de la región gozan de un presidente elegido. Dada la historia de golpes de estado, dictaduras, violencia e inestabilidad, el surgimiento general de la democracia representa una tendencia radical en la
5   política latinoamericana.

Aunque la democracia ha sido el ideal de casi todas las repúblicas latino-americanas desde su nacimiento a principios del siglo XIX, es un ideal que ha tardado mucho en hacerse realidad. Es difícil generalizar sobre todos los países, pero se pueden aislar varios factores que han contribuido a su historia

10 turbulenta. En primer lugar, trescientos años de dominio imperial español impidieron el desarrollo de tradiciones e instituciones democráticas, dejando en cambio una fuerte tradición de control autoritario y patriarcal. La tradición autoritaria se ha manifestado en la figura del caudillo político o líder de un ejército que mantenía la paz social por medio de la fuerza. Otro factor que ha

15 impedido el desarrollo de una tradición estable ha sido la enorme división entre pobres y ricos, complicada por el problema racial en muchos países, y la acumulación de riqueza y poder político en manos de pequeñas élites. En tercer lugar, la inseguridad económica ha contribuido a la inestabilidad política, ya que es difícil para un gobierno elegido mantener el orden en momentos de

20 crisis económica.

Estas generalizaciones, sin embargo, sólo son más o menos válidas según el país del que se hable. En el siglo XIX, surgieron fuertes democracias en algunos países, como Costa Rica, Chile y Uruguay. En otros, como Paraguay, Bolivia y algunos países de Centroamérica, desde el momento de su fundación

25 como repúblicas independientes, diversos tipos de dictadura se establecieron como norma. En la mayoría de los países latinoamericanos, sin embargo, generalmente ha existido una alternancia entre gobiernos elegidos y gobiernos autocráticos bajo un caudillo o dictador.

Un elemento común ha caracterizado a casi todos estos gobiernos: la

30 necesidad del apoyo de las fuerzas militares. El ejército siempre ha tenido gran importancia en los países de la región y su función ha sido no tanto defender al país de enemigos externos como mantener el orden interno. Tradicionalmente, el ejército sólo intervenía directamente en la política nacional durante breves períodos para restablecer el orden, pero a partir de 1960, el ejército de

35 varios países suramericanos empezó a tomar el poder y a establecer juntas militares para gobernar de forma relativamente permanente. Esto ocurrió en Brasil, Argentina, Perú, Ecuador, Uruguay y Chile.

De estas dictaduras, fueron especialmente sorprendentes las de Uruguay y Chile, países que se reconocían como tradicionalmente democráticos. En

40 Uruguay, los militares tomaron el poder en 1973, especialmente para combatir a los Tupamaros, un grupo guerrillero revolucionario que buscaba cambios sociales. También en 1973, el ejército de Chile, bajo el mando del general Augusto Pinochet, asesinó al presidente legalmente elegido, Salvador Allende, durante un período de disturbios sociales, económicos y políticos. La dic-

45 tadura de Pinochet, que duró dieciséis años, se conoció por su abuso de los derechos humanos, la tortura y la desaparición de más de dos mil personas.

Mucho más notorio fue el régimen militar que se estableció en Argentina en 1976. Una junta militar se apoderó del gobierno durante una crisis política y económica, agravada por ataques de la guerrilla. Durante la campaña de

50 represión y terror del gobierno contra los disidentes, desaparecieron entre diez mil y veinte mil personas, muchas de ellas jóvenes estudiantes. Finalmente, en 1983, las protestas de las familias de los desaparecidos—especialmente las de las Madres y Abuelas de la Plaza de Mayo—, la pérdida de la guerra de las Malvinas contra Gran Bretaña y una economía en estado de

55 caos llevaron a la caída de la junta militar.

México no encaja bien en estas generalizaciones. Desde los años 20, aunque ha habido elecciones, el país ha estado bajo el control de un solo partido político, el Partido Revolucionario Institucional (PRI). Actualmente, otros partidos reclaman mayor participación.

A excepción de Costa Rica, Centroamérica se ha conocido por numerosas y largas dictaduras tradicionales, como la de la familia Somoza en Nicaragua (1933–1979).

la guerra de las Malvinas = The Falkland Islands War (1982)

Los años 80 vieron el retorno de gobiernos constitucionales. Hubo elecciones en casi todos los países que habían vivido bajo la dictadura y, en gran parte, los militares se alejaron del campo político. Casi la última dictadura en caer fue la de Chile, donde en 1988, se realizó un histórico plebiscito, por
60   medio del cual los ciudadanos rechazaron el gobierno de Pinochet. En varios países, hubo un intento de castigar a los militares por sus abusos contra los derechos humanos y, en Argentina, algunos fueron juzgados y encarcelados.

El regreso a la democracia se debe a diversos factores. En primer lugar, la violación de los derechos humanos provocó la ira de la población contra las
65   dictaduras. En segundo lugar, los militares fueron generalmente incapaces de manejar la economía. Y, por último, la caída de la Unión Soviética y el fin de la Guerra Fría hicieron que los Estados Unidos, que habían temido los movimientos revolucionarios izquierdistas, no vieran la necesidad de apoyar a gobiernos represivos de la extrema derecha.

70   Aunque los países recibieron a la democracia con aclamación casi total, los gobiernos se siguen enfrentando a graves problemas que amenazan la estabilidad. A partir de los años 80, se vio un aumento en la desigualdad que siempre ha existido entre pobres y ricos y que es causa de inestabilidad; y la adopción de medidas económicas para establecer un mercado competitivo ha
75   empeorado en las dos últimas décadas la situación de los pobres en general. Entonces, si se presentan disturbios sociales que el gobierno civil no pueda controlar, es posible que los ejércitos, que todavía tienen poder, estén dispuestos a imponer el orden.

▶ *La renovación política de Latinoamérica se pudo constatar en la reunión de la Organización de los Estados Americanos, donde casi todos los líderes presentes representaban países democráticos.*

El favoritismo se ve reflejado en el frecuente uso de las expresiones **tener palanca** y **tener enchufe**, que significan *to have connections*.

80 Otro gran desafío al que se enfrenta Latinoamérica es la eliminación de la corrupción. En toda la región, existe una larga historia de favoritismo y soborno causada por la jerarquización social, en que los caudillos y la élite controlaban los recursos y el poder, y quien tenía un cargo político lo usaba para enriquecerse y ayudar a sus familiares. Para tener éxito, tradicionalmente ha sido más importante tener buenos contactos que estar bien capacitado y
85 preparado. De esta manera, no se desarrolló el sentido de responsabilidad cívica necesaria en toda democracia.

En años recientes, se han creado grupos cívicos que exigen una conducta más responsable de parte de sus representantes elegidos. La eficacia de estos movimientos se vio en los años 90 en Venezuela, donde el presidente Carlos
90 Andrés Pérez fue suspendido por malversación de fondos oficiales, y en Guatemala, donde la activista indígena Rigoberta Menchú y la élite financiera se unieron para forzar la renuncia del presidente Jorge Elías Serrano por corrupción.

No cabe duda de que la llegada del siglo XXI representa un momento de
95 optimismo e incertidumbre para Latinoamérica. Por primera vez en su historia, casi todas las naciones gozan de un presidente legítimamente elegido, aunque hay que reconocer que algunos de ellos disfrutan de un poder tal vez excesivo y que la corrupción podría llevar de nuevo a la intervención militar. Sin embargo, si se logra la estabilidad económica y un mejor nivel de vida,
100 quizá la democracia sobreviva y deje de ser la excepción para llegar a ser la norma a través de Latinoamérica.

Actividad 13: Datos y detalles   Busca en la lectura la información que corresponda   Scanning
a cada descripción.

1. la década caracterizada por la vuelta a la democracia
2. tres factores que han impedido el desarrollo de la democracia
3. la figura autoritaria tradicional en Latinoamérica
4. países conocidos por fuertes tradiciones democráticas
5. año después del cual empezaron a surgir muchas dictaduras militares
6. el iniciador del golpe de estado en Chile en 1973
7. un grupo revolucionario en Uruguay en los años 70
8. el grupo responsable por una campaña de terror y la desaparición de unas veinte mil personas en Argentina
9. uno de los grupos que ayudaron a ponerle fin a la dictadura en Argentina
10. la forma en que los ciudadanos de Chile rechazaron el gobierno de Pinochet
11. un país donde el gobierno civil trató de castigar a los militares
12. tres factores que condujeron a la vuelta a la democracia
13. el resultado moderno de una sociedad jerarquizada donde los contactos sociales importaban más que las capacidades del individuo
14. ejemplos recientes de la lucha contra la corrupción

ESTRATEGIA
DE LECTURA

Distinguishing Fact from Opinion

When reading informational texts, it is easy to assume that all the information is factual or true. However, nearly all texts contain opinions of the author. These are not necessarily flaws, since even in deciding what information to include and what not, the writer expresses an opinion. However, as a reader you must be alert to this distinction so that you can make decisions about the validity of what is being said. For example, it is a fact that there have been numerous dictatorships in Latin America. However, whether these dictatorships were necessary, good, bad or counterproductive is a matter of opinion. In this sense, histories are often opinions that attempt to make sense of sets of observable facts.

Actividad 14: Hechos u opiniones   Parte A: En parejas, miren la Actividad 13 y decidan qué ideas describen hechos y cuáles dan opiniones.

Distinguishing fact from opinion

Parte B: Ahora, miren las siguientes oraciones y decidan si describen hechos u opiniones. Luego, si son opiniones, decidan si están de acuerdo o no.

1. La democracia no puede funcionar en Latinoamérica; los países latinoamericanos necesitan de un poder político central y un líder fuerte.
2. En su lucha contra los comunistas durante la Guerra Fría, los Estados Unidos no tuvieron más remedio que apoyar muchas dictaduras latinoamericanas.
3. Hay corrupción en los gobiernos latinoamericanos.
4. La corrupción es uno de los mayores problemas de los gobiernos latinoamericanos.

Actividad 15: ¿Qué opinas tú?   Parte A: En grupos de cuatro, túrnense para dar sus reacciones a la lectura. Usen oraciones como las siguientes:

- Lo malo de un gobierno militar es que es represivo.
- Espero que duren las democracias latinoamericanas.

Parte B: Ahora piensen en algunos hechos históricos o políticos mundiales y expresen sus opiniones. Por ejemplo, el comunismo, el Holocausto, los conflictos de los Balcanes, etc.

→   Dudo que el comunismo tenga importancia en el futuro.

→   Lo que no comprendo es que los conflictos de los Balcanes hayan durado tanto tiempo.

Actividad 16: Desde otra perspectiva   Parte A: En grupos de tres, definan qué son los derechos humanos y decidan si el gobierno tiene la obligación de defenderlos. ¿Qué debe hacer un gobierno para defender los derechos humanos a nivel internacional?

Parte B: Aunque muchos dicen que las relaciones entre los Estados Unidos y los países latinoamericanos están mejor que nunca, no ha sido siempre así. Hay muchos latinoamericanos que desconfían de la política exterior de los Estados Unidos. Lean la tira cómica y comenten la opinión del artista hacia los Estados Unidos. ¿Qué es **lo que** quieren los Estados Unidos? ¿Es justa su observación?

Chenchito   **Joaquín Velasco**

6-2

CUADERNO PERSONAL

¿Es posible que un dictador tome el poder en los EE.UU.? ¿Por qué sí o no?

ESTRATEGIA DE LECTURA

Note that **idioma** *(language)* and *idiom* (**modismo**) are false cognates.

Lectura 3: Literatura

Watching Out for Idioms

An idiom (**modismo**) is an expression whose meaning is different from that of the individual words that compose it. Idioms are very frequent in conversation and literature. Like false cognates, they often will appear to make no sense in a given context if interpreted literally. For example, **tomarle el pelo a alguien** means *to pull someone's leg*. If you encounter what appears to be an idiom, you should first try to guess the meaning from context. If this fails and the expression seems important, decide which word is most important in the expression and look it up in the dictionary. Remember that idioms are usually included at the end of most dictionary entries.

Actividad 17: Modismos   Las siguientes expresiones en negrita aparecen en el cuento "Siesta". Lee cada oración y adivina un equivalente en español o inglés para cada una. Si tienes dudas, busca la expresión en el diccionario o el glosario.

Watching out for idioms

1. En una dictadura, los disidentes **se juegan la vida** al criticar al gobierno.
2. Las personas que necesitan proteger su identidad debido a su actividad política, muchas veces adoptan un **nombre de guerra**.
3. No sé si va a llover, pero lleva el paraguas **por si las moscas**.
4. Las personas que tienen mucho miedo miran constantemente **a diestra y siniestra**.

Actividad 18: Palabras y palabras   Como preparación para la lectura, completa las siguientes oraciones usando palabras de esta lista.

Building vocabulary

la caja	cash register
citar	to make an appointment with
el dato	piece of information, fact
el diario	daily newspaper
entregar	to deliver, hand over, hand in
estar dispuesto a	to be willing to
el prójimo	neighbor, one's fellow man
el riesgo	risk
la verba	eloquence

1. Siempre es bueno pensar en las necesidades y deseos del _____.
2. Ese político es muy conocido por su _____ y la calidad de sus discursos.
3. Hoy día en las tiendas, casi todas las _____ son electrónicas y tienen láser.
4. El agente secreto le _____ los microfilmes a su contacto.
5. Él y yo nos _____ para cenar a las ocho de la tarde.
6. Ellos _____ ayudarnos si les pagamos $500.
7. Siempre necesito saber todos los _____ antes de tomar una decisión.
8. Mi padre lee el _____ por la mañana antes de ir al trabajo.
9. Es necesario correr algunos _____ en la vida si se quiere vivir bien.

Actividad 19: Una conversación   La conversación de la página siguiente refleja los sucesos del cuento que vas a leer. En parejas, lean la conversación y determinen:

Predicting content

- quiénes hablan
- dónde están
- de qué hablan
- cómo hablan (entonación, volumen)

Ahora, practiquen la conversación fijándose en la pronunciación y la entonación apropiada al contexto.

A: Estoy un poco nervioso . . .

B: ¡Hombre! Ya te lo he dicho muchas veces: jamás estaremos tan ocultos como en medio de la multitud.

A: Ya lo sé . . . pero me preocupa . . . ya que hablamos de temas delicados . . . y nos vemos todas las semanas casi . . .

B: Por eso es mejor estar en público: nadie nos ve, nadie nos escucha.

A: Bien, bien. Tenés razón.

B: Pues, te quiero hablar de algo importante . . .

A: Adelante.

B: Pues, ya sé lo que pensás . . . y también sé que no vas a cambiar . . . pero sólo quiero preguntarte si estarías dispuesto a ayudarnos . . .

A: ¿Cómo?

B: Pues, haciendo algunas cositas que, por razones obvias, vos podés hacer y nosotros no.

A: . . .

B: Si no te parece bien, te aseguro que nada va a cambiar entre nosotros. Amigos como siempre.

A: No sé qué decir . . . ¿me das veinticuatro horas para pensarlo?

B: ¡Hombre! Claro, claro.

En Argentina, Uruguay, Costa Rica y otros países, se suele usar **vos** en vez de **tú**, con formas especiales de los verbos. Por ejemplo: **vos hablás, vos tenés, vos vivís.**

Mario Benedetti nació en Uruguay en 1920. Además de ser novelista, cuentista, ensayista, poeta y profesor, Benedetti también trabajó de taquígrafo, funcionario público y vendedor cuando era joven. Sus experiencias en el mundo de los negocios de Montevideo lo llevaron a escribir sobre la vida rutinaria y los problemas de los oficinistas y hombres de negocios de la clase media. Se opuso a muchos aspectos de esta vida y empezó a apoyar causas revolucionarias. Después del golpe de estado de 1973, salió a vivir en el exilio en Cuba y más tarde en España, donde escribió artículos y ensayos para el periódico El País. *En 1985, volvió a Uruguay para seguir su trabajo allí. "Siesta" revela unos detalles de la vida bajo la dictadura militar de 1973–1985.*

SIESTA   *Mario Benedetti*

Nicolás siempre había sabido los datos verdaderos de aquel personaje singular, pero el nombre de guerra era Gabriel y así había que nombrarlo. Alguna vez (de eso hacía ya un par de años) habían hablado largamente y sus diferencias de criterio habían quedado en claro. Definitivamente, Nicolás
5 no creía en las posibilidades de la lucha armada, y Gabriel, en cambio, había decidido jugarse la vida en ese rumbo. De todas maneras, ya desde aquella lejana ocasión, a Nicolás le había asombrado la profundidad de su análisis, la lucidez pragmática y la capacidad de comprender al prójimo, que se escondían

10 tras la apariencia rústica, los gestos elementales y la verba apenas murmurada de aquel hombre, ya cuarentón, que le exponía sus razones sin la menor esperanza de convencerlo.

Cada dos o tres meses se encontraban en sitios inesperados (siempre propuestos por Gabriel), en apariencia los menos adecuados para alguien que andaba clandestino. Pero Gabriel fundamentaba esa actitud: jamás estarás tan

15 oculto como en medio de la multitud. En uno de esos encuentros, se atrevió a decir: Ya sé lo que pensás y también sé que no vas a cambiar, pero sólo quiero preguntarte si estarías dispuesto a ayudarnos, haciendo algunas cositas que, por razones obvias, vos podés hacer y nosotros no. Si no te parece bien, te aseguro que nada va a cambiar entre nosotros. Amigos como siempre. Nicolás

20 pidió veinticuatro horas para pensarlo, y luego de pedir datos adicionales, respondió afirmativamente.

En razón de su trabajo, que tenía que ver sobre todo con transacciones comerciales con el exterior, Nicolás viajaba con frecuencia a Europa, a los Estados Unidos, a países del Tercer Mundo. Lo que le pedía Gabriel era que, en

25 algunas de esas salidas, llevara, convenientemente camuflados, mensajes o documentos o pasaportes en blanco, que debía entregar a determinados contactos, o a veces simplemente despachar en un correo específico. El riesgo estaba realmente en la salida, pero la corriente actividad de Nicolás, con sus normales y regulares salidas de Carrasco, lo situaba más allá del bien y del mal.

Carrasco es el aeropuerto internacional de Montevideo.

30 Para la entrega de aquellos encargos, Gabriel había diseñado otra táctica, cambiando la muchedumbre por la siesta. Sostenía que en el verano todo el país dormía su siesta, incluidos tiras y policías varios. De modo que citaba a Nicolás en cafés de barrio, que a esa hora tenían escasos parroquianos. Ellos pedían un cortado y un *chop*, siempre lo mismo, como si se tratara de piezas de un ritual,

35 conversaban un rato para no llamar la atención, pero ya no discutían de variantes o contradicciones ideológicas, sino de fútbol o cine o de mujeres. Y cuando el mozo volvía a la barra y les daba la espalda, Gabriel deslizaba el paquetito, que Nicolás metía en su portafolio. Y en medio de un comentario, por ejemplo,

Un cortado es un café espresso con un poquito de leche.

Un *chop* es una cerveza de barril.

La Copa Libertadores es el
gran campeonato de fútbol
de Suramérica.

Turrón es un dulce de al-
mendras que se regala para
Navidades.

40   sobre la Copa Libertadores, Gabriel musitaba: son pañuelos o es turrón o son
caramelos.

Nicolás había ido entregando regularmente los paquetitos en París, en
Amsterdam, en México, en Bombay, en Lima. Casi siempre acudían receptores
que estaban tensos y miraban sin disimulo a diestra y siniestra, como alimañas
perseguidas por los dueños del bosque. Casi nunca hablaba con ellos, en
45   primer término porque no habría sabido de qué, y en segundo, porque
ellos desaparecían casi de inmediato, tras un saludo sumarísimo o tajante.

Esa vez Gabriel había hecho que se citaran en un cafecito de la calle Mar-
marajá, a las tres de la tarde. La norma obligatoria de esos encuentros era la más
estricta puntualidad, así que a Nicolás, cuando se iba acercando, no le sorprendió
50   que, con absoluta simetría, Gabriel viniera, pero en sentido contrario, por la
misma calle. Llegaron casi juntos a la puerta del café. Miraron hacia adentro y el
espectáculo los dejó estupefactos. Había sólo dos clientes, cada uno en una mesa
distinta, pero ambos dormidos y con la boca abierta. Lo más asombroso, sin
embargo, estaba en el mostrador. Un hombre fornido, que tenía todo el aspecto
55   de ser el dueño, se había reclinado junto a la caja (por si las moscas) y, con la
cabeza apoyada sobre los brazos cruzados, también dormía y de vez en cuando
emitía un discreto resoplido. Todo era allí paz y bochorno. Sólo unas moscas
revoloteaban alrededor de una fuente con croasanes. Gabriel sonrió, divertido,
y apenas murmuró: Sería un crimen despertarlos, ¿no te parece? Nicolás asintió
60   con la cabeza. El otro le pasó un sobre. Es una colección de postales. Luego le
dio una palmada en el hombro, dijo chau y se fue caminando despacio en dirección contraria a Agraciada. Nicolás también se fue por donde había venido, pero
al cabo de unos metros se dio vuelta y miró hacia atrás. Gabriel, que ya estaba en
la otra esquina, levantó un brazo, a modo de saludo pero sin volver la cabeza, y
65   siguió su camino. Para Nicolás fue la última imagen de Gabriel.

La despedida **chau**, un préstamo de los inmigrantes ita-
lianos a Argentina (en italiano
ciao), se usa hoy por todas
partes de Latinoamérica.

Dos días después abrió el diario y se encontró con el rostro, estático, sin vida. Lo habían seguido hasta un café de 8 de Octubre, lo esperaron a la salida, le dieron la voz de alto (eso al menos decía la crónica), él había sacado el arma con rapidez, no tanta sin embargo como para evitar que lo acribillaran.

Cuando, quince días después, Nicolás entregaba la colección de postales en el aeropuerto de Frankfurt, la muchacha de vaqueros y campera verde, que vino a recibirlo, dijo gracias y se echó a llorar.

70

75

Actividad 20: ¿Nicolás o Gabriel? Indica si cada una de las siguientes características corresponde a Gabriel, Nicolás o a los dos.

Scanning

1. _____ no usa su verdadero nombre
2. _____ no cree en la lucha armada
3. _____ se arriesga en la lucha contra la dictadura militar
4. _____ muy comprensivo
5. _____ muy valiente
6. _____ hombre de negocios
7. _____ puntual
8. _____ noble

Actividad 21: Un repaso En parejas, completen las siguientes oraciones sobre el cuento usando una forma apropiada del subjuntivo.

Scanning

→ Conociendo la apariencia rústica de Gabriel, a Nicolás le asombra que Gabriel demuestre tanta lucidez en el asunto.

1. Con respecto a la lucha armada, Nicolás no cree que . . .
2. Cuando empieza a reunirse con Gabriel, Nicolás se sorprende de que . . .
3. En uno de los encuentros, Gabriel le pide que . . .
4. Lo que quiere Gabriel es que Nicolás . . .
5. En el verano se reúnen a la hora de la siesta porque Gabriel no cree que . . .
6. Los receptores de los paquetes prefieren no hablar porque tienen miedo de que . . .
7. Gabriel suele llegar puntualmente y, por eso, no le sorprende a Nicolás que . . .
8. Al llegar al cafecito y mirar hacia adentro, les asombra que . . .
9. En el aeropuerto de Frankfurt, la muchacha llora porque le da pena de que . . .

Actividad 22: Las dudas y los secretos   En situaciones como la de Gabriel y Nicolás, hay que desconfiar de todos.

En parejas, imaginen que son Nicolás y su esposa María después de la muerte de Gabriel. Nicolás debe expresar su miedo y María debe hacerle preguntas sobre la siguientes ideas y otras originales.

→   —¿Crees que la policía sabe que ayudabas a Grabriel?
     —Dudo que nos hayan visto. / Sí, temo que sepan algo.

Preguntas de María:

si cree que la policía tiene fotos de él y Gabriel juntos
si cree que la policía lo va a detener
si cree que ha confesado otro contacto de Gabriel
por qué decidió él ayudar a Gabriel
si piensa entregar el último sobre o lo va a tirar a la basura

---

6-3

CUADERNO PERSONAL

Imagina que un dictador toma el poder en tu país.
¿Qué vas a hacer? ¿Vas a ser un Nicolás o un Gabriel?
¿Por qué?

Actividad 23: Con la policía   Antes de la muerte de Gabriel, la policía detiene a Nicolás y lo interroga. En grupos de cuatro, dos personas son los policías y las otras dos son Nicolás. Preparen las preguntas y respuestas antes de empezar el interrogatorio.

Los policías deben:	**Nicolás debe:**
acusar a Nicolás de su asociación con Gabriel decirle que tienen fotografías y evidencia de que él saca mensajes secretos del país decirle que tienen testigos de sus actividades ilegales informarle de qué lo van a acusar etc.	defenderse decir que Gabriel es sólo un buen amigo y explicar de qué hablan cuando se reúnen pedir que le muestren la evidencia explicar por qué viaja tanto etc.

Redacción: Una reseña de cine

**ESTRATEGIA
DE REDACCIÓN**

Reacting to a Film

When critics review films, they may simply describe the plot and characters, as well as give information about the actors. More frequently, a review centers on the critic's opinion of the film and the actors' performances. In this case, details of the plot are included only to support the declared opinion of the critic.

The following words and expressions are useful when discussing films:

la trama	plot
el personaje	character
tener lugar en	to take place in
tratar de	to be about
la escena	scene
el guión	script
rodar una película	to roll, shoot a film
el montaje	editing
el doblaje (doblar)	dubbing (to dub)
el decorado	the set (decorations and props)
el reparto	cast
la banda sonora	sound track

Actividad 24: Comparación de dos reseñas   La lectura en la página 116 es una reseña de *La historia oficial* que apareció en la revista española *Cambio 16*. Léela rápidamente (no es necesario entender todas las palabras) y compárala con la primera reseña que leíste. Después, en parejas, contesten las preguntas.

Using model texts

1. ¿Qué reseña describe más la acción?
2. ¿Cuál hace una crítica más profunda de la película? Den ejemplos.
3. Según César Santos Fontenla, ¿cómo es la película?

Actividad 25: Las películas del momento   **Parte A:** En grupos de tres, hagan una lista de las seis o siete películas más populares del momento.

Reacting to films

Parte B: En grupos de tres, escojan una de las películas que Uds. ya han visto. Luego, contesten las siguientes preguntas para explicar de qué trata la película.

1. ¿Quiénes son los personajes principales y cómo son?
2. ¿Qué sucede en la película?
3. ¿Cuál es el tema principal? ¿Otros temas?
4. ¿Cuál es la escena más importante para Uds.?
5. ¿Qué es lo más impresionante de la película?
6. ¿Quiénes son los actores? ¿Cómo son sus actuaciones?
7. ¿Les recomiendan esta película a otras personas? ¿Por qué?

POLITICA A RITMO DE TANGO

«La historia oficial», de Luis Puenzo, con Norma Aleandro, Héctor Alterio, Hugo Arana, Guillermo Battaglia, Chela Ruiz. Color. 111 minutos.

Prácticamente desconocida entre nosotros, como el resto de las cinematografías latinoamericanas, la argentina, que a finales del pasado octubre presentó en Madrid una selección de sus últimos títulos, salta ahora a las pantallas comerciales con el que, en aquella semana, alcanzó mayor éxito. Se trata de

«La historia oficial», un hermoso melodrama político, que nos coloca ante el tremendo drama de los desaparecidos durante los años de dictadura, sobre los que, incansablemente, pedían—exigían—información las ya célebres Abuelas de la Plaza de Mayo.

Luis Puenzo, que en colaboración con Aida Bortnik es autor del guión, ha desarrollado con inteligencia y mesura—sin temer a la desmesura cuando la ocasión la requería—la

bien urdida trama, basando su puesta en escena, fundamentalmente, en la dirección de actores y, sobre todo, en el trabajo de esa soberbia actriz que es Norma Aleandro, galardonada en el último Festival de Cannes. Y, sin ser extraordinaria—hay ciertas lagunas, determinados baches de credibilidad, algún ingenuismo—ha conseguido una obra sólida y en más de una ocasión realmente emocionante.

– César Santos Fontenla

ESTRATEGIA DE REDACCIÓN

Using Transitions of Concession

Often when discussing or giving opinions, certain transition words and expressions are particularly useful for acknowledging the validity of another person's points or ideas, while at the same time challenging them.

a pesar de (que)	despite, in spite of
aunque	although, even though
con todo/aún así	still, even so, nevertheless
no obstante	nevertheless
sin embargo	however

- **A pesar de que la trama es excelente, hay, sin embargo, ciertas lagunas que afectan la credibilidad.**

Actividad 26: A escribir   Ahora, escribe individualmente una reseña de cine. Primero piensa en un título interesante que refleje tu reacción a la película. Después, escribe la reseña, usando el siguiente formato: Writing a film review

  I. Introducción (director, año, tema(s), tu opinión general)
 II. Breve resumen de la trama
III. Discusión de detalles que apoyan tu opinión
 IV. Conclusión con recomendación

La crisis ecológica

1 La mitad de la población mundial se concentra en grandes ciudades donde las condiciones de vida son míseras.

2 Se vierten al cielo casi 6.000 millones de toneladas de carbono al año. El aire en muchas ciudades es irrespirable.

3 Cada norteamericano genera casi dos kilos de basura al día, cada europeo un kilo de basura diario y cada latinoamericano un poco menos de un kilo.

Una hectárea = 2,47 acres; un kilo = 2,2 libras.

4 Cada año desaparecen del planeta 17 millones de hectáreas de árboles, una superficie similar a la de Austria.

5 Una quinta parte de las especies animales y vegetales del mundo han desaparecido en los últimos 20 años; mueren 140 al día.

6 Cada cuatro días hay un millón de personas más en el planeta.

7 En Latinoamérica, sólo un 5% de las aguas residuales reciben tratamiento antes de volver a verterse en los ríos.

Internet See the *Fuentes* Web site for related links and activities: http://college.hmco.com

Actividad 1: Problemas ecológicos **Parte A:** En grupos de tres, miren la foto de la página anterior y decidan con cuáles de los siguientes problemas se relaciona el tema de la foto.

Activating background knowledge

desforestación = deforestación

_____ la deforestación   _____ la contaminación del agua

_____ la contaminación del aire   _____ la contaminación del mar

_____ la acumulación de basura   _____ la urbanización excesiva

_____ la pérdida de la biodiversidad   _____ la explosión demográfica

Parte B: Miren los datos en la página anterior y decidan qué dato ejemplifica cada uno de los problemas de la lista de la Parte A.

ESTRATEGIA DE LECTURA

Lectura 1: Un artículo

Using Prefixes to Determine Meaning

Prefixes in Spanish and English have the same function: like suffixes, prefixes modify the basic meaning of a word. Many prefixes in English and Spanish share similar or the same forms since they are largely derived from Greek and Latin roots. The following list includes the most common Spanish prefixes and their typical meanings.

Prefix	Meaning	Example
a-, an-	not	anormal, analfabeto
ante-	before	anteayer, anteojos
anti-/contra-	against, counter	antisocial, contraataque
auto-	self	autodefensa, autorretrato
bi-	two	bicicleta, bilingüe
co(m)-	with	copresidente, compadre
de(s)-	not, un–	deshacer, deforestar
extra-	beyond	extraterrestre, extraordinario
i-, in-, im-	not	ilegal, increíble, imposible
mal-	bad, mis–	malintencionado, maltrato
pre-	before	premeditado, prever
re-	again; completely	refrito, rehacer; rellenar
sobre-, super-	over, super–	sobrepoblar, superpoblación
sub-	under	subdesarrollo, subrayar

Prefixes also mark forms (especially verbs) derived from other forms: **grupo > agrupar, consejo > aconsejar.** The prefixes in some words merely indicate an altered meaning. For example:

coger   to take > **recoger** to gather or collect
echar   to throw (out) > **desechar** to discard, to throw away
perder to lose > **desperdiciar** to waste

Actividad 2: Palabras con prefijos   Usa tus conocimientos de los prefijos para determinar el significado de las siguientes palabras de la lectura. Primero, determina la palabra base de cada palabra y escríbela entre los paréntesis. Por ejemplo, la palabra base de **malintencionado** es **intención.** Después, escribe la letra de la definición que corresponde a cada palabra derivada.

Using prefixes

1. _____ enjabonarse

   (_____)

2. _____ refrescar (_____)

3. _____ el envenenamiento

   (_____)

4. _____ el inodoro (_____)

5. _____ el repuesto (_____)

6. _____ desproporcionado

   (_____)

7. _____ inútil (_____)

a. que no se puede usar

b. demasiado grande o pequeño en relación con otra cosa

c. lo que se hace al lavarse las manos

d. acción de tomar una sustancia química letal o peligrosa

e. aparato del baño para los excrementos

f. una parte nueva que se usa para sustituir otra parte vieja

g. quitar el calor

Actividad 3: Del contexto al significado   El artículo siguiente de la revista mexicana *(Tiempo) Hispanoamericano* tiene treinta sugerencias para conservar el medio ambiente. Busca en los apartados *(sections)* indicados el equivalente español de cada expresión de la lista. Usa tus conocimientos, el contexto y los prefijos, sufijos y cognados para escoger la palabra correcta.

Guessing meaning from context

Apartado	Expresión (inglés)	Apartado	Expresión (inglés)
2	light bulbs	14	to water
3	period/season	15	fast starts
4	pots and pans	16	hose
6	waste	17	to throw out
6	shower head	19	beef and pork
6	bucket	20	to strengthen
8	disposable	23	fireplace
11	rechargeable batteries	23	firewood
12	cardboard boxes	29	animal fur
12	pins from new clothes		

Actividad 4: Durante la lectura   Ahora, lee todo el artículo. Mientras lo haces, apunta tu reacción a cada sugerencia usando la siguiente escala:

Active reading

   a = ya lo hago

   b = no lo hago pero me parece buena idea

   c = no lo hago y no me parece útil

   d = no entiendo la idea

◀ *Costa Rica, con su programa de conservación del medio ambiente, sirve de modelo a otros países.*

Treinta formas para evitar la contaminación y la ruina ecológica

Por Alejandro Pescador

A Moira Karosuo y Heidi Cazés, inspiradoras de esta nota.

Una mayoría considerable de las personas está preocupada por el acelerado deterioro del medio ambiente. Muchos francamente se angustian al enterarse del absurdo desperdicio de energía, del creciente hueco en la capa superior del ozono, del calentamiento global, de la desaparición de especies, del envenenamiento masivo de los océanos, del arrasamiento de las selvas tropicales. El problema reside en que una buena parte de estas personas no sabe qué hacer individualmente para evitar el colapso ecológico y contribuir, en la medida de sus posibilidades, a lograr que haya un futuro viable para la especie humana.

En seguida se proponen treinta formas para que usted, como individuo y como miembro de una familia y una comunidad, realice un esfuerzo que, de multiplicarse, será un factor importante en la lucha que cada uno de nosotros debe emprender contra la contaminación y la ruina del medio ambiente.

1. No deje luces encendidas en habitaciones donde no se requieren.
2. Use focos de 15 o cuando mucho de 25 vatios.
3. En temporada de calor, evite el uso de aire acondicionado y de ventiladores; refresque el ambiente abriendo ligeramente las ventanas.
4. Al lavar los trastes, primero limpie el exceso de residuos y grasa con hojas de papel periódico. No retire los residuos con agua caliente.
5. Suspenda definitiva y completamente el uso de todo tipo de aerosoles o insecticidas.
6. Al cepillarse los dientes, lavarse las manos, rasurarse y bañarse, evite el desperdicio de agua. No deje correr el agua mientras se enjabona.

Coloque bajo la regadera una cubeta, a fin de recoger agua que posteriormente podrá utilizarse en el inodoro.

7. Al ir de compras al mercado o al supermercado, lleve sus propias bolsas de fibra natural. Evite recargarse de bolsas plásticas y de papel.

8. Suprima el uso de pañuelos y servilletas desechables. Use pañuelos y servilletas de tela.

9. No adquiera refrescos en botellas plásticas ni en latas; si compra cerveza, que sea en envases de vidrio. Las botellas plásticas son admisibles sólo si son retornables.

10. No use platos, vasos ni cubiertos desechables, especialmente si son de plástico.

11. Prefiera usar baterías recargables para su radio, grabadora, linterna, etcétera, en vez de las baterías desechables.

12. Recicle todos los materiales susceptibles de varios usos, como cajas de cartón, sobres de correspondencia, alfileres de ropa nueva, envolturas, hilos, frascos de conservas y jugos.

13. Si no puede vivir sin su árbol de Navidad, adquiera uno vivo y conśervelo a lo largo de los años.

14. Procure regar sus plantas en las últimas horas de la tarde y nunca, por favor, ni en la mañana y mucho menos al mediodía.

15. Renuncie al uso excesivo del automóvil. Al manejar, procure evitar los arrancones bruscos y el exceso de velocidad, pues estos dos factores contribuyen de una manera desproporcionada al desperdicio de energía y, por lo tanto, a la contaminación.

16. Lave su coche en casa; use una cubeta de agua y no la manguera.

17. Con amabilidad, llame la atención a las personas irresponsables que botan basura en la calle.

18. Haga el esfuerzo por no adquirir productos que se ofrecen con empaques excesivos, sobre todo si se trata de contenedores plásticos.

19. Sin pretender que usted se convierta en vegetariano, trate de comer lo menos posible carnes de res y cerdo. Esto no sólo evitará la depredación de bosques y selvas, sino que contribuirá a que usted goce de una dieta más sana.

20. Explique a sus hijos la necesidad de evitar la contaminación en todas sus formas; fortalezca en los niños su innata inclinación por cuidar de la naturaleza. Que el ejemplo de usted les sirva como modelo.

21. No desperdicie papel; si por alguna razón una hoja de papel debe ser repuesta, recuerde que el reverso todavía puede servir para borradores, recados y otros usos. No tire las fotocopias que salieron mal; use el reverso.

22. No tire los periódicos viejos a la basura; obséquielos o véndalos a los gritones que pasan con sus carritos y los compran para reciclar en la producción de cartones.

23. Si usted es de los privilegiados que tienen chimenea, suprima el uso de leña; como habitante de la ciudad, usted no debe usar leña como combustible.

24. Si es de los pocos que pueden decidir qué tipo de computadora comprar, decídase por una *notebook* o una *laptop*; utilizan menos energía y no despiden rayos catódicos.

25. Si tiene perro, después de cada paseo "obligatorio" recoja con un pedazo de papel de periódico el excremento que dejó su mascota.

26. Denuncie a grupos ecologistas como Greenpeace la conducta inapropiada de particulares y de autoridades que contribuyen al deterioro del medio ambiente.

27. En su visita a parques públicos, playas, bosques y otras zonas de paseo, no deje basura; recójala y llévela hasta un depósito o hasta su misma casa si fuera necesario.

28. Si le es posible escoger, prefiera realizar sus vacaciones en transporte colectivo.

29. Si su capacidad económica lo coloca en una situación ventajosa, procure no adquirir artículos de piel, sobre todo de especies en peligro o de las criadas en condiciones de cautiverio que son del todo patéticas e inhumanas.

30. Procure mantenerse informado de todos los aspectos relacionados con la contaminación y fortalezca su conciencia de que sólo el ser humano puede salvar el planeta. Agregue a esta lista de sugerencias todas aquéllas que efectivamente contribuyan a disminuir el deterioro ambiental.

Actividad 5: ¿Las hay o no las hay?   En grupos de tres, contesten las siguientes preguntas. Deben entrevistarse y usar las notas que tomaron para la Actividad 4.

1. ¿Hay alguna actividad que hagan todos los miembros del grupo con frecuencia?
2. ¿Hay alguna actividad que no haga ninguno de Uds. nunca?
3. ¿Hay alguna actividad que les parezca a Uds. especialmente buena o útil?
4. ¿Hay alguna actividad que les parezca especialmente tonta o inútil?
5. ¿Hay otras ideas que se puedan incluir en esta lista? Inventen tres.

Actividad 6: ¿Tonterías?   En parejas, decidan cuál es la peor sugerencia de la lectura. Después, entre todos, hagan una lista de esas ideas en la pizarra. Cada pareja debe presentar y criticar su selección; los demás deben decir si están de acuerdo o no y por qué.

Actividad 7: En nuestra comunidad   En grupos de tres, comenten las actividades y programas ecologistas de su comunidad (universidad, vecindario o ciudad). Hagan las dos listas indicadas y después, compartan sus ideas con el resto de la clase.

a. actividades que se hacen ya
b. actividades que se deben implementar

> → —Ya reciclamos los periódicos, pero no hacemos nada con otros tipos de papel.
>
> —Es verdad. Se necesita algún programa que . . .

7-1
CUADERNO PERSONAL
¿Haces algo para conservar el medio ambiente? ¿Por qué sí o no? ¿Crees que debes hacer más? ¿Por qué sí o no?

Lectura 2: Panorama cultural

ESTRATEGIA DE LECTURA

Determining Reference

Written texts attempt to link ideas together in the clearest manner possible. In order to refer to a previously mentioned idea or fact, writers use pronouns and connecting words. These include:

subject pronouns   (yo, tú, él, ella, Ud., etc.)
direct-object pronouns   (me, te, lo, la, etc.)
indirect-object pronouns   (me, te, le, etc.)
reflexive pronouns   (me, te, se, etc.)
demonstrative adjectives and pronouns   (este/a, estos/as, éste/a, éstos/as, esto; ese/a, etc.; aquel/aquella, etc.)
relative pronouns   (que, quien, lo que, el/la que, etc.)
possessive adjectives and pronouns   (mi, mío, tu, tuyo, etc.)

These words are the glue that holds together a cohesive text. Understanding what they refer to will increase your comprehension of the text.

Actividad 8: ¿A qué se refiere?   Lee el siguiente párrafo que forma parte de la lectura "Una nueva conciencia en Latinoamérica". Luego, identifica a qué se refiere cada palabra en negrita.

Determining reference

México, caso ejemplar de **este** fenómeno, es la segunda ciudad más poblada del mundo y quizás la más contaminada. En 1950, tenía 3 millones y medio de habitantes, aire limpio y cielos azules. Por eso, el autor Carlos Fuentes describió el valle de México como "la región más transparente del aire". Hoy tiene más de 30 millones de habitantes y se enfrenta con graves problemas ecológicos. Además, durante décadas, el gobierno ha fomentado con éxito la industrialización: hoy existen al menos 30.000 fábricas en el valle, de **las cuales** el gobierno mexicano considera **unas 4.000** como extremadamente peligrosas para el medio ambiente. Hay unos 3.400.000 automóviles **que** echan gases a la atmósfera, además de docenas de miles de taxis y autobuses viejos **que** siguen usando gasolina con plomo. Y las últimas investigaciones revelan que los escapes de gas en las casas particulares también contribuyen a la contaminación del aire de la gran metrópoli. Para colmo, la ubicación de la ciudad de México en un valle rodeado de montañas, **que** atrapa **su** aire contaminado, agrava aún más la situación. La contaminación perjudica la salud de los habitantes, y un tercio de la población sufre de infecciones respiratorias, hemorragias nasales o enfisema.

Actividad 9: Para comentar sobre el medio ambiente   Después de estudiar la siguiente lista de vocabulario sacado de la lectura, escoge la mejor expresión para completar cada oración en esta página y la que sigue.

Building vocabulary

las aguas negras	untreated sewage
arrasar	to level, flatten, destroy
el campesino	peasant (poor subsistence farmer)
demandar	to sue
la deuda exterior o externa	foreign/external debt
el efecto invernadero	greenhouse effect
empinado/a	steep
fomentar, promover	to promote, encourage
el ganado	cattle
invertir; la inversión	to invest; investment
llano/a	flat
mejorar; la mejora	to improve; improvement
el nivel de vida	standard of living
presupuestar; el presupuesto	to budget; budget
el taller	workshop

1. Los habitantes de un país viven mejor cuando tienen un
   _____ más alto.

2. Se necesitan grandes extensiones de tierra para alimentar al
   _____.

3. En muchas organizaciones, se ofrecen _____ para ayudar a los participantes a _____ sus capacidades y conocimientos.

4. Es difícil subir un camino muy _____.

5. El gobierno de los Estados Unidos _____ mucho dinero en programas de investigación científica.

6. Muchos gobiernos presupuestan dinero para programas que _____ el desarrollo económico.

7. Los países que tienen una _____ considerable, se ven obligados a pagar muchos intereses.

8. Las ciudades que no tienen buenas instalaciones para el tratamiento de las _____ pueden llegar a tener serios problemas de contaminación.

9. La acumulación de ciertos gases en la atmósfera atrapa el calor del sol y crea el _____.

10. Una persona o grupo que sufre daño a causa de las acciones de otro puede _____ a éste último.

Actividad 10: Del contexto al significado   Adivina el significado de las palabras de la lectura que están en negrita, usando el contexto como guía.

Guessing meaning from context

1. Los campesinos suelen trabajar **terrenos** pequeños que producen poco.
   a. parcelas de tierra   b. especies de animales   c. especies de plantas
2. Un alza en la temperatura del planeta puede dar como resultado **el deshielo** de las capas de hielo de los polos norte y sur.
   a. la expansión   b. el cambio de posición   c. la conversión en agua
3. **Las ganancias** de una empresa tienen que sobrepasar los gastos y las pérdidas.
   a. los premios que gana   b. el dinero que recibe
   c. los productos que fabrica
4. Hay muchos países que tienen que racionar el agua porque sufren de una constante **escasez**.
   a. abundancia   b. contaminación   c. falta
5. Muchos países deben **explotar** más los recursos de la tierra para pagar la deuda externa.
   a. usar y desarrollar   b. hacer explosión   c. destruir
6. Toda una serie de problemas ambientales ha **azotado** las grandes ciudades de Latinoamérica.
   a. afectado   b. creado   c. protegido

Actividad 11: Los problemas ecológicos   **Parte A:** En grupos de tres, hagan una lista de los problemas ecológicos que Uds. creen que son los principales en Latinoamérica (piensen en la geografía).

Predicting, Active reading

Parte B: Lee individualmente el texto para ver cuáles de estos problemas se mencionan. Si encuentras información que te sorprenda, escribe tu reacción en el margen: por ejemplo, **¡Qué barbaridad! ¡Parece mentira! No estoy de acuerdo. ¡Qué bien!** (etc.)

UNA NUEVA CONCIENCIA EN LATINOAMÉRICA

Durante los años 60, los ecologistas europeos y norteamericanos empezaron a ver que si bien la industrialización mejoraba el nivel de vida material, también producía la destrucción del medio ambiente y, en cierto sentido, una baja en el nivel de vida. Sin embargo, hasta finales de los años 80, la
5 idea de proteger el medio ambiente casi no existía en Latinoamérica.

Hay dos razones fundamentales de la llegada relativamente tardía del ecologismo a Latinoamérica: por un lado, la geografía casi impenetrable de ríos, selvas y montañas dificultó durante siglos el aprovechamiento de gran parte de las riquezas naturales, convirtiéndolas en un "El Dorado" inaccesi-
10 ble; por otro lado, la explotación de estas riquezas ha constituido, y sigue constituyendo, la esperanza de una vida mejor para sus habitantes. Desde el siglo XIX, los líderes latinoamericanos han venido afirmando que el futuro de la región está en la industrialización, el desarrollo de las vastas tierras y la explotación de recursos naturales. Muchos gobiernos han invertido enormes
15 cantidades de dinero, prestado por los países desarrollados, en proyectos de desarrollo e industrialización. Desafortunadamente, esto ha creado grandes deudas externas que han obligado a los gobiernos a seguir aumentando constantemente el nivel de desarrollo industrial y el nivel de destrucción de los recursos naturales, únicamente para poder pagarlas. Se ha creado así un cír-
20 culo vicioso de devastación y deuda, al mismo tiempo que los pobres, quienes rara vez cuestionan el valor del desarrollo industrial y comercial, siguen destruyendo el medio ambiente y tratando de mejorar su nivel de vida. En una tierra donde más de 80 millones de habitantes dependen de la leña para cocinar, calentarse y sobrevivir, puede parecer absurdo hablar de la ecología y la
25 deforestación. Aún más, el número de habitantes, especialmente el de los pobres, aumenta cada año. En el año 2000, la población total de Latinoamérica superó los 500 millones y en el 2025 llegará a los 758 millones de habitantes, creando así mayores necesidades y más competencia por los recursos disponibles que poco a poco se van acabando.
30 Los graves problemas ecológicos a que se enfrenta Latinoamérica se pueden dividir en tres grupos: los de la montaña, los de la selva y los de la ciudad. En las montañas, el mayor problema es la erosión de las tierras empinadas. Para sobrevivir, los campesinos se ven obligados a cultivar estas tierras poco fértiles, ya que los terrenos planos y fértiles pertenecen a los grandes lati-
35 fundistas. El cultivo intensivo tiene como resultado mayor infertilidad y poca producción de esos terrenos.

Las selvas tropicales que constituyen los ecosistemas más extensos de Latinoamérica están siendo destruidos sistemáticamente. Las selvas cubren un 30% de la región y contienen casi el 40% de todas las especies de vida animal y
40 vegetal del planeta. Más del 50% de los productos farmacéuticos modernos tienen ingredientes derivados de estas especies. Además, el papel de las selvas tropicales en la evaporación del agua y la producción de lluvias es de importancia global. Sin embargo, cada año se queman unos 5.400 millones de hectáreas, creando grandes cantidades de gases que contaminan la atmósfera. Según
45 muchos científicos, estos gases contribuyen al efecto invernadero que está

El Dorado es el mito de una ciudad de oro y de su rey que se bañaba en oro. Los españoles buscaron El Dorado inútilmente.

Aunque las selvas sí producen mucho oxígeno, las algas marinas producen el 90% del oxígeno de la atmósfera.

▲ *En la época precolombina los indígenas desarrollaron el sistema de terraplén. Aunque esta técnica es muy productiva e impide la erosión de tierras empinadas, actualmente se cultiva sólo un 20% de los terraplenes restantes.*

causando el aumento anormal de la temperatura del planeta y que puede tener como resultado el deshielo en los polos y la subida en el nivel de los océanos.

50   La destrucción de la Amazonia es la más alarmante. La selva amazónica se extiende por partes de Brasil, las Guayanas, Venezuela, Colombia, Ecuador, Perú y Bolivia y cubría originalmente un territorio casi igual al tamaño

55   de los Estados Unidos continentales, pero que cada día es más pequeño a causa de la devastación. Los campesinos queman los árboles para cultivar la tierra y los rancheros para criar el ganado; pero después de algunos años, la tierra

60   es demasiado pobre tanto para la agricultura como para la alimentación de animales. La industria maderera, la hidroeléctrica y la minería causan aún más deforestación y contaminación de ríos y, en algunas áreas, se arrasa la selva para cultivar coca. En total, se calcula que se ha perdido una

65   séptima parte de la selva amazónica y que, si la destrucción continúa, no quedará nada dentro de cincuenta o cien años.

Además de estos problemas, los indígenas que viven en las selvas están perdiendo su hábitat, aunque no se rinden fácilmente y han comenzado una campaña de protección. En Ecuador, los Shuar no sólo luchan por defender

70   su cultura, sino también la integridad de la selva. Igualmente, otras tribus ecuatorianas demandaron a la petrolera americana Texaco en los años noventa por daños ecológicos. Y los Yanomani de Venezuela y Brasil han tenido éxito en su lucha contra el gobierno de Brasil, el cual, como resultado, les ha concedido un territorio protegido de 11 millones de hectáreas. No sin

▶ *La industria ganadera permite el aumento de las exportaciones, pero al mismo tiempo acelera la destrucción de la selva amazónica.*

▶ *Extracción de oro en el Amazonas. La fiebre del oro atrae a gran cantidad de pobres y acelera la deforestación.*

75 razón, algunos han llamado a los indígenas los ecologistas más activos de Latinoamérica.

Otros grupos ambientalistas han comenzado a luchar contra el exterminio de la selva. En Guatemala, por ejemplo, un proyecto para combatir la deforestación y la erosión planta 3 millones y medio de árboles al año en un exitoso
80 programa. Y varios organismos internacionales contribuyen fondos y comida para campesinos que estén dispuestos a conservar y reforestar sus terrenos.

Costa Rica es el país que ha demostrado mayor originalidad en sus programas de conservación de la selva. Para reducir la enorme deuda exterior, el gobierno costarricense estableció un intercambio de "deuda por naturaleza"
85 con varias instituciones internacionales. Con este programa, Costa Rica redujo su deuda casi unos US$80.000.000 al gastar $43.000.000 en parques nacionales y programas ecológicos. Esto ha contribuido al desarrollo del ecoturismo que, a su vez, aporta dinero para nuevos programas ecológicos. Países como Colombia, Brasil, Ecuador, Guatemala y México están ahora
90 siguiendo el ejemplo de Costa Rica.

No solamente los problemas de la selva y de las zonas rurales afectan a las naciones latinoamericanas. Una serie de desastres ambientales ha azotado a las grandes ciudades de Latinoamérica, debido en gran parte a la rápida urbanización de la población. Por ejemplo, entre 1950 y 1976, 40 millones
95 de campesinos abandonaron la vida rural para contribuir al ya alarmante crecimiento de la población urbana. Muchos de los emigrantes que siguen llegando no tienen dónde vivir, y acaban viviendo en barrios pobres sin electricidad ni otros servicios. Esta rápida concentración en las áreas urbanas ha creado problemas incontrolados de basura, escasez de agua potable, aguas
100 negras y contaminación del aire.

US$ es una abreviatura común en español.

Mexico City = **(Ciudad de)**
México, "la capital" o **el Dis-**
trito Federal (D.F.)

México, caso ejemplar de este fenómeno, es la segunda ciudad más poblada del mundo y quizás la más contaminada. En 1950, tenía 3 millones y medio de habitantes, aire limpio y cielos azules. Por eso, el autor Carlos Fuentes describió el valle de México como "la región más transparente del
105 aire". Hoy tiene más de 30 millones de habitantes y se enfrenta con graves problemas ecológicos. Además, durante décadas, el gobierno ha fomentado con éxito la industrialización: hoy existen al menos 30.000 fábricas en el valle, de las cuales el gobierno mexicano considera unas 4.000 como extremadamente peligrosas para el medio ambiente. Hay unos 3.400.000
110 automóviles que echan gases a la atmósfera, además de docenas de miles de taxis y autobuses viejos que siguen usando gasolina con plomo. Y las últimas investigaciones revelan que los escapes de gas en las casas particulares también contribuyen a la contaminación del aire de la gran metrópoli. Para colmo, la ubicación de la ciudad de México en un valle rodeado de montañas,
115 que atrapa su aire contaminado, agrava aún más la situación. La contaminación perjudica la salud de los habitantes, y un tercio de la población sufre de infecciones respiratorias, hemorragias nasales o enfisema.

miles de millones = billions

Obligado a actuar en los años noventa, el gobierno presupuestó miles de millones de dólares para mejorar las condiciones ambientales de la ciudad.
120 También se han tomado otras medidas: se regula la frecuencia del uso de los carros; se ha restringido el uso de la gasolina con plomo; se ha promovido el uso del convertidor catalítico; y en un caso conocido, el presidente mexicano cerró una refinería de petróleo que producía el 7% de la contaminación de la ciudad, a pesar de que la acción costó US$500.000.000 y 5.000 empleos en
125 una sociedad que desesperadamente necesita el trabajo.

En los países latinoamericanos, al igual que en otros países, crece la tensión entre la necesidad de proteger el medio ambiente y el deseo de mejorar el nivel de vida de la población y darles trabajo a todos. Muchos sugieren que el equilibrio se puede encontrar en el desarrollo "sostenible", el cual permi-
130 tiría la extracción y el uso de recursos naturales, sin la destrucción del ecosistema mundial. Nadie sabe si tal sistema puede funcionar, pero pocos dudan que el sistema actual nos está llevando irremisiblemente al desastre.

Actividad 12: Datos y detalles   Las siguientes oraciones son todas falsas. Corrígelas de acuerdo con la información de la lectura.

Scanning

1. Existe una larga tradición de ecologismo en Latinoamérica.
2. Muchos pobres están preocupados por la protección del medio ambiente.
3. En las tierras empinadas, el mayor problema es la contaminación.
4. Están destruyendo las selvas tropicales solamente para sacar y exportar su madera.
5. Los indígenas han destruido la selva.
6. La población urbana está creciendo muy lentamente.
7. México inició el programa "deuda por naturaleza".
8. Los problemas ambientales de México bajan el nivel de vida de sus habitantes, pero no son peligrosos.

Actividad 13: Entre líneas   Las siguientes oraciones representan deducciones o inferencias basadas en la información de la lectura. En parejas, comenten cada una y decidan si están de acuerdo o no. Justifiquen sus respuestas.

Making inferences

1. En los últimos años, los efectos nocivos *(harmful)* del desarrollo industrial han aumentado.
2. Muchas personas no apoyan el movimiento ecologista.
3. Cualquier intento de proteger el medio ambiente debe incluir medidas para controlar el crecimiento de la población.
4. Mientras haya pobreza, será difícil proteger el medio ambiente.
5. El desarrollo industrial y comercial es incompatible con el ecologismo.

Actividad 14: ¿Cuándo?   En parejas, terminen las siguientes oraciones, y otras originales, de forma lógica, según la información del texto o basándose en otra información que sepan Uds.

1. La erosión de las tierras empinadas no va a terminar hasta que . . .
2. La destrucción de las selvas terminará tan pronto como (en cuanto) . . .
3. Las ciudades latinoamericanas van a ser más habitables cuando (después de que) . . .
4. Se evitarán muchos problemas respiratorios cuando . . .

> **7-2**
>
> **CUADERNO PERSONAL**
>
> ¿Crees que los problemas ecológicos de Latinoamérica te afectan a ti? ¿Por qué sí o no?

Actividad 15: ¿Y en este país?   En grupos de tres, hagan una lista de los problemas mencionados en la lectura y decidan cuáles afectan también a este país. Luego, pónganlos en orden de más grave a menos grave y justifiquen el orden.

Lectura 3: Literatura

Actividad 16: La palabra precisa   Las palabras indicadas en las oraciones aparecen en el poema "Paseo de la Reforma" que vas a leer. Lee las oraciones en la página siguiente y escoge el equivalente inglés para cada palabra indicada.

Building vocabulary

a. ax
b. to praise
c. to dare
d. look, image
e. storm

f. thunderbolts, lightning
g. to shake
h. ash tree
i. prison camp
j. whistle, whizzing sound

1. _____ El **fresno** es un árbol.
2. _____ Los **rayos** pueden matar a un hombre o un árbol y causan muchos incendios.
3. _____ La lluvia y el viento de una **tormenta** pueden ser muy destructivos.
4. _____ Una explosión **estremeció** toda la casa.
5. _____ Ese hombre habla mal de ella, pero no **osa** insultarla directamente.
6. _____ Cuando se murió el presidente, todos **alabaron** su visión e idealismo.
7. _____ María Eugenia tiene muy buena **estampa**.
8. _____ Cuando un objeto pequeño pasa rápidamente por el aire se oye un **silbido**.
9. _____ Se usa un **hacha** para talar árboles.
10. _____ Los prisioneros no podían escaparse de la **colonia penitenciaria** de Alcatraz.

Actividad 17: El Paseo de la Reforma   **Parte A:** El Paseo de la Reforma es la avenida más conocida de México; el nombre se refiere a un período de progreso y modernización del siglo XIX. En cambio, el poema "Paseo de la Reforma" trata de la destrucción del medio ambiente. Antes de leer el poema, en parejas, contesten las siguientes preguntas, usando la foto cuando sea necesario.

Anticipating, predicting

1. ¿Para qué sirven los árboles?
2. ¿Qué puede matar un árbol?
3. En la foto, ¿cómo eran los árboles? ¿Cómo están ahora?

Parte B: Ahora escuchen mientras su profesor/a lee el poema. Mientras escuchan, piensen en las siguientes preguntas:

1. ¿Cuáles son las emociones del poeta?
2. ¿Qué siente el poeta por el fresno?
2. ¿Qué siente por la ciudad de México?

> *José Emilio Pacheco nació en México en 1939. Pacheco ha escrito en varios géneros, pero se conoce principalmente por su poesía, y hoy en día se considera uno de los poetas más importantes de su país. Prefiere no hablar de su vida personal; para conocerlo hay que leer su poesía, aunque él cree que los poemas que escribe no le pertenecen a él, sino a los lectores. En su obra trata de todos los aspectos de la vida cotidiana, a veces con humor e ironía, otras veces con gran melancolía o ira. En un estilo claro y directo, critica las injusticias sociales y el comportamiento humano, pero su tema predilecto es lo efímero de la vida y el mundo—todo cambia y todo se pierde—tema que aparece en las dos selecciones incluidas aquí.*

PASEO DE LA REFORMA   *José Emilio Pacheco*

Este fresno tan bien plantado
que ni el rayo ni la tormenta pudieron
        estremecer,
        que ni el hacha
5   osó injuriar con su afilado silbido;
        este monumento
        a la belleza del mundo;
        este pródigo
    que nos dejó respirar y alabó
10 los ojos con su estampa
        y fue luz
    pero también dio sombra y duró
    más que nuestras edades y todo;
    éste que parecía eterno
15   o estable al menos,
        ha muerto asfixiado
        y masacrado con otros mil
    por el gas venenoso que echan
        los autobuses
20 en la innoble y letal colonia
        penitenciaria
    que hasta hace poco llamamos
        ciudad de México.

▲ *Los efectos de la contaminación son evidentes en esta vista del Paseo de la Reforma en México.*

Actividad 18: Lo más impresionante   En grupos de tres, contesten las siguientes preguntas.

1. ¿Cuáles son las tres palabras o expresiones más fuertes o impresionantes del poema? Justifiquen sus selecciones.
2. ¿Qué opina el poeta de la ciudad de México actual? ¿Qué importancia tiene el título del poema?
3. En una ciudad como ésa, ¿qué se puede hacer para salvar los fresnos?
4. ¿Conocen alguna situación parecida en su país?

Actividad 19: Palabras esenciales   Escoge la palabra o frase sinónima de la lista para cada una de las palabras en negrita del párrafo siguiente y escribe la letra correspondiente.

Building vocabulary

a. temblor
b. empezar a
c. levantar, alzar
d. piso, tierra

e. prudencia, juicio
f. refugio
g. caerse, destruirse

La calle empezó a temblar y sentimos que el **suelo** (_____) se movía debajo de los pies. ¡Un **terremoto!** (_____) Pero era el momento de mantener la **cordura** (_____); debíamos quedarnos tranquilos y buscar **amparo** (_____), un lugar seguro. **Nos echamos a** (_____) correr, pero un ruido tremendo me hizo **erguir** (_____) la cabeza. Vi, entonces, que **se derrumbaba** (_____) un edificio al lado nuestro.

Actividad 20: ¡Un terremoto!   Al volver a la capital de México después del gran terremoto de 1985, Pacheco escribió un poema largo, "Las ruinas de México", en el que describió sus reacciones a la destrucción. Aquí se incluye una estrofa de este poema. Antes de leerla, discutan en parejas cómo se siente uno al encontrarse en un terremoto.

Activating background knowledge

LAS RUINAS DE MÉXICO (ELEGÍA DEL RETORNO) (II, 5)   *José Emilio Pacheco*

> Suelo es la tierra que sostiene,
> el piso que ampara, la fundación
> de la existencia humana. Sin él
> no se implantan ciudades ni puede erguirse el poder.
> 5 "Los pies en la tierra"
> decimos para alabar la cordura,
> el sentido de realidad.
> Y de repente
> el suelo se echa a andar,
> 10 no hay amparo:
> todo lo que era firme se derrumba.

Actividad 21: Dos estampas de la naturaleza   Después de leer, contesta las siguientes preguntas.

Comparing and contrasting

1. ¿Cuál es el tema del primer poema? ¿Del segundo?
2. Si se comparan los dos poemas, ¿cómo se diferencia la perspectiva sobre la naturaleza?

Actividad 22: La destrucción   Los dos poemas tratan de diferentes tipos de destrucción: la natural y la provocada por los hombres. En parejas, hagan una lista de eventos destructivos naturales y otra de eventos destructivos humanos. Después, comparen los eventos de las dos listas y sus efectos, y decidan qué tipo de destrucción es peor.

7-3

CUADERNO PERSONAL

¿Cómo percibes tú la naturaleza? ¿Es madre, amiga o enemiga? ¿La tenemos que proteger o es capaz de protegerse a sí misma?

Redacción: Un reportaje

ESTRATEGIA DE REDACCIÓN

Writing a News Report

News reports attempt to summarize the most important facts about an event, person, problem, crisis, or discovery. All news articles include:

- **title:** mentions the most significant information of the article
- **dateline:** place of origin of report
- **introduction:** answers the questions *what?, who?, when?, where?, why?, how?* The summarization of these points at the beginning of the article allows readers to quickly skim to see if it interests them. The introduction begins by answering the most important or relevant of these questions. Some very short articles amount to little more than this introduction.
- **body:** allows for the development of details in a longer article. The details chosen will depend on the most interesting points in the introduction. Sources of information (**fuentes**) and quotes (**citas**) by experts or involved persons may also be included.
- **conclusion:** recapitulates the main points, emphasizes the overall significance of the issue, and/or includes opinions of the author. Many news articles, however, do not contain a conclusion.

Using a model

Actividad 23: El reportaje
Lee el siguiente artículo y busca las respuestas a las preguntas: ¿qué?, ¿quién?, ¿cuándo?, ¿dónde? ¿por qué? y ¿cómo? Identifica si hay introducción, cuerpo y conclusión, y el tipo de información que contiene cada parte.

Indígenas ecuatorianos sientan precedente ecológico mundial

Quito, Ecuador. Cuatro tribus indígenas de Ecuador sentaron un precedente ecológico a nivel mundial al demandar a la petrolera estadounidense Texaco por unos 1.500 millones de dólares como indemnización por daños y contaminación de grandes áreas del Amazonas ecuatoriano. La demanda, que causó revuelo en la opinión pública mundial, fue presentada el 3 de noviembre en una corte federal estadounidense y se espera que antes de seis meses haya un pronunciamiento judicial.

Pero a pesar de que se acusa a la cuarta compañía petrolera de los Estados Unidos de causar deterioros considerables en la ecología ecuatoriana, Texaco se defiende señalando que no es posible determinar si la "supuesta" contaminación presente en el área se ha generado en una fecha reciente o años atrás.

"Si se descubre ahora que hay gran contaminación en la zona, no se sabe si fue hecha hace un año o ahora", dijo a Reuters Rodrigo Pérez Pallares, representante legal de Texaco en Ecuador.

Indígenas de las tribus Quichua, Secoya y Cofan, habitantes de la Amazonia ecuatoriana, fueron en representación de las etnias afectadas a Nueva York a presentar dos demandas, con las que pretenden demostrar que Texaco vertió desechos tóxicos en los ríos de la región.

"Se vertieron a los ríos de la región oriental del Ecuador alrededor de 4,3 millones de galones (unos 16 millones de litros) diarios de sustancias extraídas de los pozos petroleros, durante 20 años", afirmó Cristóbal Bonifaz, abogado defensor de los indígenas. Todo esto ha provocado, según el mismo representante, que los pobladores de la región no puedan utilizar las fuentes de agua, porque se corre el riesgo de contraer cáncer, o padecer de enfermedades gastrointestinales y respiratorias.

Actividad 24: A investigar y escribir   Imagínate que trabajas para un periódico   Writing a news report
español local y el jefe de redacción ha pedido más noticias sobre temas ecológicos.

Parte A: Busca información en el Internet o en revistas y periódicos en la
biblioteca, sobre los temas ambientales más importantes del momento.
Selecciona un tema que te interese y sobre el cual haya bastante información.

Parte B: Basándote en la información que tienes, contesta las siguientes preguntas
antes de escribir el reportaje.

- ¿Qué? ¿Quién? ¿Cuándo? ¿Dónde? ¿Por qué? ¿Como?
- ¿Cuál de estos puntos es más importante (o sea, por qué es importante esta
  noticia)?
- ¿Para qué puntos hay que elaborar detalles?
- ¿Hay otras preguntas que se deben considerar (¿cuántos? ¿cómo?)?

Después, escribe un artículo breve, con título, introducción y cuerpo.

CAPÍTULO

En busca de seguridad económica

BAJA LA INFLACIÓN: DE 5.000% A SÓLO 15%

NUEVAS TECNOLOGÍAS ELIMINAN TANTOS TRABAJOS COMO LOS QUE CREAN

Padre parado roba para dar de comer a su familia

CHILE: puertas abiertas a la competencia extranjera

Se contempla la expansión del TLC más allá de Canadá, México y EE.UU.

Malthus tenía razón: enormes aumentos demográficos

Ejecutivos norteamericanos "invaden" Latinoamérica

30% DE POBLACIÓN EN EL PARO

Trabajadores reclaman empleo y mejores salarios

El siglo XXI: Época de mercado libre, competencia y . . . ¿crisis?

GRANDES INVERSIONES EXTRANJERAS EN INDUSTRIAS NACIONALES

Empresas argentinas adoptan estrategias americanas

See the *Fuentes* Web site for related links and activities: http://college.hmco.com

Actividad 1: Noticias económicas de Latinoamérica   En grupos de tres, lean los titulares y consulten el glosario para buscar los términos que no conozcan. Después, identifiquen:

- dos o tres tendencias reflejadas en los titulares
- dos o tres problemas a que se enfrentan las economías latinoamericanas
- dos o tres datos que les sorprendan a Uds.

Lectura 1: Un artículo

Actividad 2: Del contexto al significado   Las palabras en negrita en las siguientes oraciones aparecen en la lectura "La entrevista laboral". Lee cada oración y escribe a su lado la letra de un sinónimo apropiado para la palabra indicada.

Guessing meaning from context

a. agregar
b. ponerse de/en pie
c. obtener, retener
d. escondido/a

e. calor humano
f. bloc de papel
g. lo fundamental
h. chocar involuntariamente con algo

1. _____ La presidenta dijo que el programa era buena idea y **añadió** que podía dar resultados importantes.
2. _____ Ella tiene muchos prejuicios **ocultos** y por eso es difícil saber cómo va a reaccionar.
3. _____ Los dos se entrevistaron, pero Paco **se quedó con** el puesto.
4. _____ **La clave** para superar este problema es saber exactamente qué hacer.
5. _____ Él parecía un hombre frío y antipático y por eso la **calidez** de su apretón de manos me sorprendió.
6. _____ Pepa **tropezó** con una piedra en la calle y se cayó, pero no se hizo daño.
7. _____ Al final de la reunión, el director **se paró** y me estrechó la mano.
8. _____ Cuando tomo apuntes, siempre uso una **tablilla**.

estrecharle la mano a alguien = *to shake hands with someone.*

Actividad 3: Palabras emparentadas   Las palabras en negrita en las siguientes descripciones son palabras base de otras palabras que aparecen en la lectura. Busca en el glosario las palabras para las siguientes definiciones, usando las palabras en negrita como base. Luego apúntalas con su equivalente en inglés.

Using word families

1. la persona que **solicita** un puesto
2. la persona que **entrevista** a otra
3. la persona que se **entrevista** con una empresa
4. la persona que **aspira** a un trabajo
5. el acto de **acoger** a otra persona
6. la característica de ser **débil**
7. la característica de ser **fuerte**
8. lo que dice una persona que **miente**

Recuerda: el diptongo **ue** se asocia con **o** y el diptongo **ie** se asocia con **e**.

Actividad 4: ¿Para quiénes se escribió este artículo?   Mira el título y el primer párrafo del artículo. Luego, en parejas, expliquen el tema y digan a cuál de los siguientes grupos está dirigido el artículo.

Identifying the audience

a. estudiantes universitarios que nunca se han entrevistado
b. personas con experiencia que quieren cambiar de trabajo
c. ejecutivos que tienen que contratar empleados nuevos
d. el público en general

Actividad 5: Leer con un propósito   Mientras lees, imagínate que estás en proceso de solicitar trabajo y decide si el artículo contiene información que te pueda ser útil. Escribe en el margen tus reacciones.

Active reading

IDEAS PARA SU NEGOCIO

LA ENTREVISTA LABORAL

Cualquier experto en construcción civil se lo puede decir: es más caro reparar las fallas de un edificio que demolerlo y construir otro nuevo. En el campo laboral se puede afirmar lo mismo: corregir las deficiencias de los empleados es siempre mucho más costoso que asegurarse de contratar a la mejor persona posible para ese empleo. No es una tarea fácil. Se requiere de ciertas técnicas.

Los prejuicios ocultos. El principal problema de los gerentes es superar dos fuerzas psicológicas muy normales y humanas.

La primera se conoce como el efecto de primacía, o tendencia a aceptar el valor nominal de lo que el entrevistado declara. Al quedar satisfecho el apetito de las buenas razones, el supervisor se creó una imagen en la mente. En efecto, en gran medida, es el causante de las malas contrataciones. La otra fuerza es el efecto de novedad, o la tendencia de la gente a recordar sólo la información reciente. Este efecto ocurre cuando se entrevista a varias personas en un período relativamente corto. El entrevistador se olvida pronto de la apariencia de los aspirantes, de quién dijo qué.

Las estadísticas demuestran que la última persona entrevistada es por lo general la que se queda con el empleo.

Los pasos fundamentales. La clave es seguir algunas instancias que se basan en: 1) lo que dice y lo que no dice el entrevistador y 2) la forma en que el entrevistador lee e interpreta las respuestas. Siga estos pasos:

• *Reciba a cada solicitante en la sala principal.* La calidez de una acogida alienta al aspirante a relajarse y abrir las compuertas de su verdadera personalidad.

• *Infórmele cómo se hará la entrevista.* Saber lo que le espera, hace que el aspirante se sienta más cómodo y baje un poco sus defensas.

• *Use una tablilla para tomar notas.* Le ayudará a recordar la necesidad de documentar la charla y superar los efectos de primacía y novedad. Igualmente evitará que el solicitante pueda leer lo que escriba.

• *Escuche.* Los gerentes tienden a transmitir abundante información sobre el empleo y la empresa, y se olvidan de que es el solicitante el que debe hablar un 90 por ciento del tiempo. Si tiene problemas para controlarse, escriba en la tablilla: "escuchar".

• *Si el solicitante parece muy tenso, cambie el tema°.* Un aspirante nervioso difícilmente le dará la impresión exacta de sus habilidades. Si cierto tópico° parece tensar el momento, cambie a otro, pero tome nota de ese punto para analizarlo en el contexto del resto de la entrevista. Si el tópico es importante para el puesto, busque una táctica diferente para abordarlo.

• *Sepa qué decir y qué no decir.* Use su tiempo para formular preguntas y definir responsabilidades del empleo. Evite los comentarios que tengan algún elemento de discriminación.

• *Formule preguntas de final abierto.* Apele a preguntas y declaraciones que empiecen con "Hábleme sobre . . .", "Descríbame . . .", "Qué clase de . . .", "Deme un ejemplo de . . ."

• *Sea consistente.* Escoja cuatro o cinco preguntas y use las mismas para todos los solicitantes. De esa forma, la competencia puede resultar medible y justa.

• *Pregunte por gustos y disgustos.* Las respuestas le darán una idea de la debilidad o fortaleza de los candidatos. Con ellas puede saber si el aspirante se orienta por objetivos, es analítico, hostil, amistoso, prejuicioso, entusiasta, enérgico.

• *Busque las mentiras.* Si cree que un entrevistado no está siendo directo, pídale una explicación. Un entrevistado que miente tropieza siempre con detalles de los hechos fabricados.

• *Pregunte "¿Qué haría usted si . . .?"* Plantéese una hipotética situación-problema antes de la entrevista, busque la mejor solución y replantéesela al entrevistado. Luego pídale una idea de lo que haría en ese caso. Observe en la respuesta la forma en que cada solicitante procesa la información, la analiza y propone la solución.

• *Termine la entrevista en la misma forma.* Informe al solicitante que faltan unos cinco minutos para terminar la entrevista. En el tiempo exacto, párese, estreche la mano de su interlocutor y anuncie que la entrevista terminó. Acompáñelo a la puerta, regrese a la oficina, escriba un resumen de un párrafo sobre sus impresiones y busque al siguiente candidato.

El tema = *subject, topic*; **el tópico** = *trite expression*, pero a veces se usa como sinónimo de **tema**.

Actividad 6: ¿A qué se refiere?   Vuelve a mirar el texto y determina a qué se refieren las palabras en negrita.

Determining reference

1. (Párrafo 1) Cualquier experto en construcción civil **se lo** puede decir: . . .
2. (Párrafo 3) **La primera** se conoce como el efecto de primacía . . .
3. (Párrafo 3) Las estadísticas demuestran que la última persona entrevistada es **la** que se queda con el trabajo.
4. (Párrafo 6) Saber lo que **le** espera, hace que el aspirante se sienta más cómodo . . .
5. (Párrafo 7) **Le** ayudará a recordar la necesidad de documentar la charla . . .
6. (Párrafo 15) . . . y replantée**sela** al entrevistado.

Actividad 7: Desde otro punto de vista   En grupos de tres, decidan cuáles son las dos sugerencias más útiles de la lectura. Después, usen las sugerencias y sus notas de la Actividad 5 y hagan una lista de cinco a diez recomendaciones para el entrevistado.

Scanning, Making inferences

Actividad 8: Una entrevista   Parte A: En parejas, imagínense que son ejecutivos uruguayos que van a entrevistar a candidatos para el trabajo anunciado en la página 139. Basándose en las sugerencias del artículo, inventen de ocho a diez preguntas apropiadas.

Para nuestro equipo de trabajo seleccionamos:

SECRETARIO DE DIRECCIÓN

- Conocimiento de técnicas secretariales (archivo, PC, etc.)
- Excelente manejo telefónico
- Capacidad de vínculo y toma de decisiones
- Redacción impecable en español e inglés
- Inglés fluido
- Conocimiento y gusto por marketing y ventas
- Menor de 35 años
- Disponibilidad para viajes cortos
- Se apreciará experiencia en empresas multinacionales

Los interesados deberán enviar Curriculum Vitae, referencias personales y aspiraciones económicas antes del 10 de junio a:

Torcuato & Asociados
J. Barrios Amorín 1074 P. 2
Montevideo
Tel. (5982) 49.54.07

Parte B: Ahora, en grupos grandes, cada grupo va a entrevistar a un/a candidato/a (seleccionado/a por su profesor/a). Cada persona debe hacerle una o dos preguntas al/a la candidato/a. Usen las preguntas que tienen preparadas.

Parte C: Después de la entrevista, comenten las características del/de la candidato/a y decidan si le van a dar el trabajo o no. En el informe a su "jefe/a" (su profesor/a), tienen que incluir y terminar una de las siguientes oraciones:

Lo/La vamos a contratar antes de que . . .
Lo/La vamos a contratar con tal de que . . .
No lo/la podemos contratar a menos que . . .

8-1

CUADERNO PERSONAL

¿Crees que sea posible en una entrevista formarse una buena idea de cómo es una persona? ¿De qué otra manera se puede conocer?

**ESTRATEGIA
DE LECTURA**

Lectura 2: Panorama cultural

Recognizing Clauses and Phrases

A characteristic of Spanish writing is the frequent use of long sentences. Understanding the structure of these sentences can help you understand their meaning. Some are simple sentences with a single main conjugated verb; others are compound sentences, which link two shorter sentences, or two independent clauses, with a conjunction such as **y** or **pero: Tienen trabajo, pero nunca tienen suficiente dinero.** Complex sentences are composed of a main clause and one or more dependent clauses. The dependent clause contains a conjugated verb and is introduced by the word **que** for noun clauses, by relative pronouns (**que, quien, el/la cual,** etc.) for adjective clauses, or by adverbial conjunctions (**aunque, porque, para que, como, cuando, ya que, si,** etc.) for adverbial clauses.

A good way to analyze complex sentences is to break them down into smaller sentences.

→   Los cambios **que se implementaron** ayudaron a la economía.
= (1) los cambios ayudaron a la economía + (2) los cambios se implementaron

The adjective clause in the preceding example is a restrictive clause, since it limits the possible changes (only those that were implemented helped the economy). The information in restrictive clauses is important for determining the grammatical subject. On the other hand, a nonrestrictive clause, set off with commas, adds extra, nonessential information:

→   Los cambios, los cuales **se implementaron el año pasado,** ayudaron a la economía.

Another important element of Spanish sentences is the **complemento circunstancial,** which allows the inclusion of extra information describing where, when, how, with whom, etc.

The **complemento circunstancial** is often equivalent to a prepositional phrase.

→   Los cambios se implementaron **en Argentina.**
Los cambios se implementaron en Argentina **el año pasado.**
Los cambios se implementaron el año pasado **de forma eficaz** en Argentina.

Actividad 9: Análisis de oraciones   Mira la lectura sobre las economías latinoamericanas y busca un ejemplo de cada tipo de oración.

Recognizing clauses and phrases

- una oración simple
- una oración compuesta (dos cláusulas independientes)
- una oración compleja (cláusula principal + cláusula dependiente)
- una oración con complemento circunstancial

Actividad 10: Del contexto al significado   Lee cada oración y da un sinónimo en español o un equivalente en inglés para cada una de las siguientes expresiones que se encuentran en la lectura. En caso de duda, usa el glosario o diccionario para confirmar tus respuestas.

Guessing meaning from context

1. Ayer los presidentes firmaron **el acuerdo** económico.
2. La **apertura** de la economía permitió el establecimiento de muchos negocios nuevos.
3. Pablo y Paco **se asemejan** tanto que muchas veces no sé con quién hablo.
4. Con el nuevo programa el gobierno **logró** una gran mejora en el nivel de vida de los ciudadanos.
5. Para que la máquina funcione hay que **montar** todos los componentes con cuidado.
6. La empresa **pertenecía** a la familia González, pero los nuevos dueños son unos inversionistas japoneses.
7. Empezaron a viajar hacia el norte, pero luego cambiaron de **rumbo** y fueron hacia el oeste.
8. Todos se quejan de que no hay suficientes casas, pero el gobierno no hace nada para remediar esta escasez de **vivienda**.

Actividad 11: Hablando de la economía   En la siguiente lectura se discute el desarrollo de las economías latinoamericanas y la importancia del mercado libre para estas economías. En grupos de tres, decidan cuáles de los siguientes términos se asocian con el concepto del mercado libre y expliquen de qué manera.

Activating background knowledge

la competencia	la inflación	la eficiencia
la nacionalización	la infraestructura	la mano de obra barata
la inversión	la pobreza	el desempleo
las tarifas altas	la congelación	los productos agrícolas
las exportaciones	el proteccionismo	la recesión
la deuda externa	la privatización	el presupuesto equilibrado
el salario mínimo	el capital	la bancarrota
los recursos minerales	las importaciones	la descongelación

Mientras lees, escribe en el margen tus reacciones a la información.

LAS ECONOMÍAS LATINOAMERICANAS: UN PASADO PROBLEMÁTICO Y UN NUEVO RUMBO

En el panorama actual, el mundo comercial y laboral latinoamericano se asemeja cada vez más al de los Estados Unidos, Europa y Japón. Se habla de la competencia y el mercado libre, de la privatización y la eficiencia productiva, y se importan técnicas y métodos de administración norteamericanos. Estos cambios han generado nuevas esperanzas de prosperidad, aunque quedan todavía enormes obstáculos, como una población creciente, la desigualdad y la pobreza.

Para comprender los cambios, hay que echar un vistazo al pasado económico de la región. El sistema colonial y poscolonial dependía de la

▶ *Trabajadores en un depósito de café, Costa Rica. Desde la época de la colonia, el café ha sido una exportación importante para varias regiones de Latinoamérica.*

Algunos países se hicieron bastante ricos; en los años 20, Argentina llegó a ocupar el décimo lugar en el mundo en cuanto a nivel de vida.

En 1985 la deuda externa de los países latinoamericanos llegó a un total de US$374.000.000.000 y muchos países tuvieron tasas de inflación que llegaron hasta el 7.000% (Perú) y el 14.000% (Nicaragua).

10 exportación de recursos minerales y productos agrícolas a los países europeos y a los Estados Unidos. Con el dinero obtenido de las exportaciones, los países latinoamericanos importaban productos manufacturados de los países más desarrollados. Durante el siglo XIX, este sistema creció y entre 1850 y 1930, grandes inversiones de dinero de Gran Bretaña y los Estados Unidos permi-
15 tieron el desarrollo de ferrocarriles, sistemas eléctricos y telecomunicaciones.

Sin embargo, la Gran Depresión de 1929 llevó a la destrucción de las fuentes tradicionales de ingresos: bajaron las exportaciones y desaparecieron las inversiones de capital extranjero. Para remediar esta situación, muchos gobiernos buscaron la solución dentro de sus propios países. Decidieron
20 desarrollar industrias para los mercados nacionales, creando así trabajos e industria con un mercado doméstico garantizado, sin necesidad de dinero extranjero. Los gobiernos fomentaron estos proyectos de "sustitución de importaciones" con el propósito de garantizar mayor independencia económica y tomaron control de muchas industrias que habían pertenecido
25 a empresas extranjeras, como por ejemplo, la industria petrolera de México nacionalizada en 1938. Además, para proteger las nuevas industrias de la competencia extranjera se impusieron tarifas altas en las importaciones.

Estas políticas, aunque promovieron la variedad industrial, crearon nuevos problemas. Las altas tarifas impedían el comercio internacional y el
30 control ineficiente y burocrático por parte del estado causó que muchas industrias perdieran dinero. No obstante, los grandes problemas no se hicieron visibles hasta 1973 y 1979, cuando el precio del petróleo subió dramáticamente. Los gobiernos latinoamericanos pidieron préstamos al Banco Mundial para pagar el petróleo y continuar sus programas de desarrollo, lo
35 cual llevó a una seria crisis de la deuda en los años 80. A partir de 1982, los

bancos internacionales y los gobiernos latinoamericanos empezaron a renegociar el pago de la deuda. Al mismo tiempo, los bancos comenzaron a insistir en que se hicieran cambios radicales en el sistema económico de los países afectados.

El neoliberalismo se basa en ideas de Milton Friedman y otros economistas de la Universidad de Chicago.

40   Chile es quizás el país que representa mejor la nueva ruta tomada a raíz de las crisis del petróleo y de la deuda externa. Después de 1973, el gobierno militar de Pinochet aplicó una serie de medidas neoliberales drásticas: se congelaron los salarios y se descongelaron los precios, y como resultado, hubo primero inflación y después recesión. Se privatizaron bancos, fábricas y
45   empresas que habían pertenecido al gobierno. Se eliminaron las tarifas contra las importaciones, y el mercado se inundó de productos extranjeros baratos. Al mismo tiempo, las empresas locales o se adaptaron al nuevo mercado competitivo o se declararon en bancarrota. Un tercio de los trabajadores quedó sin trabajo, y, como consecuencia, hubo disturbios sociales, pero el gobierno usó
50   la represión política para controlar a la población.

A partir de 1985, después de varios años difíciles, Chile empezó a experimentar un crecimiento económico enorme del 6 ó 7% anual. Se expandió tanto la variedad como la cantidad de las exportaciones, se aumentaron las inversiones extranjeras y la inflación fue reducida a un nivel mínimo. Este
55   éxito, descrito como "el milagro chileno", fue visto por otros países con graves problemas económicos como el camino de su propia salvación. Durante los años 90, los líderes de los países latinoamericanos abandonaron sus antiguas ideas sobre la independencia económica a favor de una mayor integración en el mercado mundial.
60   México también realizó grandes cambios con una política de apertura de la economía. Al igual que en Chile, durante los años 80 se bajaron las tarifas de importación, se redujeron los gastos gubernamentales, se vendieron las industrias estatales a inversionistas privados y se fomentó la inversión extranjera. Es más, los líderes políticos decidieron que la mejor esperanza para México era su

▼ *Mexicanos desempleados anuncian sus servicios esperando algún trabajo ocasional.*

65   integración completa a un mercado libre con Canadá y los Estados Unidos, países a los que también les parecía ventajoso un acuerdo con México.

70   En 1993 el congreso norteamericano aprobó el Tratado de Libre Comercio de la América del Norte (TLC), que abrió las fronteras comerciales entre Canadá, los Estados
75   Unidos y México y creó un mercado y una fuerza laboral que contaba con 360 millones de personas. Ahora se habla de extender este acuerdo para incluir a Chile y a otros países latino-
80   americanos. Asimismo, en 1995 entró en vigor el Mercosur, un acuerdo de mercado libre entre Argentina,

el producto bruto interno = *Gross Domestic Product*

un billón: 1.000.000.000.000 = *one trillion*

Uruguay, Paraguay y Brasil, con unos 210 millones de personas y un producto bruto interno de más de un billón de dólares. El Mercosur es ahora la mayor fuerza agrícola del mundo.

Sin embargo, estos logros económicos han ido acompañados de la implementación generalizada de programas de austeridad, que han reducido drásticamente los gastos en programas sociales y en infraestructura, dando como resultado un aumento de la pobreza. En 1998 el Banco Mundial calculó que un 37% de los habitantes de la región vivía en la más absoluta pobreza con ingresos de menos de US$60,00 mensuales. El desempleo masivo que acompaña esta pobreza tiene entre sus efectos el crecimiento del llamado "sector informal" en el que las personas trabajan sin pagar impuestos, pero sin tener tampoco acceso a servicios sociales. Otro gran sector de la población está subempleado y, como resultado, muchos recurren a actividades ilegales. Incluso las clases media y alta sufren, ya que se deterioran los sistemas de educación, salud y transporte.

De nuevo, Chile es el país que ha servido de modelo a los demás. Aunque los programas de la dictadura de Pinochet tuvieron un gran éxito económico, sólo lo pudieron lograr a costa de las libertades civiles y humanas, y pagando un alto precio social al crear desempleo y pobreza. Con el retorno a la democracia en 1989, el gobierno les subió los impuestos a los negocios y a los ricos y utilizó el dinero en viviendas, salud y educación. También aumentó el salario mínimo de los trabajadores y promovió el establecimiento de negocios pequeños. En los primeros tres años, estos programas sacaron a un millón de personas de la pobreza. Lo sorprendente es que los chilenos también pudieran mantener la salud económica de su sociedad: inflación mínima, presupuesto equilibrado, crecimiento fuerte, alto nivel de inversión extranjera y tasa de desempleo baja. Los líderes chilenos decían que Chile representaba una "vía media" entre la eficacia del mercado libre que tiende a aumentar las diferencias entre pobres y ricos, y el socialismo que tiende a producir más igualdad. De todos los países latinoamericanos, sólo en Chile se observaba una nueva aproximación entre pobres y ricos, una aproximación de la que depende, dicen muchos, la estabilidad política y social de cualquier país.

Durante los años 90 casi todos los países latinoamericanos siguieron el ejemplo de Chile y experimentaron notables mejoras económicas. Buscaron asimismo mayor cooperación económica, y al TLC y al Mercosur se añadieron organizaciones como la Comunidad Andina, el Mercado Común Centroamericano y la Comunidad del Caribe. Sin embargo, varios acontecimientos han subrayado la fragilidad de estas economías. México pasó por una grave crisis económica en 1994. Después, las crisis de Asia y Rusia llegaron a Latinoamérica en 1998, y muchos países, incluso Chile, sufrieron im-

▼ *La eficiencia de esta empresa farmacéutica chilena responde a la necesidad de competir en el mercado internacional.*

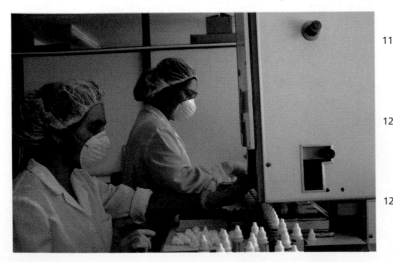

130   portantes reveses económicos. Ahora, los líderes latinoamericanos tienen que articular una respuesta a esos eventos, y tienen que decidir si es aconsejable mantener el rumbo neoliberal o si es mejor implemetar otras estrategias que puedan dar mejores resultados en el futuro.

Actividad 12: Los datos económicos   Busca los siguientes datos en el artículo y   Scanning
las anotaciones.

1. principales exportaciones latinoamericanas hasta 1930
2. dos países que hicieron importantes inversiones de capital hasta 1930
3. una política económica adoptada en muchos países latinoamericanos después de 1930
4. años de crisis del petróleo
5. tasas de inflación más altas de los años 80
6. nombre y sigla del acuerdo económico entre México, EE.UU. y Canadá
7. nombre del acuerdo económico entre Argentina, Brasil, Paraguay y Uruguay
8. criterio usado por el Banco Mundial para determinar el índice de pobreza

Actividad 13: Soluciones y paradojas   **Parte A:** En grupos de tres, imagínense que son miembros del gabinete presidencial de un país latinoamericano. Decidan los problemas ocasionados por cada situación y luego inventen una solución. Por ejemplo:

→   Para reducir la inflación, hay que congelar los precios.

1. La inflación está al 200%.
2. No hay suficiente inversión en las industrias nacionales.
3. Las exportaciones del país no incluyen productos manufacturados; hay que importar estos productos.
4. Muchas industrias que pertenecen al estado son ineficientes y pierden dinero.
5. Las empresas nacionales no pueden competir con productos extranjeros más baratos.
6. Un 30% de los trabajadores están desempleados y hay manifestaciones diarias contra el gobierno.
7. La deuda nacional es tan alta que no hay dinero para gastar en educación, infraestructura y programas sociales.
8. Casi todas las empresas importantes del país pertenecen a compañías extranjeras.

Parte B: Ahora determinen por lo menos un problema causado por cada solución.

Actividad 14: La economía   En parejas, hagan una lista de los efectos positivos y negativos de una economía fuerte o débil en la vida de los habitantes de un país. Después comparen sus ideas con las de otra pareja, discútanlas y defiendan su punto de vista.

8-2

CUADERNO PERSONAL

¿Crees que la estabilidad o inestabilidad de la economía latinoamericana afecte la vida de los habitantes de este país? ¿Por qué sí o no?

Lectura 3: Literatura

Actividad 15: Según el contexto Las palabras en negrita aparecen en la obra de teatro "Historia del hombre que se convirtió en perro". Lee las oraciones y después asocia las palabra indicadas con su significado.

Guessing meaning from context

a. lugar donde se guardan o se encierran los perros abandonados o peligrosos
b. coger entre los dientes
c. hacer fuerza o presión contra algo
d. ponerse de pie, levantarse
e. soportar, tolerar
f. la casita donde duerme un perro
g. bajarse, inclinar la parte superior del cuerpo hacia el suelo
h. hombre que vigila un lugar o una calle por la noche
i. el jefe, el dueño

1. _____ El **sereno** oyó ladrar a su perro y se dio cuenta de que alguien trataba de entrar en una oficina.

2. _____ El **patrón** de la empresa, enfadado por la huelga, decidió despedir a todos los empleados.

3. _____ Cuando empezó a llover, el perro se metió en su **casilla**.

4. _____ _____ El perro se volvió loco y le **mordió** la mano a su dueña; por eso se lo llevaron a la **perrera**.

5. _____ La niña **se agachó** para recoger la moneda que se le había caído.

6. _____ Carlos no podía **aguantar** su trabajo y por eso lo dejó.

7. _____ Durante varios minutos la mujer se quedó sentada, pero de repente **se paró** y empezó a caminar por la habitación.

8. _____ Yo no estoy nada cómodo; he engordado un poco y me **aprietan** los pantalones.

Actividad 16: En busca de trabajo **Parte A:** En parejas, respondan a una de las siguientes preguntas.

Activating background knowledge

1. ¿Has buscado trabajo alguna vez? Describe tu peor experiencia.
2. ¿Conoces a alguien que haya buscado trabajo y no haya tenido éxito? Describe su experiencia.

Parte B: Ahora, hagan una lista de las características de un buen trabajo y otra de las características de un mal trabajo. Después, miren el título de la obra de teatro y adivinen el tipo de trabajo que consiguió el protagonista.

Actividad 17: Los actores y sus papeles En la obra de teatro que vas a leer hay sólo tres actores y una actriz. A veces cada actor representa más de un papel y, además, a veces hace comentarios sobre lo que ocurre en la obra. Mientras lees, escribe en el margen el papel que representa cada actor. Usa la siguiente lista.

Active reading

el hombre (el protagonista)
la mujer del hombre, María
el director de la perrera
el veterinario
los patrones de la primera fábrica (el primer patrón, el segundo patrón)
los patrones de la segunda fábrica (el tercer patrón, el cuarto patrón)
el hombre cariñoso
¿otros personajes?

Por ejemplo: En la línea 21, el actor 1° dice: **¡Mentira! Nunca tuve primavera.**
Aquí él representa al hombre (protagonista).

El dramaturgo argentino Osvaldo Dragún (n. 1929) recrea en su teatro los sueños, las frustraciones y las luchas del hombre moderno. Actualmente vive en Cuba, donde trabaja en teatro de conciencia social. "Historia del hombre que se convirtió en perro" es una de tres obras brevísimas de la colección Historias para ser contadas, *de 1957. Estas tres viñetas discuten las relaciones personales estériles, los sacrificios de la dignidad y el poder del dinero. Con* Historias para ser contadas, *Dragún produce un teatro fácil de representar—con poca utilería y vestuario; hace uso de la pantomima y los actores se comunican directamente con el público. Es teatro que se puede montar en un pequeño teatro, en la calle, en una plaza, con gente de cualquier edad, con actores profesionales o amateurs.*

HISTORIA DEL HOMBRE QUE SE CONVIRTIÓ EN PERRO   *Osvaldo Dragún*

ACTOR 2° —Amigos, la tercera historia vamos a contarla así . . .

ACTOR 3° —Así como nos la contaron esta tarde a nosotros.

ACTRIZ —Es la "Historia del hombre que se convirtió en perro".

ACTOR 3° —Empezó hace dos años, en el banco de una plaza. Allí, señor . . . ,
5   donde usted trataba hoy de adivinar el secreto de una hoja.

ACTRIZ —Allí donde, extendiendo los brazos, apretamos al mundo por la
cabeza y los pies y le decimos: "¡Suena, acordeón, suena!"

ACTOR 2° —Allí lo conocimos. (*Entra el Actor 1°*) Era . . . (*Lo señala.*) así
como lo ven, nada más. Y estaba muy triste.

10 ACTRIZ —Fue nuestro amigo. Él buscaba trabajo, y nosotros éramos actores.

ACTOR 3° —Él debía mantener a su mujer, y nosotros éramos actores.

ACTOR 2° —Él soñaba con la vida, y despertaba gritando por la noche. Y
nosotros éramos actores.

ACTRIZ —Fue nuestro gran amigo, claro. Así como lo ven . . . (*Lo señala.*)
15 Nada más.

TODOS —¡Y estaba muy triste!

ACTOR 3° —Pasó el tiempo. El otoño . . .

ACTOR 2° —El verano . . .

ACTRIZ —El invierno . . .

20   ACTOR 3° —La primavera . . .

ACTOR 1° —¡Mentira! Nunca tuve primavera.

ACTOR 2° —El otoño . . .

ACTRIZ —El invierno . . .

ACTOR 3° —El verano. Y volvimos. Y fuimos a visitarlo, porque era nuestro

25   amigo.

ACTOR 2° —Y preguntamos: "¿Está bien?" Y su mujer nos dijo . . .

ACTRIZ —No sé.

ACTOR 3° —Está mal?

ACTRIZ —No sé.

30   ACTORES 2° Y 3° —¿Dónde está?

ACTRIZ —En la perrera. (Actor 1° *en cuatro patas.*)

ACTORES 2° Y 3° —¡Uhhh!

ACTOR 3° —*(Observándolo.)*

Soy el director de la perrera,

35   y esto me parece fenomenal.

Llegó ladrando como un perro

(requisito principal);

y si bien conserva el traje,

es un perro, a no dudar.

40   ACTOR 2° —*(Tartamudeando.)*

S-s-soy el v-veter-r-inario,

y esto-to-to es c-claro p-para mí.

Aun-que p-parezca un ho-hombre,

es un p-pe-perro el q-que está aquí.

45   ACTOR 1° —*(Al público.)* Y yo, ¿qué les puedo decir? No sé si soy hombre o

perro. Y creo que ni siquiera ustedes podrán decírmelo al final. Porque

todo empezó de la manera más corriente. Fui a una fábrica a buscar tra-

bajo. Hacía tres meses que no conseguía nada, y fui a buscar trabajo.

ACTOR 3° —¿No leyó el letrero? "NO HAY VACANTES".

50   ACTOR 1° —Sí, lo leí. ¿No tiene nada para mí?

ACTOR 3° —Si dice "No hay vacantes", no hay.

ACTOR 1° —Claro. ¿No tiene nada para mí?

ACTOR 3° —¡Ni para usted ni para el ministro!

ACTOR 1° —¡Ahá! ¿No tiene nada para mí?

55   ACTOR 3° —¡NO!

ACTOR 1° —Tornero . . .

ACTOR 3° —¡NO!

ACTOR 1° —Mecánico . . .

ACTOR 3° —¡NO!

60   ACTOR 1° —S . . .

ACTOR 3° —N . . .

ACTOR 1° —R . . .

ACTOR 3° —N . . .

ACTOR 1° —F . . .

65   ACTOR 3° —N . . .

ACTOR 1° —¡Sereno! ¡Sereno! ¡Aunque sea de sereno!

ACTRIZ —*(Como si tocara un clarín.)* ¡Tutú, tu-tu-tú! ¡El patrón!
     (Los Actores 2° y 3° *hablan por señas.*)

ACTOR 3° —*(Al público.)* El perro del sereno, señores, había muerto la noche
70   anterior, luego de veinticinco años de lealtad.

ACTOR 2° —Era un perro muy viejo.

ACTRIZ —Amén.

ACTOR 2° —*(Al* Actor 1°) ¿Sabe ladrar?

ACTOR 1° —Tornero.

75   ACTOR 2° —¿Sabe ladrar?

ACTOR 1° —Mecánico . . .

ACTOR 2° —¿Sabe ladrar?

ACTOR 1° —Albañil . . .

ACTORES 2° y 3° —¡NO HAY VACANTES!

80   ACTOR 1° —*(Pausa.)* ¡Guau . . . , guau! . . .

ACTOR 2° —Muy bien, lo felicito . . .

ACTOR 3° —Le asignamos diez pesos diarios de sueldo, la casilla y la comida.

ACTOR 2° —Como ven, ganaba diez pesos más que el perro verdadero.

ACTRIZ —Cuando volvió a casa me contó del empleo conseguido. Estaba
85   borracho.

ACTOR 1° —*(A su mujer.)* Pero me prometieron que apenas un obrero se
     jubilara, muriera o fuera despedido, me darían su puesto. ¡Divertite,
     María, divertite! ¡Guau . . . , guau! ¡Divertite, María, divertite!

ACTORES 2° y 3° —¡Guau . . . , guau! ¡Divertite, María, divertite!

90   ACTRIZ —Estaba borracho, pobre . . .

ACTOR 1° —Y a la otra noche empecé a trabajar . . . *(Se agacha en cuatro patas.)*

ACTOR 2° —¿Tan chica le queda la casilla?

ACTOR 1° —No puedo agacharme tanto.

ACTOR 3° —¿Le aprieta aquí?

95   ACTOR 1° —Sí.

ACTOR 3° —Bueno, pero vea, no me diga "sí". Tiene que empezar a acos-
     tumbrarse. Dígame: "¡Guau . . . , guau!"

ACTOR 2° —¿Le aprieta aquí? (El Actor 1° *no responde.)* ¿Le aprieta aquí?

ACTOR 1° —¡Guau . . . , guau! . . .

100 ACTOR 2° —Y bueno . . . *(Sale.)*

ACTOR 1° —Pero esa noche llovió, y tuve que meterme en la casilla.

ACTOR 2° —*(Al* Actor 3°) Ya no le aprieta . . .

ACTOR 3° —Y está en la casilla.

ACTOR 2° —*(Al* Actor 1°) ¿Vio cómo uno se acostumbra a todo?

105 ACTRIZ —Uno se acostumbra a todo . . .

ACTORES 2° y 3° —Amén . . .

ACTRIZ —Y él empezó a acostumbrarse.

ACTOR 3° —Entonces, cuando vea que alguien entra, me grita: "¡Guau . . . ,
     guau!" A ver . . .

divertite = diviértete. Uso de
vos en vez de **tú**, especialmente en Argentina.

110 Actor 1° —(El Actor 2° *pasa corriendo.*) ¡Guau . . . , guau! . . . (El Actor 2° *pasa sigilosamente.*) ¡Guau . . . , guau! . . . (El Actor 2° *pasa agachado.*) ¡Guau . . . , guau . . . , guau! . . . *(Sale.)*

Actor 3° —(*Al* Actor 2°) Son diez pesos por días extras en nuestro presupuesto . . .

115 Actor 2° —¡Mmm!

Actor 3° —. . . pero la aplicación que pone el pobre los merece . . .

Actor 2° —¡Mmm!

Actor 3° —Además, no come más que el muerto . . .

Actor 2° —¡Mmm!

120 Actor 3° —¡Debemos ayudar a su familia!

Actor 2° —¡Mmm! ¡Mmm! ¡Mmm! *(Salen.)*

Actriz —Sin embargo, yo lo veía muy triste, y trataba de consolarlo cuando él volvía a casa. *(Entra* Actor 1°) ¡Hoy vinieron visitas! . . .

Actor 1° —¿Sí?

125 Actriz —Y de los bailes en el club, ¿te acordás?

Actor 1° —Sí.

Actriz —¿Cuál era nuestro tango?

Actor 1° —No sé.

Actriz —¡Cómo que no! "Percata que me amuraste . . ." (El Actor 1° *está en*
130 *cuatro patas.)* Y un día me trajiste un clavel . . . *(Lo mira, y queda horrorizada.)* ¿Qué estás haciendo?

Actor 1° —¿Qué?

Actriz —Estás en cuatro patas . . . *(Sale.)*

ACTOR 1° —¡Esto no lo aguanto más! ¡Voy a hablar con el patrón!

135   *(Entran los* Actores 2° y 3°)

Actor 3° —Es que no hay otra cosa . . .

Actor 1° —Me dijeron que un viejo se murió.

Actor 3° —Sí, pero estamos de economía. Espere un tiempo más, ¿eh?

Actriz —Y esperó. Volvió a los tres meses.

140 Actor 1° —(*Al* Actor 2°) Me dijeron que uno se jubiló . . .

Actor 2° —Sí, pero pensamos cerrar esa sección. Espere un tiempito más, ¿eh?

Actriz —Y esperó. Volvió a los dos meses.

Actor 1° —(*Al* Actor 3°) Deme el empleo de uno de los que echaron por la huelga . . .

145 Actor 3° —Imposible. Sus puestos quedarán vacantes . . .

ACTORES 2° Y 3° —¡Como castigo! *(Salen.)*

Actor 1° —Entonces no pude aguantar más . . . ¡y planté!

Actriz —¡Fue nuestra noche más feliz en mucho tiempo! *(Lo toma del brazo.)* ¿Cómo se llama esta flor?

150 Actor 1° —Flor . . .

Actriz —¿Y cómo se llama esa estrella?

Actor 1° —María.

Actriz —*(Ríe.)* ¡María me llamo yo!

Actor 1° —¡Ella también . . . , ella también! *(Le toma una mano y la besa.)*

155 Actriz —*(Retira su mano.)* ¡No me muerdas!

Actor 1° —No te iba a morder . . . Te iba a besar, María . . .

ACTRIZ —¡Ah!, yo creía que me ibas a morder . . . *(Sale.)*
    (Entran los Actores 2° y 3°)
ACTOR 2° —Por supuesto . . .

160 ACTOR 3° —. . . y a la mañana
    siguiente . . .
ACTORES 2° Y 3° —Debió volver
    a buscar trabajo.
ACTOR 1° —Recorrí varias
165   partes, hasta que en una . . .
ACTOR 3° —Vea, este . . .
    No tenemos nada.
    Salvo que . . .
ACTOR 1° —¿Qué?
170 ACTOR 3° —Anoche murió el perro del sereno.
ACTOR 2° —Tenía treinta y cinco años, el pobre . . .
ACTORES 2° Y 3° —¡El pobre! . . .
ACTOR 1° —Y tuve que volver a aceptar.
ACTOR 2° —Eso sí, le pagábamos quince pesos por día. (Los Actores 2° y 3°
175   *dan vueltas.)* ¡Hmm! . . . ¡Hmmm! . . . ¡Hmmm! . . .
ACTORES 2° Y 3° —¡Aceptado! ¡Que sean quince! *(Salen.)*
ACTRIZ —*(Entra.)* Claro que cuatrocientos cincuenta pesos no nos alcanza
    para pagar el alquiler . . .

mirá = mira. Uso de **vos.**

ACTOR 1° —Mirá, como yo tengo la casilla, mudate vos a una pieza con cua-
180   tro o cinco muchachas más, ¿eh?
ACTRIZ —No hay otra solución. Y como no nos alcanza tampoco para comer . . .
ACTOR 1° —Mirá, como yo me acostumbré al hueso, te voy a traer la carne a
    vos, ¿eh?
ACTORES 2° Y 3° —*(Entrando.)* ¡El directorio accedió!
185 ACTOR 1° Y ACTRIZ —El directorio accedió . . . ¡Loado sea!
    (Salen los Actores 2° y 3°)
ACTOR 1° —Yo ya me había acostumbrado. La casilla me parecía más grande. An-
    dar en cuatro patas no era muy diferente de andar en dos. Con María nos
    veíamos en la plaza . . . *(Va hacia ella.)* Porque vos no podés entrar en mi
190   casilla; y como yo no puedo entrar en tu pieza . . . Hasta que una noche . . .
ACTRIZ —Paseábamos. Y de repente me sentí mal . . .
ACTOR 1° —¿Qué te pasa?
ACTRIZ —Tengo mareos.
ACTOR 1° —¿Por qué?
195 ACTRIZ —*(Llorando.)* Me parece . . . que voy a tener un hijo . . .
ACTOR 1° —¿Y por eso llorás?
ACTRIZ —¡Tengo miedo . . . tengo miedo!
ACTOR 1° —Pero, ¿por qué?
ACTRIZ —¡Tengo miedo . . . tengo miedo! ¡No quiero tener un hijo!
200 ACTOR 1° —¿Por qué, María? ¿Por qué?
ACTRIZ —Tengo miedo . . . que sea . . . *(Musita "perro". El Actor 1° la mira ate-*
    rrado, y sale corriendo y ladrando. Cae al suelo. Ella se pone en pie.) ¡Se fue . . . ,
    se fue corriendo! A veces se paraba, y a veces corría en cuatro patas . . .

ACTOR 1°: ¡No es cierto, no me paraba! ¡No podía pararme! ¡Me dolía la cintura
205   si me paraba! ¡Guau! . . . Los coches se me venían encima . . . La gente me
     miraba . . . *(Entran los* Actores 2° y 3°) ¡Váyanse! ¿Nunca vieron un perro?

ACTOR 2° —¡Está loco! ¡Llamen a un médico! *(Sale.)*

ACTOR 3° —¡Está borracho! ¡Llamen a un policía! *(Sale.)*

ACTRIZ —Después me dijeron que un hombre se apiadó de él y se le acercó
210   cariñosamente.

ACTOR 2° —*(Entra.)* ¿Se siente mal, amigo? No puede quedarse en cuatro
     patas. ¿Sabe cuántas cosas hermosas hay para ver, de pie, con los ojos
     hacia arriba? A ver párese . . . Yo le ayudo . . . Vamos, párese . . .

ACTOR 1° —*(Comienza a pararse, y de repente:)* ¡Guau . . . , guau! . . . *(Lo*
215   *muerde.)* ¡Guau . . . , guau! . . . *(Sale.)*

ACTOR 3° —*(Entra.)* En fin, que cuando, después de dos años sin verlo, le
     preguntamos a su mujer: "¿Cómo está?", nos contestó . . .

ACTRIZ —No sé.

ACTOR 2° —¿Está bien?

220 ACTRIZ —No sé.

ACTOR 3° —¿Está mal?

ACTRIZ —No sé.

ACTORES 2° Y 3° —¿Dónde está?

ACTRIZ —En la perrera.

225 ACTOR 3° —Y cuando veníamos para acá, pasó al lado nuestro un boxeador . . .

ACTOR 2° —Y nos dijeron que no sabía leer, pero que eso no importaba
     porque era boxeador.

ACTOR 3° —Y pasó un conscripto . . .

ACTRIZ —Y pasó un policía . . .

230 ACTOR 2° —Y pasaron . . . , y pasaron . . . , y pasaron ustedes. Y pensamos
     que tal vez podría importarles la historia de nuestro amigo . . .

ACTRIZ —Porque tal vez entre ustedes haya ahora una mujer que piense:
     "¿No tendré . . . , no tendré . . . ?" *(Musita: "perro".)*

ACTOR 3° —O alguien a quien le hayan ofrecido el empleo del perro del
235   sereno . . .

ACTRIZ —Si no es así, nos alegramos.

ACTOR 2° —Pero si es así, si entre ustedes hay alguno a quien quieran con-
     vertir en perro, como a nuestro amigo, entonces . . . Pero, bueno,
     entonces ésa . . . , ¡ésa es otra historia! *(Telón.)*

FIN DE "HISTORIA DEL HOMBRE QUE SE CONVIRTIÓ EN
PERRO"

Actividad 18: Escena por escena   En grupos de dos a cuatro, prepárense para
representar una de las siguientes escenas. Es necesario:

a. decidir el personaje que habla en cada línea
b. decidir cómo habla (con tono serio, irónico, triste, alegre, desesperado,
    nostálgico)
c. inventar un título para la escena
d. practicar la escena varias veces, incluyendo gestos apropiados

Escena	Líneas del texto	Actores (tamaño del grupo)
1	1–26	Todos (4)
2	26–48	Todos (4)
3	49–91	Todos (4)
4	92–112	Todos (4)
5	113–134	Todos (4)
6	135–157	Todos (4)
7	158–186	Todos (4)
8	187–206	Actriz y Actor 1° (2)
9	207–224	Todos (4)

Actividad 19: Una cuestión de interpretación   La obra relata una historia absurda, pero se refiere a la realidad social y económica latinoamericana. En parejas, expliquen a qué se refiere cada una de las siguientes citas:

1. ACTRIZ —Allí donde, extendiendo los brazos, apretamos al mundo por la cabeza y los pies y le decimos: "¡Suena, acordeón, suena!"
2. ACTOR 1° —¡Mentira! Nunca tuve primavera.
3. ACTOR 1° —Porque todo empezó de la manera más corriente.
4. ACTOR 1° —¡Guau . . . , guau! . . . ¡Divertite, María, divertite!
5. ACTORES 2° Y 3° —¡Guau . . . , guau! . . . ¡Divertite, María, divertite!
6. ACTRIZ —Uno se acostumbra a todo . . .
7. ACTOR 3° —¡Debemos ayudar a su familia!
8. ACTOR 2° —A ver párese . . . Yo le ayudo . . .Vamos, párese . . .

Actividad 20: La responsabilidad   En la obra, el hombre se vuelve loco creyendo que es perro. En grupos de tres, decidan quién/es tiene/n la responsabilidad y por qué: el hombre mismo, los dueños de las empresas, el estado, la sociedad.

8-3

CUADERNO PERSONAL

Imagínate que tienes el peor trabajo posible. ¿Cuál es? ¿Qué vas a hacer para hacerlo más tolerable e interesante?

Redacción: El curriculum vitae y la carta de solicitud

ESTRATEGIA DE REDACCIÓN

Focusing on Surface Form

Writing involves several stages: generating ideas, focusing on specific ideas, organizing, composing and, for more formal texts, polishing surface form. Surface form includes physical layout, punctuation, spelling, and use of capital letters. Since it is the first thing the reader notices, it can be very important in determining the reader's initial reaction to a text, its content, and/or the writer. Here are some suggestions for polishing what you write:

1. Make sure that margins are clearly set. Computers make it possible to justify text easily.
2. Check punctuation. Though similar in formal Spanish and English, remember: inverted question and exclamation marks must be used in Spanish; commas are not used before **y** or **o** in a series (**rojo, blanco y azul);** use of commas and periods in numbers differs in English and Spanish (*GPA: 3.67* = **Promedio de notas: 3,67** and *2,000 dollars* = **2.000 dólares**).
3. Watch your spelling, including accents. Do not let English influence your spelling of cognates (*professional*/**profesional**) and remember that the use of accents can differ between singular and plural forms (**recomendación/recomendaciones).** Most native speakers do not use written accents on capital letters.
4. The use of capital letters (**mayúsculas**) is more restricted in Spanish. Use capital letters for the first word of a sentence or title (**Cien años de soledad),** for names of people, clubs, organizations, businesses, and for abbreviated titles (**Ud., Sr.**). Do not use capital letters for days of the week (**lunes**), months (**enero**), seasons (**primavera**), languages (**inglés**), religions (**catolicismo**), compass points (**norte**) or adjectives (**católico**).

Actividad 21: Un curriculum   Parte A: Aunque el curriculum vitae tradicionalmente no ha sido muy importante en Latinoamérica, con el aumento de la influencia comercial norteamericana en la región, se está extendiendo el uso del curriculum al estilo norteamericano. En grupos de tres, traten de contestar las siguientes preguntas.

Using a model

- ¿Porqué el curriculum vitae es y ha sido tan importante en la cultura comercial y profesional de Norteamérica?
- ¿Porqué el curriculum vitae no ha tenido tradicionalmente mucha importancia en la cultura comercial y profesional de los países latinoamericanos?

Parte B: Al preparar el curriculum propio, generalmente se usa el de otra persona como base y modelo. En parejas, miren el siguiente curriculum y observen el vocabulario que se usa y cómo está organizado. ¿Hay otras maneras de organizar un curriculum?

Rosa Cunningham González
67 Chula Vista Road
Los Ángeles, California 50215
(213) 789-2389

Fecha de nacimiento
15 de agosto de 1975

Objetivo profesional
Gerente de ventas y mercadeo

Preparación académica

1998–2000	Universidad de California, Los Ángeles, CA
	Maestría
	Especialización: Administración de empresas
1993–1997	Universidad de Georgia, Athens, Georgia
	Licenciatura *magna cum laude*
	Especialización: español e inglés
1989–1993	Las Palmas High School, Los Ángeles, CA
	Bachiller

Experiencia profesional

1999 (verano)	Ventamundo, S.A., México, D.F.
	Asistente ejecutiva
1995–1997	Toyland, Inc., Atlanta, GA
(veranos)	Vendedora regional

Experiencia adicional

1998–2000	Club de Estudiantes de Negocios, tesorera
1993–1997	Asociación de Estudiantes Latinos, presidenta

Preparación adicional
Mecanografía y procesamiento de datos
Dominio de inglés y español
Conocimiento elemental de portugués

Becas y premios

1999	Beca Salinas (mejor estudiante del programa)
1997	Phi Beta Kappa (por excelencia académica)

Intereses
Baile popular, música caribeña, navegación

maestría o **master** = **master's degree.**

licenciatura = un título un poco más avanzado que **bachelor's degree**

bachiller = *high school graduate*

Parte C: Individualmente, preparen el borrador de un curriculum propio similar al del modelo. Usen el diccionario o hablen con su profesor/a si necesitan vocabulario específico.

Writing a résumé

Actividad 22: Una carta de solicitud Las cartas en español generalmente tienen un formato diferente al de las cartas en inglés y emplean un lenguaje muy formal y formulaico. Mira la carta modelo en la página 157, que es una solicitud escrita para acompañar el curriculum vitae anterior, y haz lo siguiente:

Using a model

1. Identifica: a. el encabezamiento b. el destinatario c. el saludo d. el cuerpo e. la despedida f. la firma y la dirección del remitente.
2. Identifica las diferencias entre el formato de esta carta y el de una carta en inglés.
3. Identifica el párrafo en el cual aparece la siguiente información:
   a. el puesto deseado y cómo se informó del puesto el solicitante
   b. la información más importante del curriculum vitae
   c. otros datos no incluidos en el curriculum vitae
   d. razón de su interés en el puesto
   e. esperanzas en cuanto al trabajo
   f. las gracias
4. Busca dos ejemplos de lenguaje muy formal o de fórmulas que se usan.

Actividad 23: Redacción de la carta Imagina que quieres pasar algún tiempo trabajando en Hispanoamérica para perfeccionar tu español y decides solicitar el puesto de trabajo anunciado en la Actividad 8.

Writing an application letter

Parte A: Haz una lista de los datos de tu curriculum que quieres enfatizar en la carta de solicitud. Incluye información que te hará un candidato interesante.

Parte B: Escribe la carta. Incluye información semejante a la de la carta modelo. Decide qué partes de la carta modelo debes copiar y qué partes tienes que adaptar para personalizar tu carta.

Parte C: Después de redactar el primer borrador, corrígelo pensando en su presentación: el formato, la puntuación y el uso de letras mayúsculas.

Focusing on surface form

Los Angeles, 14 de julio de 2000

Sra. María Elena Pérez Pereira
Directora de personal
Juguetes Xochimilco, S.A.
Sagredo 263
Colonia Guadalupe Inn
010020 México, D.F.

Estimada señora:

Atentamente me dirijo a Ud. para comunicarle mi interés en el puesto de director de desarrollo de productos en su empresa y para enviarle copia de mi curriculum vitae de acuerdo con el anuncio que apareció en *Uno Más Uno* el 1º de julio de 2000.

El reciente mayo pasado me gradué de la Universidad de California en Los Angeles con maestría en administración de empresas. Tengo también gran interés en mercadeo, asignatura que estudié intensamente durante la carrera universitaria.

En cuanto a mi habilidad lingüística, domino tanto el español como el inglés ya que he crecido en una familia bicultural y he viajado a México varias veces. Creo que tanto mi experiencia profesional, adquirida en una empresa americana conocida, como mis conocimientos lingüísticos y culturales hacen de mí una buena candidata para el puesto solicitado. Me interesa este puesto ya que su empresa tiene mucho prestigio en este campo y goza de gran éxito en el mercado norteamericano. Creo también que mis capacidades parecen corresponder a sus necesidades.

Le agradecería que me diera la oportunidad de conocerla en persona y de visitar sus instalaciones. Me gustaría hablar con usted tanto de los requisitos del puesto como de las contribuciones que yo podría ofrecer a su empresa.

Agradeciéndole anticipadamente su atención, quedo en espera de su pronta respuesta.

Muy atentamente,

Rosa Cunningham G.
Rosa Cunningham G.
67 Chula Vista Road
Los Angeles, CA 50215

Arte e identidad

▲ Autorretrato en la frontera entre México y los Estados Unidos, *1932, Frida Kahlo (México).*

See the *Fuentes* Web site for related links and activities: http://college. hmco.com

Actividad 1: Interpretación del arte **Parte A:** En grupos de tres, miren y comenten los cuadros que aparecen en este capítulo, usando las siguientes preguntas.

Activating background knowledge, Anticipating

1. ¿Qué tipo de arte son? (pinturas, dibujos, esculturas, etc.)
2. Expliquen el tema o el mensaje de dos o tres de las obras.
3. ¿Cuáles son las dos que les gustan más? Comparen su contenido o su tema.

Parte B: Muchos artistas usan el arte para explorar su mundo y su propia identidad. El cuadro que aparece en la página anterior fue pintado por la artista mexicana Frida Kahlo durante una visita a Detroit, Michigan. En grupos de tres, miren la pintura y hagan la siguiente actividad usando el vocabulario que aparece a continuación.

1. Comparen el lado izquierdo con el lado derecho.
2. Expliquen por qué la artista se representa en el centro.
3. Traten de adivinar lo que quiere expresar la artista.
4. Busquen un tema que aparezca en este cuadro y que aparezca también en otro cuadro del capítulo.

la ambigüedad	lo colonial	el futuro	lo moderno
lo arcaico	el crecimiento	lo indígena	el pasado
la bandera	la explotación	la inhumanidad	el pedestal
Carmen Rivera	lo femenino	lo masculino	la tecnología
el cigarrillo	la fertilidad	la metáfora	la yuxtaposición

Frida Kahlo estaba casada con el artista Diego Rivera cuando pintó este autorretrato; Carmen Rivera era su nombre de casada.

Lectura 1: Reseña de un libro

Actividad 2: Preparación léxica Después de mirar las siguientes palabras sacadas de la lectura sobre Frida Kahlo, escoge una palabra adecuada para completar cada una de las siguientes oraciones.

Building vocabulary

atávico/a	atavistic (related to ancestors' traits, primitive and/or visceral)
atónito/a	astonished, amazed
capacitado/a	qualified
el sostén	support
la varilla	rod, rail

En algunos países, **el sostén** = *bra*.

1. Ella sintió un temor _____ al ver las serpientes en el zoológico.

2. La tuvieron que llevar al hospital porque una _____ metálica le había penetrado en el cuerpo.

3. La compañía no me contrató para el trabajo porque no me consideraba _____ para el puesto.

4. Él se quedó _____ al ver la conducta de su amigo borracho.

5. Ella tuvo que trabajar y contribuir al _____ de su familia.

Actividad 3: Contextos significativos   Las palabras indicadas en cada oración
aparecen en la lectura sobre Frida Kahlo. Lee las oraciones y después asocia las expresiones de la segunda columna con las de la primera.

Guessing meaning from context

1. La mujer iba muy **ataviada**: llevaba un vestido negro elegante y collar de perlas.
2. El público se quedó atónito por la **indumentaria** del poeta: ¡llevaba zapatos y nada más!
3. Frida Kahlo dijo que pintaba **autorretratos** porque así llegaba a conocerse mejor.
4. Picasso pintó cientos de **telas** durante su vida.
5. El artista **padeció** una enfermedad grave durante muchos años y murió joven.
6. El nuevo estudiante no se llevaba bien con sus **condiscípulos,** pero se llevaba divinamente con los profesores.
7. La **convivencia** puede resultar difícil si una de las personas no contribuye lo suficiente al bienestar común.
8. En mi familia no sabemos nada de leyes y por eso **acudimos** a un abogado.
9. El cocinero se había cortado el dedo y le **manaba** mucha sangre de la herida, pero él siguió su trabajo como si tal cosa.

1. _____ ataviado
2. _____ la indumentaria
3. _____ el autorretrato
4. _____ la tela
5. _____ padecer
6. _____ el/la condiscípulo/a
7. _____ la convivencia
8. _____ acudir
9. _____ manar

a. una pintura de un/a artista hecha por él/ella mismo/a
b. el/la compañero/a de clase
c. el vivir juntos
d. ir en busca de algo
e. sufrir
f. vestido elegantemente
g. fluir
h. la pintura, el cuadro
i. la ropa

ESTRATEGIA DE LECTURA

Annotating and Reacting to Reading

Taking notes on important or interesting ideas can aid you in organizing and understanding a reading. You can use notes on information contained in the reading to guide your studying and to prepare outlines. Emotional reactions and doubts can be used as prompts to discuss and ask questions about difficult parts of the reading. Notetaking is most useful when done methodically, so you should develop a method that is comfortable for you. One possibility is to record notes on content in the outer margin and emotional reactions in the inner margin, while underlining important unfamiliar vocabulary and highlighting significant details.

Actividad 4: Reacciones e ideas importantes   Mientras lees la siguiente reseña
de un libro sobre Frida Kahlo, apunta en el margen tus reacciones (**¡qué fascinante!, ¡qué raro!, ¡qué barbaridad!, estoy de acuerdo, basura, no comprendo,** etc.). Apunta o subraya también las ideas más importantes.

Frida Kahlo, una de las figuras más celebradas de la pintura mexicana y la artista latinoamericana más conocida entre las de su generación, fue la esposa del gran muralista Diego Rivera. *Frida Kahlo: El pincel de la angustia* es una elogiable adición a la creciente lista de publicaciones sobre Kahlo.

La nueva biografía de Martha Zamora, que apareció en 1987 en una edición privada bajo el título *El pincel de la angustia,* contiene más de un centenar de ilustraciones magníficas, incluyendo reproducciones de pinturas de Kahlo, fotografías de la pintora y recuerdos suyos.

Enferma de poliomielitis a los seis años, Frida padeció enfermedades durante toda su vida. Conoció a Diego mientras éste pintaba un mural en la Escuela Preparatoria Nacional donde ella estudiaba, pero en esa época Frida estaba enamorada de un condiscípulo y, aunque importunó a Rivera y dejó atónitos a sus compañeros de clase proclamando que adoraría tener un hijo del pintor, en realidad no llegó a conocerlo bien sino varios años más tarde.

A los dieciocho años, Frida sufrió un serio accidente de tránsito en el cual la varilla metálica de un pasamanos penetró en su cuerpo dañándole el útero. Comenzó a pintar durante su convalecencia y, tras recuperarse, debió comenzar a trabajar para ayudar al sostén de su familia. Fue entonces que acudió a Rivera para solicitarle su opinión acerca de su pintura, pues necesitaba saber si estaba o no capacitada para ganarse la vida como artista. Se enamoraron y en 1929, cuando ella tenía 19 años y Rivera 43, se casaron.

Al principio Frida subordinó su trabajo al de Diego. Cuidó de la casa para él y participó en sus actividades políticas, afiliándose al partido comunista y concurriendo a manifestaciones. Durante períodos prolongados pintó

***Frida Kahlo: El pincel de la angustia,* de Martha Zamora.** Traducción al inglés de Marilyn Sode Smith con el título *Frida Kahlo: The Brush of Anguish* (San Francisco, Chronicle Books, 1990)

Aunque Rivera apoyó su carrera e hizo mucho para que lograra el reconocimiento que merecía, era un hombre con el cual la

FRIDA KAHLO
EL PINCEL DE LA ANGUSTÍA
MARTHA ZAMORA

Autorretrato con collar de espinas y colibrí, 1940.

escasamente, pero a cierta altura comenzó a dedicar más tiempo a su trabajo y en algún momento se convirtió en una artista importante por derecho propio.

convivencia resultaba difícil. Además de habérselas con sus enfermedades, Frida tenía que lidiar con el temperamento, las mentiras y los constantes amoríos de su marido. En

1939 Frida y Diego se divorciaron, pero al año siguiente volvieron a casarse.

Las pinturas de Frida, en su mayoría autorretratos, muestran a una mujer angustiada, a menudo con lágrimas en los ojos. Su autorretrato de 1948 la presenta ataviada con un hermoso vestido tehuano: tanto ella como Diego adoraban las artesanías mexicanas tradicionales y Frida vestía casi siempre trajes regionales. En su "Autorretrato dedicado al doctor Eloesser" aparece con un collar de espinas que lacera su piel. Asimismo en su "Autorretrato con collar de espinas y colibrí", la sangre gotea de las heridas de su cuello.

"Las dos Fridas", pintado el año de su divorcio de Diego, consiste en un doble autorretrato que sugiere la dualidad de la artista y su soledad: Frida es la única compañía de Frida. La de la izquierda aparece ataviada con el tipo de indumentaria tehuana preferido por Diego, con el vestido abierto y dejando a la vista su corazón herido. Representa a la Frida que Diego había amado una vez. De un extremo de una vena abierta manan gotas de sangre que caen sobre la falda, y el otro extremo se halla conectado al corazón de una Frida totalmente vestida. Una vena se envuelve en torno al brazo de esta segunda Frida y termina en un retrato minúsculo de Diego niño, el Diego que alguna vez fue, símbolo del amor perdido.

En su introducción, Martha Zamora explica cómo su concepto sobre Frida se vio alterado por la investigación que requirió la biografía. "Comencé mi trabajo totalmente fascinada por la perfecta heroína romántica, la que sufrió enormemente, murió joven y habló directamente, con su arte, a nuestros temores atávicos frente a la esterilidad y la muerte". Bajo la influencia de las pinturas y los escritos de Frida, en los cuales ésta proyectó la imagen de una artista atormentada, vio al principio a su personaje como una artista maravillosa aunque bastante improductiva, una esposa fiel y resignada, y una semi inválida que había llevado una vida triste y recluida. Sin embargo, sus investigaciones sacaron a luz una rebelde amante de las diversiones y dada a la bebida, que tuvo incontables aventuras amorosas, con hombres y con mujeres. Frida viajó intensamente y llevó una vida activa, aparte de la de su marido. Además, pintó muchas más telas que las supuestas originalmente por Zamora.

Aunque la biógrafa insiste en la amplitud de su investigación, el texto

Las dos Fridas, 1940.

contiene escasa información que no aparezca en otras biografías, como la de Hayden Herrera titulada *Frida: Una biografía de Frida Kahlo.* Zamora disipa el viejo mito de la obsesión de Frida con su maternidad frustrada, perpetuado por Bertram Wolfe, biógrafo de Rivera, y por otros. Zamora señala que Frida se sometió a varios abortos, no todos por razones terapéuticas.

Sin embargo, lo mejor del libro de Zamora no es, realmente, el texto, sino las ilustraciones. Escogidas con inteligencia y bellamente reproducidas, las pinturas de Frida cobran vida en estas páginas, y las fotografías de la artista, muchas de ellas tomadas por fotógrafos famosos, revelan en mayor grado que la prosa de Zamora, la pasión y la complejidad de Frida. Aunque Martha Zamora brinda algunas advertencias importantes, en definitiva las imágenes tienen mayor resonancia que las palabras.

Actividad 5: Las partes de una reseña   Una reseña de libro es un resumen parcial y un comentario del mismo. Una buena reseña tiene la información indicada en el siguiente cuadro. Complétalo según la reseña que acabas de leer.

Título del libro:
Autor(a):
Tipo de texto (novela, historia, biografía, etc.):
Tema:
Personajes:
Lugar y época:
Acontecimientos principales:
Conceptos/aspectos importantes:
Comparación con otros textos:
Evaluación final:

Actividad 6: La vida y el arte   **Parte A:** Coloca en orden cronológico los siguientes sucesos de la vida de la artista mexicana Frida Kahlo, refiriéndote al texto cuando sea necesario.

a. _____ Frida acompaña a Diego en sus actividades políticas.

b. _____ Frida declara que quiere tener un hijo de Diego Rivera.

c. _____ Frida sufre de poliomielitis.

d. _____ Comienza a estudiar en la Escuela Preparatoria Nacional.

e. _____ Frida Kahlo vuelve a casarse con Diego Rivera.

f. _____ Solicita la opinión de Diego Rivera sobre su arte.

g. _____ Frida sufre un serio accidente automovilístico.

h. _____ Frida y Diego se casan por primera vez.

Parte B: En parejas, reaccionen a los sucesos de la vida de Kahlo. Usen oraciones como las siguientes.

→   Fue trágico que ella tuviera un accidente automovilístico.

→   Me sorprende que se haya casado dos veces con Diego Rivera.

Actividad 7: Detalles e interpretaciones   En parejas, miren los dos autorretratos que aparecen en la lectura y el que está al principio del capítulo. Expliquen lo que creen que representan algunos detalles de cada retrato.

→   Ella tiene un cigarrillo en la mano. Eso muestra su asociación con la vida moderna.

→   Es probable que haya pintado dos Fridas para mostrar que . . .

Actividad 8: Una compra importante   En grupos de tres, imagínense que Uds. son los directores de un museo de arte y han decidido adquirir una obra de la artista mexicana Frida Kahlo. Están en venta tres autorretratos de Frida Kahlo: *Frida en la frontera*, *Las dos Fridas* y *Autorretrato con collar de espinas y colibrí*. Decidan cuál es el cuadro que quieren comprar y después preparen un breve informe para justificar su decisión ante la junta general del museo.

9-1

CUADERNO PERSONAL

¿Crees que un artista o un músico tiene que sufrir mucho para crear grandes obras de arte? Cuando tú sufres, ¿cómo expresas tus sentimientos?

**ESTRATEGIA
DE LECTURA**

Lectura 2: Panorama cultural

Dealing with Different Registers

A register is the type of language used in a particular situation. Formal and informal speech are examples of registers: *Good morning, sir.* versus *Hey!*, or **¿Cómo está usted?** versus **¿Qué tal?** In the same way that different registers are used in speech, there are different registers in writing. Some expressions and grammatical structures are only appropriate for informal uses, while other expressions and constructions, such as *be that as it may* or *thus*, may sound unusual in informal situations, but appropriate in formal writing and formal speech. Similarly, formal letters in Spanish may begin with **Estimado/a señor/a** and close with **Atentamente**, while a letter to a friend may begin with **Querido/a** . . . and end with **Besos**. Authors generally use the register expected in the kind of text they are writing. For example, academic writing is characterized by very formal language. On the other hand, a creative writer of literature can break these conventions for artistic effect.

Actividad 9: El registro académico y artístico   Las expresiones formales de la página siguiente aparecen en la lectura "Realidad, identidad y arte en Latinoamérica". Decide cuál es el sinónimo de cada expresión y escribe la letra en el espacio correspondiente. Usa el diccionario sólo para confirmar tus decisiones.

Dealing with formal registers

1. _____ a la par con
2. _____ el advenimiento
3. _____ adinerado/a
4. _____ de antaño
5. _____ autóctono/a
6. _____ didáctico/a
7. _____ empero
8. _____ el motivo (arte)
9. _____ occidental
10. _____ primordial
11. _____ pujante
12. _____ sea como fuere
13. _____ la vanguardia
14. _____ la yuxtaposición

a. con vigor
b. propio o natural de un lugar
c. acción de poner una cosa junto a otra
d. juntamente
e. el tema
f. adelante, en primer lugar
g. fundamental
h. la llegada
i. que enseña
j. rico
k. del pasado
l. del oeste
m. no importa cómo sea
n. sin embargo

Fuere = futuro del subjuntivo de **ser**. Actualmente, sólo se usa en ciertas expresiones hechas.

Actividad 10: ¿Por qué el arte?   Parte A: En grupos de tres, antes de leer, comenten las siguiente preguntas.

Activating background knowledge

Annotating and reacting

¿Cuáles son los temas y motivos más frecuentes del arte?
¿Por qué o para qué se crea el arte?

Parte B: Mientras lees, escribe en un margen tus reacciones personales (por ejemplo, **interesante, imposible, ¡¿qué?!, ¿por qué?, confuso)**, y escribe en el otro margen (o subraya) las ideas y los detalles más importantes. Estos apuntes te pueden ayudar a discutir la lectura en clase y a preparar un buen bosquejo.

REALIDAD, IDENTIDAD Y ARTE EN LATINOAMÉRICA

Después de un largo proceso de desarrollo económico y cultural, la expresión artística latinoamericana, tanto en las bellas artes como en la literatura, ha llegado a reconocerse a nivel mundial como una fuerza pujante y vital. Según la perspectiva de la crítica artística tradicional, las bellas artes y la
5   literatura tienden a evolucionar y madurar a la par con la sociedad. Y como el desarrollo económico de Latinoamérica ha sido lento y difícil, ante los ojos de los críticos, el arte y la literatura de las antiguas colonias portuguesa y españolas no habían salido de una larga "niñez". En el siglo XX, sin embargo, las artes latinoamericanas se independizaron de la tradición europea para encontrar su propia voz e identidad. Se colocaron, entonces, entre la vanguardia del
10 movimiento artístico, a medida que la industrialización y el avance de los medios de comunicación derrumbaban las barreras que aislaban a los diversos países.

▲ Collage de Bolívar, *1979, Juan Camilo Uribe (Colombia).*

Durante siglos el arte y la identidad latinoamericanos se han venido formando a través del enfrentamiento con seis fuerzas culturales íntimamente
ligadas: la iglesia católica, la conquista y colonización
españolas, las monarquías española y portuguesa, las
culturas precolombinas, la civilización occidental y el
aislamiento geográfico y psicológico de la región.
Los latinoamericanos han ido moldeando el arte de
sus países por medio de una búsqueda de identidad,
y el enfrentamiento con estas fuerzas culturales ha
contribuido a formar su expresión artística.

La iglesia católica ha sido un factor primordial
en el desarrollo histórico y cultural latinoamericano. Por un lado, muchos consideran que ha ofrecido unidad y estabilidad social, mientras que otros
ven su función como un medio de opresión de las
masas. Sea como fuere, el papel predominante de la
Iglesia se refleja de una manera u otra en el arte de
toda la región, que abarca desde los temas netamente religiosos hasta la sátira y la crítica religiosa.

A semejanza de la Iglesia, la conquista y la colonia han dejado una huella
indeleble en la conciencia latinoamericana y en su arte. En países como México, donde se mezclaron las razas y predomina la población mestiza, el arte ha
representado la explotación de los indígenas y de los pobres por parte de los
conquistadores de antaño y de la clase adinerada y los grandes terratenientes
de hoy. El tema de esta dominación y subyugación, de la lucha por la propia
identidad política y social y del orgullo de la tradición indígena, ha encontrado
su expresión artística en el muralismo, arte mexicano por excelencia. Las obras
de los tres grandes muralistas de principios del siglo XX, Diego Rivera, José
Clemente Orozco y David Alfaro Siqueiros, y las de otros artistas contemporáneos, no sólo reflejan la realidad de la vida mexicana sino que constituyen
una declaración pictórica social, económica y política accesible a un pueblo en
gran parte analfabeto.

A la par con las clases dominantes y la jerarquía tradicional de la Iglesia,
las monarquías española y portuguesa dejaron un legado de tiranía y paterna-
lismo en Latinoamérica. Y, aunque el artista latinoamericano, por lo general,
se abstiene de atacar directamente a un líder específico, a menudo ridiculiza al
ejército, las dictaduras militares y su opresión y a los jefes y caciques políticos
con una sátira aguda y letal.

La herencia de las culturas indígenas y africanas también ha desempeñado
un papel de suma importancia en la evolución del arte latinoamericano. El arte
autóctono que antes se despreciaba, empezó a admirarse desde que floreció
el movimiento de "vanguardia" de principios del siglo XX. Poco a poco, la
belleza y autenticidad de las artes indígenas y africanas fue penetrando e influ-
yendo en la obra de artistas contemporáneos. Especialmente en países con
numerosa población indígena como Guatemala, México y los países de la

▲ Cinq siècles après (Cinco siglos después), *1986, José Gamarra (Uruguay).*

60 región andina, el orgullo de la herencia precolombina es una reafirmación
de la identidad cultural tanto del artista como de su pueblo. Los motivos
humanos y animales, las representaciones tomadas de los ritos religiosos y las
expresiones de la naturaleza, unen al artista a sus raíces indígenas o africanas.
      Empero, es importante reconocer que, a pesar de la influencia histórica y
65 cultural de estas tradiciones, el artista latinoamericano se ha formado dentro
del contexto de la civilización occidental. Ser latinoamericano total es ser el
producto de herencias indígenas, africanas y europeas que forman una identidad única. El latinoamericano funciona dentro de sus tradiciones, pero a la

▲ Sueño de una tarde dominical en la Alameda, *1947–8, Diego Rivera (México)*.

70 vez, dentro de la educación y las exigencias del mundo contemporáneo. Los artistas latinoamericanos viajan durante largos períodos a Europa y a los Estados Unidos, se mantienen en contacto con sus culturas y son parte activa de la comunidad artística internacional. Como resultado, sus obras reflejan las tendencias cambiantes del mundo actual. A menudo, la religión, el indigenismo y las tradiciones van mano a mano con el materialismo, la tecnología y la so-

75 ciedad de consumo de finales del siglo XX. No obstante, el peso de las culturas europea y norteamericana ha llevado a los artistas latinoamericanos a reaccionar contra ellas y a intentar definir una identidad propia y separada de esas culturas extranjeras. Algunos han echado mano de las artesanías del pueblo, incorporando elementos indígenas en pinturas o murales, sobre todo en países

80 como México, mientras que en países como Chile y Argentina, donde la población indígena es muy pequeña, usan telas, muñecas o vasijas de fabricación tradicional y motivos autóctonos en las obras de arte.

No como una paradoja sino como último

85 elemento en esta mezcla de influencias, el aislamiento, tanto geográfico como psicológico, ha ayudado a definir la identidad del arte latinoamericano. La abrupta geografía de grandes montañas, ríos caudalosos y selvas impenetrables

90 mantuvo a Latinoamérica casi totalmente aislada hasta el advenimiento de la aviación a principios del siglo XX. Por otra parte, las guerras de fronteras entre países vecinos han alimentado cierta separación. Pero este aislamiento va más allá del

95 que demarcan los límites geográficos: es el aislamiento íntimo del individuo que habita el

◀ La familia presidencial, *1967, Fernando Botero (Colombia)*. Oil on canvas, 6'8-1/8" × 6'5-1/4" (203.5 × 196.2 cm). The Museum of Modern Art, New York. Gift of Warren D. Benedek. Photograph © 1996 The Museum of Modern Art, New York.

▲ Colombia, *1976,*
Antonio Caro (Colombia).

mundo moderno, un mundo deshumanizado por
la mecanización y la tecnología que se reflejan en
el lenguaje universal del arte.

100   Todo artista, todo escritor es el producto de
una realidad y la refleja en su creación artística.
Los escritores y artistas latinoamericanos, a su
vez, tratan en sus obras aquellos temas sociales,
políticos y culturales que han forjado su realidad y
105 su identidad nacionales. Sus países de origen son
países ricos en recursos, pero un gran sector de la
población vive en la pobreza. Son países donde la
inestabilidad política es un fenómeno de la vida
diaria; donde la relación de opresor-oprimido
110 continúa entre descendientes de conquistadores y
conquistados o esclavos. Esta realidad, a veces ab-
surda y fantástica, ha sido la fuente de inspiración para artistas que, tanto en
las letras como en el arte pictórico, utilizan a menudo imágenes fantásticas
para representarla.

115   Bien se sabe que el uso de imágenes fantásticas en el arte y en la literatura
no es nada nuevo ni exclusivo de Latinoamérica. La fantasía ha sido, por ejemplo,
un elemento esencial del surrealismo europeo, pero sigue las normas de una

▶ Ojo de luz, *1987, Oswaldo Viteri*
(Ecuador).

▶ El norte es el sur, *1943,*
Joaquín Torres-García
(Uruguay).

corriente articulada y metódica. Lo fantástico latinoamericano, en cambio, surge
espontánea e intuitivamente de la imaginación; nace de culturas, religiones, his-
120   torias y geografías ricas y contradictorias, y del choque de la perspectiva práctica
y racional occidental con la realidad compleja, conflictiva y a veces absurda de
Latinoamérica. Lo fantástico, que ha llegado a ser casi sinónimo de la literatura
y el arte latinoamericanos, se manifiesta en la distorsión, la inserción de elementos absurdos en escenas "normales" y la yuxtaposición inesperada de elementos
125   muy diferentes. Esta espontaneidad casi mágica hace difícil de comprender la
fantasía latinoamericana al observador europeo o norteamericano.

No obstante el hecho de que la aceptación del arte de Latinoamérica haya
sido lenta y penosa, cada día se van abriendo paso más y más figuras notables
en la escena artística y literaria mundial. Artistas de muchos países latinoame-
130   ricanos son reconocidos; sus obras se exhiben en las mejores galerías y museos
del mundo y sus libros se leen en diversos idiomas. Con su creación artística,
aportan ellos una vivacidad, frescura y originalidad propia que surgen de la
realidad singular y la identidad vital de Latinoamérica y sus habitantes.

ESTRATEGIA
DE LECTURA

Outlining

An outline **(bosquejo)** is a plan showing the relationship between main topics and supporting ideas. A good outline can both help your understanding of a reading and serve as a check that you have understood a passage. Use the notes you take while reading as a starting point and try to sort the ideas by their relative importance. In traditional outlining, the most important ideas are usually listed with Roman numerals (I, II, III, etc.), lesser ideas are listed with capital letters (A, B, C, etc.) under each Roman numeral, and details may be listed with Arabic numerals (1, 2, 3, etc.), small letters (a, b, c, etc.), or small Roman numerals (i, ii, iii, etc.).

Actividad 11: Un bosquejo En parejas, vuelvan a mirar la lectura y preparen un bosquejo. Después, comparen su bosquejo con el de otra pareja.

Outlining

Actividad 12: Crítica de arte En grupos de tres, miren las reproducciones que acompañan la lectura y el cuadro de Frida Kahlo que aparece al principio del capítulo. Identifiquen el tema o temas de la lectura que se ven reflejados en cada obra y justifiquen su identificación con detalles de las obras.

→ El cuadro *Ojo de luz* refleja la conquista y colonización que no incluyó a las masas . . .

Actividad 13: La obra maestra En grupos de tres, imagínense que han sido seleccionados para juzgar las obras de una exhibición de arte: "Arte latinoamericano: entre la realidad y la fantasía". Uds., los jueces, tienen que escoger la obra maestra de entre las diez mejores (las diez que aparecen en este capítulo). También tienen que justificar su selección, comparando la obra con las otras y considerando aspectos como la calidad artística, la importancia del tema, la reacción del público, la originalidad. Elijan a un/a portavoz para informar a la clase de su selección.

9-2

CUADERNO PERSONAL

El arte (música, literatura) muchas veces refleja una reacción a la sociedad y la cultura. ¿Crees que el arte afecte o cambie la sociedad? Explica por qué.

Lectura 3: Literatura

Actividad 14: Hipótesis El cuento "Garabatos", que vas a leer, trata de un artista puertorriqueño que se ha mudado a Nueva York para trabajar. En parejas, miren la siguiente lista de vocabulario del cuento y adivinen algunos de los personajes o acontecimientos del cuento.

Building vocabulary, Predicting

el garabato	scribbling, scrawl
borrar	to erase
la nube	cloud
la barriga (el vientre)	stomach, belly
parir	to give birth
la vela	candle
Domingo de Ramos	Palm Sunday
Navidad	Christmas
Reyes	Epiphany (January 6th)
el muñeco	doll, figure
agradecer	to thank
el rótulo	(business) sign
la tertulia	social gathering for conversation
mofarse (burlarse) de	to ridicule
cobrar	to collect one's pay
el sótano	basement
el clavo	nail
la telaraña	spider web
la suciedad	dirtiness, obscenity
la lápida	tombstone

Actividad 15: Hablar y leer en puertorriqueño   El autor de "Garabatos", el cuento que vas a leer, presenta en su texto el habla (*speech*) coloquial puertorriqueña, permitiendo así la creación de un ambiente más realista. El dialecto puertorriqueño tiene varios rasgos.

Dealing with different registers

- la aspiración de la **-s** a final de sílaba: o sea, se pronuncia como *h* en inglés y a veces se pierde completamente.
- la confusión de la **-r** y la **-l** a final de sílaba
- la pérdida de la **-d-** entre dos vocales y de la **-d** a final de palabra
- la sustitución de la **e** por la **i** (**e > i**) en sílabas no acentuadas
- para > pa'

Con esta información, cambia las siguientes oraciones del cuento al español estándar.

1. —¡Qué! ¿Tú piensah seguil echao toa tu vida? Parece que la mala barriga te ha dao a ti. Sin embalgo, yo calgo el muchacho.
2. —¡Acaba de levantalte, condenao! ¿O quiereh que te eche agua?
3. —¡Me levanto cuando me salga di adentro y no cuando uhté mande! ¡Adiós! ¿Qué se cree uhté?
4. —Sí, siempre eh lo mihmo: ¡déjame quieto! Mañana eh Crihmah y esoh muchachoh se van a quedal sin jugueteh.
5. —¡Ave María Purísima, qué padre, Dioh mío! ¡No te preocupan na máh que tuh garabatoh! ¡El altihta! ¡Un hombre viejo como tú!
6. —¿Ahora te dio por pintal suciedadeh?

Actividad 16: Parte por parte Lee el cuento sin preocuparte por las palabras que no conoces. Intenta captar la idea de lo que pasa. Antes de leer cada sección del cuento, lee las siguientes oraciones incompletas. Luego, mientras lees, busca en la lectura la información necesaria para completarlas y termínalas antes de pasar a la próxima sección.

Parte 1

1. Graciela quería que Rosendo . . .
2. Rosendo quería que Graciela . . .
3. Graciela se quejaba porque . . .

Parte 2

1. Graciela le preguntó a Rosendo si . . .
2. Graciela no sabía que . . .
3. Rosendo iba a pintar . . .

Parte 3

1. Rosendo decidió hacer su cuadro en . . . porque . . .
2. Les pidió a su mujer y a sus hijos que . . .
3. Con el carbón, dibujó . . .
4. Luego, decidió salir para . . .

Parte 4

1. Cuando volvió, Rosendo . . .
2. Después de comer Rosendo, Graciela le dijo que había . . . porque . . .
3. Rosendo se sintió . . .

Pedro Juan Soto nació en Puerto Rico en 1928, pero a la edad de dieciocho años se fue a estudiar medicina a Nueva York. Allí, sin embargo, se dedicó a observar la vida de la comunidad puertorriqueña y acabó estudiando literatura y haciéndose escritor. Fue entonces cuando escribió su primer cuento, "Garabatos", que trata de la vida poco envidiable de un artista puertorriqueño que se ha mudado a Nueva York para trabajar, pero que no recibe apoyo ni siquiera de su mujer. Luego de su primera estancia en Nueva York, Soto volvió a su tierra natal para trabajar de profesor en la Universidad de Puerto Rico, donde ha seguido escribiendo obras sobre la experiencia y la identidad puertorriqueñas.

GARABATOS   *Pedro Juan Soto*

1

El reloj marcaba las siete y él despertó por un instante. Ni su mujer estaba en la cama, ni sus hijos en el camastro. Sepultó la cabeza bajo la almohada para ensordecer el escándalo que venía desde la cocina. No volvió a abrir los ojos hasta las diez, obligado ahora por las sacudidas de Graciela.

5   Oyó la voz estentórea de ella, que parecía brotar directamente del ombligo.

—¡Qué! ¿Tú piensah seguil echao toa tu vida? Parece que la mala barriga te ha dao a ti. Sin embalgo, yo calgo el muchacho.

Todavía él no la miraba a la cara. Fijaba la vista en el vientre hinchado, en la pelota de carne que crecía diariamente y que amenazaba romper

10 el cinturón de la bata.

—¡Acaba de levantalte, condenao! ¿O quiereh que te eche agua?

Él vociferó a las piernas abiertas y a los brazos en jarra, al vientre amenazante, al rostro enojado:

—¡Me levanto cuando me salga di adentro y no cuando uhté mande!

15 ¡Adiós! ¿Qué se cree uhté?

Retornó la cabeza a las sábanas, . . . A ella le dominó la masa inerte del hombre . . . Ahogó los reproches en un morder de labios y caminó de nuevo hacia la cocina, dejando atrás la habitación donde chisporroteaba, sobre el ropero, la vela ofrecida a San Lázaro. Dejando atrás la palma ben-

20 dita del último Domingo de Ramos y las estampas religiosas que colgaban de la pared.

En Santería, San Lázaro = Babalú Ayé, dios que causa y cura enfermedades.

Estampas religiosas = Imágenes de santos que frecuentemente se exhiben en los hogares católicos.

Era un sótano donde vivían. Pero aunque lo sostuviera la miseria, era un techo sobre sus cabezas. Aunque sobre ese techo patearan y barrieran otros inquilinos, aunque por las rendijas lloviera basura, ella agradecía a
25 sus santos tener dónde vivir. Pero Rosendo seguía sin empleo. Ni los santos lograban emplearlo. Siempre en las nubes, atento más a su propio desvarío que a su familia.

Sintió que iba a llorar. Ahora lloraba con tanta facilidad. Pensando: *Dios Santo si yo no hago más que parir y parir como una perra y este hombre no*
30 *se preocupa por buscar trabajo porque prefiere que el gobierno nos mantenga por correo mientras él se la pasa por ahí mirando a los cuatro vientos como Juan Bobo y diciendo que quiere ser pintor . . .*

Se sentó a la mesa, viendo a sus hijos correr por la cocina. Pensando en el árbol de Navidad que no tendrían y los juguetes que mañana habrían
35 de envidiarle a los demás niños. *Porque esta noche es Nochebuena y mañana es Navidad . . .*

—¡ROSENDO ACABA DE LEVANTALTE!

2

Rosendo bebía el café sin hacer caso de los insultos de la mujer.

—¿Qué piensah hacer hoy, buhcal trabajo o seguil por ahí, de bodega
40 en bodega y de bar en bar, dibujando a to esoh vagoh?

Él bebía el café del desayuno, mordiéndose los labios distraídamente, fumando entre sorbo y sorbo su último cigarrillo. Ella daba vueltas alrededor de la mesa, pasándose la mano por encima del vientre para detener los movimientos del feto.

45 —Seguramente iráh a la tertulia de loh caricortaoh a jugar alguna peseta prehtá, creyéndote que el maná va a cael del cielo hoy.

—Déjame quieto, mujer . . .

—Sí, siempre eh lo mihmo: ¡déjame quieto! Mañana eh Crihmah y esoh muchachoh se van a quedal sin jugueteh.

50 —El día de Reyeh en enero . . .

—A Niu Yol no vienen loh Reyeh. ¡A Niu Yol viene Santa Cloh!

—Bueno, cuando venga el que sea, ya veremoh.

—¡Ave María Purísima, qué padre, Dioh mío! ¡No te preocupan na máh que tuh garabatoh! ¡El altihta! ¡Un hombre viejo como tú!

55 Se levantó de la mesa y fue al dormitorio, hastiado de oír a la mujer . . . Rosendo se acercó al ropero para sacar de una gaveta un envoltorio de papeles. Sentándose en el alféizar, comenzó a examinarlos. Allí estaban todas las bolsas de papel que él había recogido para romperlas y dibujar. Dibujaba de noche, mientras la mujer y los hijos dormían. Dibujaba de
60 memoria los rostros borrachos, los rostros angustiados de la gente de Harlem: todo lo visto y compartido en sus andanzas del día.

Graciela decía que él estaba en la segunda infancia . . . Mañana era Navidad y ella se preocupaba porque los niños no tendrían juguetes. No sabía que esta tarde él cobraría diez dólares por un rótulo hecho ayer para
65 el bar de la esquina. Él guardaba esa sorpresa para Graciela. Como también guardaba la sorpresa del regalo de ella.

En la cultura hispana es aceptable usar el nombre de Dios en exclamaciones.

Como Juan Bobo = like an idiot

Reyes Magos = The Three Wise Men. En algunos países, los Reyes traen regalos para los niños el 6 de enero.

En Nueva York, muchos hispanos pobres viven en *Spanish Harlem*, también conocido como El Barrio.

Para Graciela él pintaría un cuadro. Un cuadro que resumiría aquel vivir juntos, en medio de carencias y frustraciones. Un cuadro con un parecido melancólico a aquellas fotografías tomadas en las fiestas patronales de Bayamón. Las fotografías del tiempo del noviazgo, que formaban parte del álbum de recuerdos de la familia. En ellas, ambos aparecían recostados contra un taburete alto, en cuyo frente se leía "Nuestro Amor" o "Siempre Juntos". Detrás estaba el telón con las palmeras y el mar y una luna de papel dorado.

Bayamón = ciudad de Puerto Rico   70

A Graciela le agradaría, seguramente, saber que en la memoria de él no había muerto nada. Quizá después no se mofaría más de sus esfuerzos.

Por falta de materiales, tendría que hacerlo en una pared y con carbón. Pero sería suyo, de sus manos, hecho para ella.

75

3

A la caldera del edificio iba a parar toda la madera vieja e inservible que el superintendente traía de todos los pisos. De allí, sacó Rosendo el carbón que necesitaba. Luego anduvo por el sótano buscando una pared. En el dormitorio no podía ser. Graciela no permitiría que él descolgara sus estampas y sus ramos.

La cocina estaba demasiado resquebrajada y mugrienta.

Escogió el cuarto de baño por fuerza. Era lo único que quedaba.

—Si necesitan ir al cuarto de baño—dijo a su mujer—, aguántesen o usen la ehcupidera. Tengo que arreglar unoh tuboh.

Cerró la puerta y limpió la pared de clavos y telarañas. Bosquejó su idea: un hombre a caballo, desnudo y musculoso, que se inclinaba para abrazar a una mujer desnuda también, envuelta en una melena negra que servía de origen a la noche.

80

aguántesen = aguántense   85

90

Meticulosamente, pacientemente, retocó repetidas veces los rasgos que no le satisfacían. Al cabo de unas horas, decidió salir a la calle a cobrar sus diez dólares, a comprar un árbol de Navidad y juguetes para sus hijos. De
95   paso, traería tizas de colores del "candy store". Este cuadro tendría mar y palmeras y luna. Y colores, muchos colores. Mañana era Navidad.

Graciela iba y venía por el sótano, corrigiendo a los hijos, guardando ropa lavada, atendiendo a las hornillas encendidas.

Él vistió su abrigo remendado.

don/doña = títulos de respeto   100
que se usan con el nombre:
don Juan/doña Ana

—Voy a buhcal un árbol pa loh muchachoh. Don Pedro me debe dieh pesoh.

Ella le sonrió, dando gracias a los cielos por el milagro de los diez dólares.

4

Regresó de noche al sótano, oloroso a whisky y a cerveza. Los niños se habían dormido ya. Acomodó el árbol en un rincón de la cocina y rodeó el
105   tronco con juguetes.

Comió el arroz con frituras, sin tener hambre, pendiente más de lo que haría luego. De rato en rato, miraba a Graciela, buscando en los labios de ella la sonrisa que no llegaba.

Retiró la taza quebrada que contuvo el café, puso las tizas sobre la mesa,
110   y buscó en los bolsillos el cigarrillo que no tenía.

—Esoh muñecoh loh borré.

Él olvidó el cigarrillo.

—¿Ahora te dio por pintal suciedadeh?

Él dejó caer la sonrisa en el abismo de su realidad.

115   —Ya ni velgüenza tieneh . . .

Su sangre se hizo agua fría.

— . . . obligando a tus hijoh a fijalse en porqueríah, en indecenciah . . . Loh borré y si acabó y no quiero que vuelva sucedel.

Quiso abofetearla pero los deseos se le paralizaron en algún punto del
120   organismo, sin llegar a los brazos, sin hacerse furia descontrolada en los puños.

Al incorporarse de la silla, sintió que todo él se vaciaba por los pies . . . Fue al cuarto de baño. No quedaba nada suyo. Sólo los clavos, torcidos y mohosos, devueltos a su lugar. Sólo las arañas vueltas a hilar.

125   Aquella pared no era más que la lápida ancha y clara de sus sueños.

Actividad 17: Rosendo y Graciela   En parejas, hagan el papel de Rosendo o de Graciela. Rosendo vuelve al tema del cuadro borrado, queriendo explicarle a Graciela por qué había dibujado las figuras desnudas. Graciela explica su punto de vista.

Rosendo:	Graciela, ¿por qué borraste el dibujo? Lo hice como un regalo para ti.
Graciela:	No me importa. Eran suciedades.
Rosendo:	¡Pero no entiendo lo que dices! Déjame explicar.
Graciela:	. . .
Rosendo:	. . .

Actividad 18: ¿Arte o pornografía? La representación de desnudos en el arte ha sido la causa de gran debate y opiniones conflictivas en muchas culturas. En grupos de tres, comenten las siguientes afirmaciones y decidan con cuál estaría de acuerdo Rosendo y con cuál estaría de acuerdo Graciela. Justifiquen sus respuestas. Después, compartan sus propias opiniones sobre cada declaración.

1. Los desnudos nunca son aceptables en el arte; no son más que pornografía.
2. Las mujeres desnudas son aceptables; los hombres desnudos no lo son.
3. Los desnudos son aceptables siempre y cuando no representen actos sexuales.
4. Los desnudos y los actos sexuales son aceptables en el arte, pero los niños no deben verlos.

9-3

CUADERNO PERSONAL

En el cuento, la mujer del artista censura su arte porque contiene figuras desnudas. En tu opinión, ¿cuál es la diferencia entre el arte y la pornografía?

ESTRATEGIA DE REDACCIÓN

Redacción: Ensayo

Writing an Essay

In this and following chapters, you will have the opportunity to practice writing different types of essays. An essay usually consists of three or more paragraphs, in which you present, develop, and defend your ideas on a particular topic. The essay is normally structured into three main parts: an introduction, in which you present the topic, explain its importance, and give a thesis—a clear and concise explanation of the main idea—; the body, in which you develop the thesis and provide specific evidence to support it; and a conclusion, in which you summarize main points and consider possible further implications.

Several strategies are often employed by effective writers to develop the body of their essay. Examples and definitions of unfamiliar terms can help your reader follow your ideas. Descriptions of people or places may also be appropriate, and sometimes the narration of a short anecdote or event can help to support your thesis. You may also choose to compare and contrast certain ideas, break them down into their component parts, look for causes and effects, or argue for a particular course of action. Any of these strategies can also serve as the organizational backbone of an essay. For example, in describing a person you may briefly compare that person with someone else to point out a detail of his/her personality. On the other hand, you may write an entire essay comparing two different people.

Points to consider while composing your essay:

- Keep your audience in mind when writing, whether your instructor, class-mates, or some other group. How will they react to what you are saying? Is your style appropriate to them? What objections will they present to what you say?
- Keep your thesis in mind. Is discussion in the body pertinent to the thesis?
- Make up a title. It can be either informative or imaginative, but it must reflect the main idea of the essay.
- Keep in mind a working title. It will help keep you on track, but change it if your ideas change.

Comparing and Contrasting

You compare and contrast whenever you look for similarities or differences between two or more things. When you make choices, you are comparing and contrasting, and when learning, you often compare and contrast new information with information you already know. Comparing and contrasting are ways of thinking that can be used in all types of writing, but can also serve as a way of organizing your writing. If you are looking at two different objects, you may talk about first one object and then the other **(comparación secuenciada)** or you may compare and contrast both objects point by point **(comparación simultánea).** The following outlines show these two basic types:

Comparación secuenciada	**Comparación simultánea**
Tema: Kahlo y Rivera	Tema: Kahlo y Rivera
I. Kahlo	I. Origen
A. origen	A. Kahlo
B. intereses	B. Rivera
C. arte	II. Intereses
II. Rivera	A. Kahlo
A. origen	B. Rivera
B. intereses	III. Arte
C. arte	A. Kahlo
	B. Rivera

In a comparison and contrast essay, you may choose to emphasize either similarities or contrasts or to emphasize the description of unfamiliar objects over familiar ones. Using transition expressions to mark comparisons and contrasts will also help you improve the style and clarity of your writing.

Comparación	
al igual que/a semejanza de	just like, as
de la misma manera/forma, del mismo modo	in the same way
parecerse a	to resemble
ser similar, parecido, semejante a	to be similar to
tan (+ adjetivo) como	as _____ as
tanto A como B	both A and B

Contraste	
a diferencia de	unlike
diferenciarse de	to differ from
en cambio	on the other hand, instead
en contraste con	in contrast to/with
más/menos (+ adj./sustantivo) que	more/less _____ than
por un lado . . . por otro lado/ por el otro	on the one hand . . . on the other hand . . . on the other
sin embargo/no obstante	however

Actividad 19: Dos artistas   Vas a escribir un ensayo comparativo sobre dos artistas o escritores. Antes de escribir, debes determinar el tema y hacer investigación.

Focusing on a topic, Gathering information

Parte A: Con toda la clase, haz una lista de temas que se pueden incluir en un ensayo de comparación y contraste sobre dos artistas o escritores.

Parte B: Decide cuáles son las dos personas que vas a comparar. Debe haber una conexión lógica entre las dos.

Parte C: Busca información detallada sobre las dos personas en enciclopedias, revistas, libros o en Internet. Toma apuntes de los aspectos que muestran semejanzas o diferencias importantes entre ellos.

Parte D: Determina cuáles son los temas que debes incluir en tu ensayo sobre las dos personas. Luego, decide el mejor orden de presentación para estos temas.

Actividad 20: A escribir   Parte A: Escribe el primer borrador del ensayo, basándote en tus decisiones de la actividad 19. Incluye expresiones de transición y asegúrate de incluir lo siguiente:

Writing a comparison and contrast essay

- una introducción con tesis clara que explique por qué es apropiado comparar y contrastar a estas dos personas
- una conclusión que comente y resuma las semejanzas o las diferencias entre las dos personas
- un título interesante que explique o se refiera al tema del ensayo

Parte B: Ahora, en parejas, intercambien los ensayos. Dense consejos sobre el contenido e interés de la introducción, el cuerpo, la conclusión y el título.

Parte C: Individualmente, escriban la segunda versión pulida, incorporando los cambios recomendados en la Parte B y revisando para asegurarse de que haya: organización clara, transiciones buenas y claras, gramática y ortografía correctas y vocabulario apropiado.

Lo femenino y lo masculino

🪐 **Internet** See the Fuentes Web site for related links and activities: http://college. hmco.com

▲ *Una pareja en un parque de Lima, Perú.*

Actividad 1: ¿Lo femenino y lo masculino?   En grupos de tres, respondan a las siguientes preguntas que tratan de las categorías "femenino" y "masculino".

Activating background knowledge

- ¿Son diferentes los hombres y las mujeres? ¿En qué sentido?
- ¿Existen las mismas diferencias en todas las culturas?
- Si son diferentes, ¿a qué factores o causas se deben las diferencias?

Lectura 1: Un ensayo

Actividad 2: Las palabras y el género   En el siguiente ensayo "El idioma español y lo femenino", la autora critica el uso del género en español. Después de leer la información del cuadro, aplica las reglas a la lista de palabras que se da a continuación. Determina el género, el artículo y la regla pertinente para cada palabra. En muchos casos tendrás que mirar el diccionario o el glosario.

Activating background knowledge

A	En general, las palabras que terminan en **-a** son de género femenino y las que terminan en **-o** son de género masculino.	**la casa, el perro**
B	Las palabras que terminan en consonante o en **-e** pueden ser de género masculino o femenino.	**el papel, la luz, el puente, la gente**
C	Algunas palabras simplemente conservan el género original del latín.	**el día, la mano**
D	Algunas palabras abreviadas conservan el género original.	**la moto(cicleta), la foto(grafía)**
E	Las palabras griegas terminadas en **-ma, -ta** tienen género masculino en español.	**el idioma, el planeta**
F	Las palabras con el sufijo **-ista** son masculinas o femeninas.	**el/la pianista, los/las comunistas**
G	Las palabras que empiezan con **(h)a** acentuada, aunque sean femeninas, van precedidas del artículo **el** o **un** cuando aparecen en forma singular.	**el agua** pura, **un águila** negra

artista	alba	problema	poeta	modista
alma	programa	poetisa	violinista	asma
sistema	arena	hacha	planeta	drama
poema	persona	puente	víctima	lenguaje
orden	ave	clase	fuente	árbol

La palabra **poetisa** tiene una connotación negativa ya que los hombres poetas consideraban a las mujeres poetas como inferiores.

Actividad 3: ¿Cuál es la palabra?   Las palabras en negrita aparecen en la lectura sobre el idioma y lo femenino. Después de estudiarlas, úsalas en las oraciones que les siguen.

el afán = el deseo
el giro = la forma de expresión
el varón = el hombre
hechizo/a = artificial
espigar = tomar, recoger

la cacofonía = palabras que juntas suenan mal
estado civil = condición de soltero o casado
trasvasijar = pasar de un recipiente a otro
escamotear = hacer desaparecer; robar

¡Ojo! el hechizo = magic spell

1. Ella lo hizo con el _____ de ayudarme.
2. Bill habla bien el español pero no entiende muchos de los diferentes _____ del idioma.
3. Las mujeres españolas no cambian de apellido cuando cambian de _____ .
4. En todos los formularios hay que indicar el sexo: _____ o mujer.
5. La excesiva repetición del sonido "p" en "Pérez pide plata para pobres" crea _____ .
6. A mí no me llaman la atención las cosas _____ ; prefiero las cosas reales y auténticas.
7. Las personas muy finas prefieren _____ el vino a un recipiente de cristal fino antes de tomarlo.
8. Yo he _____ muchos datos en estos libros.
9. La niña _____ todos los dulces que había en la mesa.

Actividad 4: El sexismo en el lenguaje   La cuestión del sexismo en el lenguaje se ha discutido mucho en los Estados Unidos.

Parte A: En parejas, respondan a las siguientes preguntas.

• ¿Cuáles son algunos de los cambios que se han aceptado en inglés? Den ejemplos.
• ¿Creen que estos cambios han mejorado la situación de las mujeres norteamericanas? ¿Por qué?
• En su opinión, ¿existen problemas parecidos en español? Den ejemplos.

Parte B: Ahora lee individualmente el ensayo para comprender las ideas básicas. Mientras lees, decide:

• si los problemas comentados existen sólo en español o si afectan al inglés también
• si la autora escribe con tono triste, enojado o irónico

Teresa de Jesús

El idioma español y lo femenino

El idioma español se estructura a partir de una gramática compleja que ostenta sus irregularidades no con el afán de complicar su acceso, sin duda, sino con el propósito de hacer sus giros más interesantes.

El idioma especializó sus partes como un cuerpo especializa las suyas. Así, el verbo es la acción, el sustantivo la cosa, etc. Y el género juega un rol importante. Dos géneros solamente: masculino y femenino para que no haya mucho donde perderse. Pero se perdió el idioma, en detrimento de lo femenino las más de las veces.

En ocasiones quiso echar pie atrás y se enredó, para empezar, en su propia denominación que, aún siendo femenina, se dice "el idioma" en lugar de "la idioma".

Pero esto es sólo el principio de una larga lista de caprichos idiomáticos. El sinónimo de humanidad, por ejemplo, es "el hombre" con lo cual se margina a la mujer.

Cuando hablamos de grupos de personas decimos hijos, alumnos, empleados, amigos, etc. para luego entrar a especificar si se trata de grupos mixtos o no. En las reuniones tendemos a ocupar el masculino aunque éstas sean puramente femeninas. Y aún más, si en un conglomerado femenino hay aunque sea sólo un hombre, nos sentimos forzadas a hablar en masculino: nosotros todos somos cuerdos, claros, precisos, justos, etc., pero si quien habla no se percata de la presencia del varón y dice nosotras todas somos cuerdas, claras, precisas, justas…él protesta y las mujeres acogen su reclamo sin chistar.

Cuando las mujeres cambian de estado civil, pasan de señoritas a señoras para volver a señoritas si hay separación o divorcio. La viuda sigue siendo señora, como dependiendo aún del esposo muerto. El hombre será "don" o "señor" desde su juventud hasta la muerte.

La idioma—perdón, el idioma—espigó en el lote femenino y entregó una buena gavilla a lo masculino. Por eso, se dice el rentista, el conferencista, el modista, el violinista, el financista, el oficinista, el artista, etc.

En la misma línea, esta vez aduciendo la intención de evitar cacofonías, fueron pasadas al otro equipo las palabras agua, ansia, asma, alma, anca, águila, asta, etc. Se escaparon de tan singular trasvasije los vocablos harina, arena, angustia, admiración, agonía, arista, azucena, amatista, abuela, ameba, etc.

También se trasvasijaron los términos problema, planeta, cometa, mapa, sistema, anatema, teorema, esquema, anacoreta, edema, enema, etc.

Pero donde se le pasó la mano al idioma fue con los poetas; a ellos les adjudicó el femenino anteponiendo el artículo masculino y a ellas, que tienen el más absoluto e irrefutable derecho al título, las relegó a una suerte de cosa hechiza, como de segunda mano, y las llamó "poetisas".

Yo propongo, para ir allanando el camino de la valoración de lo femenino en el lenguaje, una reformulación de éste en los siguientes términos:

Primero: Que se cree un tercer género gramatical para ser aplicado cuando los grupos de cosas, entes o personas a los que se refiera el hablante estén constituidos por ambos géneros. Que este tercer género se denomine "mixto" y termine en "e". Ejemplo:

Todos iremos al río
Todas iremos al río
Todes iremos al río

Que se modifiquen asimismo los pronombres personales, sustantivos y adjetivos correspondientes. Ejemplo:

Nosotros - nosotras - nosotres
Los hijos - las hijas - les hijes
Contentos - contentas - contentes, etc.

Segundo: Que se cambie por "o" la "a" final en los vocablos terminados en "ista" cuando éstos se refieran a varones. Ejemplo: artisto, aliancisto, oficinisto, dentisto, optimisto, socialisto, etc.

Tercero: Que con los vocablos femeninos como idioma, aroma, etc., se usen los artículos correspondientes a su género y se diga la idioma, la aroma, etc.

Cuarto: Que para las mujeres se use el trato de señorita hasta los 15 años más o menos, y señora después de esa edad, independientemente de su estado civil (ejemplo de Francia).

Quinto: Que con los vocablos femeninos comenzados en "a" se use el artículo correspondiente a su género, a pesar de la cacofonía resultante. Ejemplo: la agua, la alma, la ansia, etc.

Sexto: Que con los vocablos femeninos en general se use el artículo correspondiente a su género y se diga la mapa, la problema, la sistema, etc.

Séptimo: Que se denominen poetos y poetas respectivamente a los varones y mujeres que ejerzan el oficio con propiedad y nobleza, y poetisos y poetisas a aquéllos que lo hagan con pobreza de inspiración, estilo o lenguaje.

Octavo: Que quede abierto este articulado para les estudioses que deseen hacer otros aportes, sean elles (les estudioses) maestres, escritores, poetes, etc.

Como los idiomas son vivos, el nuestro resistirá la operación y sin duda saldrá de ella airoso y ganancioso, más racional, más justo, y más armonioso.

Leamos, pues, un párrafo modificado según esta propuesta: "Lo que me preocupa como marino y especialisto de la sistema acuática mundial es que resulta cada día más difícil aislar los productos industrialos nocivos de la sistema de la agua. Esta misma agua que bebemos y sin la cual no podríamos vivir..." (Jacques Cousteau, Rueda de Prensa, París, enero 1977).

O bien: "Les niñes salían con amigues los domingos. Flaques y débiles, no tenían buen aspecto, pero cuando regresaban, alegres y optimistes, llenaban las calles con sus risas. Sólo un niño nunca estaba alegro, por el contrario permanecía tristo todo el tiempo. La problema con él era la mala sistema de estudio pues su profesoro lo exigía demasiado con las mapas y las esquemas".

P.D. Les devolvemos la mano, perdón, el mano a los varones.

Teresa de Jesús es el seudónimo de la poeta chilena Teresa Pérez.

▲ *Lengua, pensamiento, comportamiento: ¿Cuál es la relación?*

Actividad 5: Ideas equivocadas   Las siguientes oraciones se refieren a las ideas importantes de la lectura. Sin embargo, cada oración contiene información equivocada. Para cada una, identifica el problema y corrígela.

1. El idioma es como una máquina y los hombres lo diseñaron para marginar a las mujeres.
2. En una reunión, se usan formas masculinas si hay más hombres y formas femeninas si hay más mujeres.

3. El trato de cortesía para los hombres pasa de señorito para los solteros a señor o don para los casados.
4. El término poetisa significa exactamente lo mismo que poeta.
5. La autora propone la eliminación de los géneros del castellano para que se parezca más al inglés.
6. La autora propone que todas las palabras terminen en **-e.**
7. La autora propone que los mejores poetas reciban el nombre de poetiso/a.

10-1

CUADERNO PERSONAL

¿Crees que el uso del masculino para referirse a grupos mixtos en español fomente el machismo? ¿Por qué sí o no?

Actividad 6: ¿Sexismo en el lenguaje?   En parejas, discutan su opinión de los siguientes casos lingüísticos. ¿Pueden afectar negativamente la actitud o forma de pensar de una persona? ¿De qué manera? ¿Se debería cambiar alguno para evitar posibles efectos negativos?

1. Una mujer suele referirse a su esposo como "mi marido" y un hombre a su esposa como "mi mujer".
2. En algunos países como España, la mujer que se casa no cambia de apellido y sigue usando como primer apellido el de su padre y como segundo el de su madre.
3. La expresión "el hombre" se usa para referirse a la humanidad, que incluye tanto varones como mujeres.
4. El género gramatical de la palabra "sol" es masculino y el de "luna" es femenino.

Actividad 7: El idioma y las ideas   Los argumentos de Teresa de Jesús y otras feministas se basan en la idea de que el idioma puede influir en nuestra manera de pensar. En grupos de tres, comenten las siguientes preguntas.

1. ¿Sería buena idea implementar los cambios sugeridos por Teresa de Jesús?
2. ¿Sería mejor simplemente eliminar el género como categoría en español?
3. ¿Creen que la gente de habla española aceptaría estos cambios?

Lectura 2: Panorama cultural

Actividad 8: Términos necesarios   Estudia la siguiente lista de vocabulario de la lectura y luego completa las oraciones con las palabras y expresiones adecuadas.

Building vocabulary

abnegado/a	self-sacrificing
acomodado/a	well-off, comfortable

aportar	to bring, contribute
cargo	important position
cariñoso/a	loving, affectionate
desafiar	to challenge, defy
no cabe duda de (que) . . .	there is no doubt (that) . . .
ocultar	to hide
reclusión	seclusion
sumiso/a	submissive

1. El padre de José Luis era un hombre _____: estaba dispuesto a hacer cualquier cosa para que sus hijos fueran felices.

2. Paco y Eugenia nunca han tenido mucho éxito profesional, a lo mejor porque son demasiado _____ y por eso nadie les hace caso.

3. El señor Saavedra era de una familia _____, y por eso podía permitirse dos o tres viajes al extranjero cada año.

4. ¡_____ no es! Es una de las personas más frías que jamás he conocido.

5. Mercedes siempre _____ las normas tradicionales de conducta femenina: no usa maquillaje, nunca lleva falda y se niega a cocinar.

6. Los dos trabajan en el mismo lugar, pero Carmen es recepcionista mientras que Gloria ocupa un alto _____ en la empresa.

7. _____ siempre existirán diferencias fisiológicas entre el hombre y la mujer, pero es posible que se lleguen a eliminar totalmente las diferencias culturales.

8. Francisco era una persona muy sentimental, pero delante de sus amigos sentía la necesidad de _____ ese lado de su personalidad.

9. La familia Estrada es rarísima; no hablan con nadie y viven en una _____ casi total.

10. Aunque los dos tenían buenos sueldos, era Pilar quien _____ más dinero a la familia.

Actividad 9: Los machos y el machismo   La siguiente lectura discute el machismo y otras ideas relacionadas con la sociedad hispana.

Activating background knowledge

Parte A: En grupos de tres, respondan a las siguientes preguntas.

1. ¿Qué es el machismo? ¿Qué es un macho?
2. En las culturas tradicionales ha habido siempre una diferencia entre las responsabilidades del hombre y de la mujer. ¿Por qué?
3. ¿Hay machismo en la sociedad de su país? Den ejemplos.
4. ¿Qué implicaciones tiene el machismo para las mujeres?

Parte B: Mientras lees, subraya o apunta la idea general de cada párrafo.

Annotating, Active reading

HOMBRE Y MUJER EN EL MUNDO HISPANO CONTEMPORÁNEO

El feminismo, el machismo y la igualdad de los sexos son temas de polémica y controversia en el mundo actual. No cabe duda de que en toda sociedad tradicional se tiende a asociar a la mujer con la casa y la vida privada, mientras que se asocia al hombre con la vida pública y los aspectos políticos, económicos y militares. No obstante, el mundo hispano se diferencia de otras culturas, especialmente las del norte de Europa, por los diferentes ideales que rigen la conducta del hombre y de la mujer.

Las raíces de estas diferencias se pueden encontrar en la historia de España. En 1492, los últimos moros fueron expulsados de España, pero dejaron atrás algunas huellas indelebles de su cultura. Como seguidores del Islam, los moros habían llevado a España costumbres que requerían la segregación de los sexos y la reclusión de la mujer. En la España cristiana, ciertos aspectos de estas tradiciones sobrevivieron, y más que en otros países europeos, las mujeres debían permanecer detrás de las rejas y paredes del hogar. En público, la costumbre de ocultar la cara y la cabeza con abanicos y mantillas reflejaba asimismo la influencia árabe. La negación de cualquier rol público para la mujer definía rotundamente su posición secundaria en la sociedad.

La herencia árabe poco a poco se fue mezclando con el culto a la Virgen María, que era la imagen perfecta de la madre cariñosa y sacrificada, y se fue formando así un nuevo conjunto de ideales de conducta femenina. La mujer que emulaba a la Virgen creía que su meta en la vida era aceptar su destino y las restricciones de su situación. Como buena mujer, tenía que proteger su virginidad y los valores morales de la sociedad; como buena esposa, tenía que cuidar de la casa y las necesidades de su marido y aceptar sus decisiones; como buena madre, tenía que cuidar a sus niños y sacrificarse por ellos. En suma, ser "buena" significaba ser pura, sumisa, paciente y abnegada.

Estas normas de conducta femenina tenían su complemento masculino en lo que se llama actualmente "machismo". El hombre debía ser fuerte, dominante, independiente y, a menudo, rebelde. Tenía la responsabilidad de mantener y proteger a la familia por medio de sus actividades en la vida pública. Asimismo, debía proteger su honor y el de su familia contra las ofensas de los demás.

► *Un escaparate de abanicos. Además de su evidente función práctica, en la cultura española los abanicos también tenían funciones sociales: las mujeres los usaban para taparse el rostro y, por medio de un código especial, para comunicar mensajes a los hombres.*

Los dos modelos de conducta tuvieron un gran impacto en la conducta de
45   los habitantes de España e Hispanoamérica. Los dos se complementaban y
proporcionaban ciertos beneficios tanto para los hombres como para las
mujeres. Al hombre le daban mayor autoridad y libertad, a la vez que lo obli-
gaban a ser responsable y cortés y a tratar a las mujeres con respeto. A la mujer
le daban un sentido de superioridad y autoridad moral dentro de la familia.
50   De hecho, son muchos los ejemplos de mujeres matriarcas en las grandes
familias hispanas.

A su vez, la polarización entre lo masculino y lo femenino presentaba
desventajas. Aunque el machismo, por su parte, tendía a alejar emocional-
mente al padre de sus hijos, las grandes desventajas de este doble sistema
55   afectaban mayormente a las mujeres, quienes no tenían control sobre su vida:
legalmente, se consideraban menores de edad, dependientes del padre o el
marido; no podían desarrollar otros intereses que no tuvieran que ver con sus
responsabilidades caseras; hasta el siglo XX, se les negaba la educación y el
voto; y no tenían la libertad de salir de casa sin ir acompañadas. La rigidez
60   con la que la sociedad juzgaba a la mujer hacía cualquier transgresión casi
imposible: la mujer o era pura y buena o pasaba a ser una "perdida". Por
consiguiente, los hombres sólo estaban obligados a proteger a las mujeres de
su propia familia—las buenas—mientras que a las demás las veían a menudo
como objetos sexuales.

65   En la actualidad, estas ideas polarizadas no han desaparecido totalmente.
Sus manifestaciones son numerosas, llevando a mucha libertad para el hombre y una libertad más restringida para la mujer. Por lo general, se sigue
apreciando al hombre fuerte, independiente y protector, alabando su hombría, aunque se usa el término "machista" con connotación muy negativa
70   para criticar al hombre que abusa de sus privilegios. Igualmente, todavía se
sigue viendo el cuidado del hogar y la familia como la responsabilidad de la
mujer, aun cuando se critican más y más las limitaciones que le ha impuesto
la sociedad. Hoy en día se va perdiendo la aceptación de estas limitaciones y
se va abriendo paso a cambios radicales.

75   La ruptura del sistema de valores tradicionales se debe a varias causas.
En primer lugar, las ideas feministas de Europa y los Estados Unidos han
comenzado a infiltrarse. En la España actual, económica y culturalmente
integrada a la Unión Europea, las mujeres ocupan una posición semejante a
la de las mujeres del resto de Europa y los Estados Unidos. En Hispano-
80   américa, el feminismo ha llegado más lentamente y se ha limitado principalmente a las clases alta y media. En estos niveles, las mujeres se educan,
pueden adoptar ideas progresistas y les es más fácil encontrar el tiempo para
desarrollarse profesionalmente ya que suelen tener empleadas que hacen las
tareas domésticas. Por tanto, no es raro encontrar mujeres que ocupen altos
85   cargos en el gobierno y los negocios.

Otra causa de cambios ha sido la difícil situación económica y sus efectos
en las mujeres pobres. Muchas de éstas, sin adoptar necesariamente el feminismo de la clase media, salen a trabajar por necesidad, puesto que o no tienen
marido o éste no gana lo suficiente para mantener solo a la familia. Las

hombría = *manliness*
El termino suele tener una
connotación positiva.

90 mujeres pobres tienden a cuestionar menos los valores tradicionales y suelen
considerar el cuidado de la familia como su mayor responsabilidad; pero para
cumplir con este deber, tienen que trabajar fuera de casa y participar en la vida
pública, desafiando así los límites tradicionales. En Centroamérica, Colombia
y Venezuela, por ejemplo, han surgido movimientos organizados de mujeres
95 pobres que defienden un "feminismo latinoamericano", feminismo que busca
la liberación de la mujer sin alterar su posición dentro de la familia.

Gracias a estas nuevas influencias, la situación de la mujer está cambiando a través de Latinoamérica. Colombia es uno de los países donde han
ocurrido los cambios más radicales. A pesar de que fue uno de los últimos
100 países en dar el voto a la mujer (1954), hoy en día se cuenta entre las
naciones latinoamericanas donde más mujeres trabajan. El número de mujeres que estudia economía y negocios, por ejemplo, es igual al número de
hombres, y las mujeres representan más de un tercio de los estudiantes de ingeniería. Por otro lado, muchas mujeres pobres han podido abrir sus propios
105 negocios gracias a la intervención de un organismo internacional llamado
Acción International. Este organismo ofrece programas de educación y
ayuda para obtener préstamos para pequeños negocios. Según dirigentes del
programa, no son los hombres sino las mujeres, encargadas del bienestar de

▶ *Noemí Sanín de Rubio, antigua Ministra de Asuntos Exteriores y candidata para la presidencia de Colombia en 1998.*

◀ *Una arpillera chilena en la que se muestra cómo descubren unas mujeres, en una mina, los cadáveres de sus maridos, asesinados bajo el régimen militar.*

sus familias, quienes asisten a las clases, aprenden a llevar un negocio y
110 reciben los préstamos.

En otro plano, la preocupación tradicional de la mujer hispana por el bienestar de su familia la ha llevado incluso a la protesta política. En Chile, las mujeres han jugado un rol decisivo en los cambios de gobierno. En 1973, las mujeres de familias acomodadas participaron en las manifestaciones de las
115 "cacerolas vacías" para protestar contra la falta de comida en las tiendas y el desorden que reinaba en la nación. Más tarde, las mujeres pobres protestaron contra la dictadura de Pinochet (1973–1989) y la escasez de comida, pero éstas lo hacían no sólo haciendo manifestaciones públicas sino cosiendo "arpilleras", pequeñas escenas que mostraban los abusos del poder por parte del régimen
120 militar. De manera semejante, las Madres y Abuelas de la Plaza de Mayo protestaron contra la dictadura militar de Argentina en medio de la plaza más importante de Buenos Aires. Los generales nunca se atrevieron a atacar directamente a las madres que buscaban a sus hijos desaparecidos y a la vez hacían una dura crítica del régimen militar.
125 A través del panorama social latinoamericano actual, la presión combinada de mujeres de clase alta, media y baja—algunas feministas, otras no— tiene un fuerte impacto en el desarrollo de las leyes y las normas sociales. Hasta hace unos años, las leyes de algunos países seguían reflejando, de una manera u otra, los valores tradicionales: las mujeres casadas no tenían dere-
130 chos de persona adulta; el divorcio y el aborto eran ilegales en casi todos los países. En general, estas leyes están cambiando. El divorcio es legal en casi

todos los países. El aborto, aunque sigue siendo ilegal excepto en Cuba y Puerto Rico, ha surgido como tema de debate a través de Hispanoamérica. Sin embargo, es interesante notar que después de las mujeres de los países desarrolla-
135   dos, son las hispanoamericanas las que más utilizan los métodos anticonceptivos (más del 50% en Costa Rica, Colombia, Panamá y Cuba).

      Es difícil generalizar sobre el papel actual de los sexos en las culturas hispanas ya que en gran parte depende del país, de la clase social y de las propias creencias. Lo que sí se puede afirmar es que la mujer de hoy tiene
140   oportunidades que su madre nunca tuvo. La familia y los papeles tradi- cionales de mujer y hombre siguen teniendo una resonancia fuerte pero parece seguro que en los años venideros, será cada vez más normal ver a las mujeres participando plenamente en la vida pública de sus países y a los hombres en el cuidado de la familia y de la casa.

Actividad 10: Aclaración de conceptos   Vuelve a mirar la lectura y termina las siguientes oraciones.

1. El ideal de conducta femenina obligaba a la mujer a . . .
2. El machismo obligaba al hombre a . . .
3. Una fuente histórica de estos modelos de conducta fue . . .
4. Unas manifestaciones contemporáneas de los papeles tradicionales de hombre y mujer son . . .
5. El feminismo europeo y norteamericano ha tenido su mayor impacto entre . . .
6. Colombia es un país donde han ocurrido muchos cambios en la posición de la mujer, como por ejemplo . . .
7. Otros ejemplos de activismo femenino incluyen . . .

Actividad 11: El show de Geraldo/Oprah   **Parte A:** En grupos de tres, hagan una lista de beneficios, tanto para hombres como para mujeres, que proporcionaba el viejo sistema de conducta femenina y masculina. Luego, hagan otra lista de los problemas que ocasionaba este mismo sistema para hombres y mujeres.

Parte B: En dos grupos grandes, hagan los papeles de tradicionalistas y no tradi- cionalistas en un programa de televisión. Uds. discuten cuestiones relacionadas con los papeles de los hombres y las mujeres. Elijan a un/a animador/a (Geraldo u Oprah), quien debe usar las siguientes preguntas y otras para animar la discusión. Al contestar, pueden usar las ideas que anotaron en la Parte A.

1. ¿Vivían mejor los hombres antes del feminismo?
2. ¿El feminismo siempre representa un bien para las mujeres?
3. ¿Dejarías de trabajar si pudieras?
4. Si no fuera legal el divorcio, ¿habría menos niños traumatizados por la sepa- ración de los padres? ¿Aumentaría el problema de adulterio?
5. ¿Deberían los hombres participar más en el cuidado y la educación de sus hijos?

ESTRATEGIA
DE LECTURA

Summarizing

A summary includes the most important information from a reading. It can be a good study aid because it goes beyond notes and outlines by bringing out important relations between ideas. To prepare it, you should start with the notes you make while reading and with an outline of the material. If you are summarizing an informative text, you should make the thesis of the text the first sentence of your summary. In general, each paragraph can then be summarized with one sentence in your summary. Use transition expressions to help point out the relations between ideas, and restate the material in your own words, since this will deepen your understanding and permit greater concision.

Actividad 12: Preparación de un resumen **Parte A:** Basándote en tus apuntes, amplía el siguiente bosquejo para que refleje los aspectos más importantes de la lectura. Luego, escribe una oración completa para cada sección y trata de conectar las ideas con expresiones de transición. Finalmente, escribe un párrafo que resuma toda la lectura.

Summarizing

   I.   Introducción
  II. Base histórica
 III. Papeles tradicionales de la mujer y el hombre
 IV. La situación actual en Latinoamérica
  V. Posibles cambios del papel de la mujer y el hombre en el futuro

Parte B: En grupos de tres, lean los resúmenes y decidan cómo se pueden mejorar, usando las siguientes sugerencias.

- Hay que expresar de forma más clara o concisa la tesis.
- Hay que alargar el resumen para que incluya todas las ideas importantes.
- Hay que acortar un poco el resumen.
- Hay que eliminar algunos detalles para que resalten las ideas principales.
- Hay que corregir la información incorrecta.
- Hay que organizar mejor el resumen.

10-2
CUADERNO PERSONAL
¿Crees que el feminismo ha tenido un gran impacto en este país? ¿Te afecta a ti?

ESTRATEGIA DE LECTURA

Lectura 3: Literatura

Interpreting Diminutive and Augmentative Suffixes

Spanish speakers often make use of prefixes and especially suffixes to modify the basic meanings of words. Strictly speaking, diminutive suffixes are used to refer to a smaller version of a noun or adjective, but they often indicate the positive or negative emotions that the speaker feels toward the thing mentioned. Thus, **caja** is a *box* and **cajita** is a *tiny box*, while **abuela** is *grandmother*, but **abuelita** connotes affection and corresponds to the English *grandma* or *granny*. When **-ito/a** is applied to persons, it more often implies affection than small physical size. In some dialects, diminutive suffixes may also alter the meaning of adverbs: **ahorita** may mean *right now* or *in a little while*.

Some diminutive suffixes and their general connotations are:

Suffix	Connotation	Example
-(c)ito/a	positive	cochecito *tiny car*
		prontito *quite soon*
-(t)ico/a	positive	momentico *brief moment*
-(c)illo/a	positive or negative	hombrecillo *insignificant little man*
-(z)uelo/a	negative	mujerzuela *loose woman*
-ucho/a	negative	hotelucho *nasty little hotel*

Suffixes are used with varying frequency: **-ito** is very common; **-ico** is common only in certain regions, and **-illo** and **-uelo** are today infrequent. The forms with (**-c**), (**-t**) and (**-z**) are frequently heard variants.

Augmentative suffixes refer to larger versions of a person or thing and may have a positive connotation of impressiveness or, more frequently, a pejorative connotation.

Suffix	Example
-ón/ona	un casón/una casona *a big rambling house*
	una solterona *a spinster*
-azo/a	un cochazo *a huge car, a "tank"*
	un buenazo *a really nice guy*
-acho/a	un ricacho (*also* ricachón) *a "fat cat"*

Certain prefixes can also be used to intensify the force of adjectives, such as **re-, recontra-** and **requete-**: reviejo, requeteviejo.

Diminutive suffixes are more frequently used by women speakers.

The suffix **-(t)ico** is so common in Costa Rica that inhabitants of this country are known as **ticos**.

Sometimes **-azo** means *blow* or *hit*, as in **portazo**, *slam of a door*, or **codazo**, *jab or poke with the elbow*.

Actividad 13: Diminutivos y aumentativos En la lectura "El secreto mundo de la abuelita Anacleta", vas a encontrar los siguientes diminutivos y aumentativos. Trata de adivinar lo que quiere decir cada uno y usa el diccionario si no entiendes la palabra base. Luego, al leer, usa lo que acabas de aprender en la estrategia para entender la idea general de otros diminutivos y aumentativos que encuentres.

Interpreting suffixes

The suffix **-ón** often appears as the pejorative **-arrón**.

abuelita   camón
bracillo   caquita
bultito   cuerpecillo

flacuchillo/a	negrititicos/as
golpazo	nubarrón
mamita	papito
mañanita	prontito
mayorcito/a	puñadillo
montoncito	trajeadito/a
mujercita	vozarrón

Actividad 14: La vida de una viejecita   Las palabras y expresiones indicadas en el siguiente párrafo aparecen en la lectura sobre la abuelita Anacleta. Usando el contexto del siguiente párrafo, pon encima de cada expresión en negrita el número de su equivalente en inglés de la lista que sigue.

Guessing meaning from context

1. (snotty) brat
2. to foresee, to predict
3. clear mind
4. ninety-year-old
5. bedpan
6. a bowling ball
7. substantial
8. to be alert to
9. bowling
10. childish pranks
11. bowling alley
12. lost soul, ghost
13. bursts of laughter
14. rubbish, garbage, filth
15. rusty, booming voice

Amparo acaba de cumplir noventa años, pero no parece una mujer **nonagenaria**. Tiene una **mente despejada** y no se olvida de nada. Vive en un asilo de ancianos, donde es conocida por su buen sentido del humor y se oyen sus **risotadas** por todo el edificio. Por otro lado, se echa a gritar a las enfermeras con un **vozarrón herrumbrado** que les inspira un miedo indecible. Comparte su habitación con una mujer de ochenta y tres años, Mercedes, pero la trata de "**mocosa**". Se llevan bien, y Amparo siempre **está pendiente** de su amiga y le lleva **la bacinica** cuando no se puede levantar para ir al baño. A las dos les gusta hablar de temas **enjundiosos**, y debaten política y critican las **porquerías** que aparecen en la televisión. La verdad es que Amparo tiene buen sentido político, y **previó** con exactitud los resultados de las últimas elecciones. Por otro lado, a veces dice las cosas más raras; jura que hay un **alma-en-pena** que vive en su habitación y que le habla todas las noches. Sin embargo, a Amparo se la conoce más que nada por sus **travesuras**. Una vez le robó el coche a una de las enfermeras y se fue a jugar al **boliche**. La policía la encontró en la **bolera**, pero ella se negó a soltar el **bolo** y tuvieron que dejar que terminara el partido.

Actividad 15: Modismos Parte A: Busca las traducciones de estas expresiones en el diccionario o en el glosario.

Dealing with idioms

1. darle a alguien la (real) gana
2. salvarse el pellejo
3. darse por vencido/a
4. con pelos y señales
5. tomarle el pelo a alguien
6. a escondidas
7. al dedillo

Parte B: En parejas, usen estas expresiones para describir o narrar experiencias con sus parientes o amigos.

Actividad 16: Las abuelas   El siguiente cuento trata de una abuelita vieja y viuda, que no se levanta de la cama. Antes de leer, contesta las siguientes preguntas. Luego, mientras lees, confirma o corrige tus predicciones.

Activating background knowledge, Anticipating

¿Dónde vivirá?   ¿Cuáles serán sus responsabilidades?
¿Quién la cuidará?   ¿Cómo será su vida en general?

Rima de Vallbona nació en Costa Rica en 1931. Vallbona, la autora de varias colecciones de cuentos cortos y novelas, estudió en su país natal y en Francia antes de mudarse a Houston, Texas y casarse con un médico español. Allí establecieron una familia y Vallbona siguió sus estudios y consiguió el puesto de profesora en la Universidad de St. Thomas, donde dio clases durante muchos años. La inspiración para muchas de sus obras viene de sus experiencias con su familia en Costa Rica y con sus propios hijos, y en muchos de sus cuentos utiliza el lenguaje coloquial costarricense. Los temas favoritos de Vallbona incluyen un cuestionamiento de los papeles establecidos del hombre y de la mujer y el reclamo de mayor libertad por parte de las mujeres latinoamericanas, además de una valoración positiva de las posibilidades del cambio.

EL SECRETO MUNDO DE ABUELITA ANACLETA
Rima de Vallbona

PARTE I

En la inmensidad oceánica de la cama barroca encuadrada por frondosas columnas retorcidas, debajo de las sábanas y del ampuloso edredón, desde muchos años atrás naufragaba el bultito insignificante al que quedó reducida la nonagenaria abuelita Anacleta. Vista desde la altura de mis diez años, y
5 quizás a falta de una mayor perspectiva, abuelita Anacleta era sólo un montículo de huesos y pellejos corrugados. Se pasaba las horas quieta, moviendo los labios sin cesar, como si estuviera hablando consigo misma. Por más esfuerzos que hacíamos, ninguno de nosotros lograba descifrar el infinito barboteo que iba brotando de sus labios. Al principio, con la mismita paciencia
10 de Job intentamos tender un puente hacia ella, de tal modo que vivíamos pendientes de su incesante mascullar. Poco a poco nos fuimos dando por vencidos hasta que llegó el día en el que comenzó a ser tan poca cosa para nosotros, que le prestábamos más oídos al televisor, a la radio y hasta al runrún de la cortadora de zacate. Para compensar nuestra indiferencia y no sentirnos
15 muy culpables, le compramos un transistor de ésos que llaman "Walkman" y sólo oye quien se prende los auriculares en la oreja. ¡Bendita invención de estos tiempos que hizo el milagroso milagro de silenciar definitivamente los balbuceos de abuelita Anacleta y despejó para nosotros los amenazadores nubarrones de la culpa!

20   Desde entonces, sólo reaccionábamos cuando ella se instalaba de nuevo
en nuestra realidad cotidiana llenando la casa entera con su vozarrón herrumbrado. Todavía ahora, en el recuerdo lejano, me resulta increíble que aquel
montoncito de huesos y pellejos tuviese tal potencia que hasta hiciera vibrar
el eterno vaso de agua sobre su mesa de noche. Todos vibrábamos también
25   cuando aquel vozarrón herrumbrado comenzaba a gritar, "¡que me traigan la
bacinica ahora mismo!, ¡agua, un vaso de agua con hielo!, ¡que venga Norma a
arreglarme las sábanas!, ¿qué pasa que nadie viene?, ¿se creen que estoy pin-
tada en la pared?" ¡Qué sé yo cuántas impertinentes demandas de capitán al
frente de un ejército se pasaba haciendo cuando le daba la real y santa gana de
30   sacar su presencia del silencio de las sábanas!
        Su vozarrón herrumbrado salía de la interminable cama barroca hecho un
poderoso proyectil que apuntaba certero a cada uno de nosotros: a mí me atra-
vesaba el cuerpo y se me volvía remordimientos en la médula de la conciencia,
los cuales hostigaba la pregunta de si mi deber no era el de llorar sin tregua el
35   drama de aquel cuerpecillo tirado como un trapo inservible sobre el lecho, y al
que se le integraba el alma sólo para volverse un vozarrón despótico.
        Para mamá, el vozarrón herrumbrado de la abuelita Anacleta representaba
la sentencia indefinida de permanecer a su vera leyéndole en voz alta: al principio, sólo las sagradas escrituras; pero, para sorpresa nuestra, comenzó a exi-
40   gir no sólo los clásicos de siempre, sino también autores más actuales. Eso sí,
que fueran enjundiosos, porque si no, se los arrancaba de las manos a mamá y
los tiraba con rabia contra la pared:
        —¡Porquería de escritores que nos toman el pelo pasándonos jarabe de
palabrejas muy bien puestas y engalanadas para encubrir su estupidez! ¡Paja,
45   paja, paja!, decía Unamuno. En verdad abuelita Anacleta se las traía con la
lectura y mi pobre mamá, aunque le complacieran los libros y sus comentarios,
se pasaba en un puro sobresalto porque en la de menos emergía de las sábanas
el vozarrón tiránico echando maldiciones contra el autor, o contra algún personaje, o contra mamá, quien de puro cansada se dormía en medio de la lectura:

Pura vida es una exclamación positiva muy usada en Costa Rica.

50 　　　—¡Parece mentira que a tus años estés cansada! ¡Aprende de mí, pura vida, y con casi un siglo a cuestas! La gente de hoy es una caquita envuelta en papel de seda de tan pobre ánimo que tienen. A mamá no se le ocurría ni chistar porque abuelita Anacleta no le prestaba oídos a nadie y menos a su propia hija.

　　　Para Norma, la nieta samaritana, el vozarrón de la abuela era una orden de
55 comando que la ponía en inmediato y eficiente movimiento hacia el montículo de huesos y pellejos corrugados y entonces se soltaba desde la cama la ametralladora de traéme la bacinica y lleváte la palangana y las toallas pues ya me lavaste bien, ¡no seás chambona, criatura!, y arregláme bien esta condenada cama que es mi único refugio y mi reino de todo el día . . . Porque una está
60 aquí engurruñada creen que una es un estorbo, que ya no sirve para nada ¡y se equivocan!, recordar que mañana cumplo noventa años y yo en esta casa represento la voz del saber y de la experiencia.

Los mandatos acentuados en la última sílaba **(lavá, llevá)** y otras formas verbales como **hacés,** corresponden a **vos,** un pronombre equivalente a **tú** usado en algunos dialectos hispanoamericanos.

　　　Así lo creíamos todos, hasta papito, pues ella siempre, antes de que ocurriera algo, tenía la clarividencia de preverlo y precavernos:
65 　　　Predijo el desastre de matrimonio de Anselma con ese tal Rogelio—buscafortunas, quien no sabe hacer otra cosa que pasársela peinando la culebra. También predijo el desastroso final de los negocios de papito y de veras, todo resultó tal cual.

　　　En suma, abuelita Anacleta era un puñadillo de huesos y carne, con un
70 vozarrón herrumbrado que hacía retumbar la casa y sus habitantes y una mente despejada y previsora cuando le daba la real gana meter la cuchara en nuestros asuntos, porque cuando no, aunque se lo rogáramos, se emperraba en darnos el silencio por respuesta. Así la habíamos aguantado y así la habíamos querido siempre. Ah, por poco olvido que sumado a su clarividencia, estaba su
75 conocimiento, al dedillo, de las noticias del día. Tanto, que cuando le daba la real gana hablar, se refería a Gorbachov como si fuera su vecino y hasta llegó a afirmar que se estaba volviendo rusófila, por no decir marxista, pues se pasaba despotricando contra los despilfarros del capitalismo mientras se erigía en la defensora número uno del proletariado; comentaba con pelos y señales la
80 exterminación de las zonas forestales del Brasil; de la hambruna del Africa; del Canal de Panamá y su historia. Además, estaba informada de cuántos goles habían metido Maradona, Pelé, y sepa Judas qué otros renombrados futbolistas. Una vez me contó la abuela que según Virginia Woolf, para que una mujer escribiese novelas y cuentos debería poseer dos cosas: dinero y un cuarto pro-
85 pio para ella sola:

　　　—¡Inútil empeño, porque los hombres siempre nos arrebatarán ambos derechos para seguir como amos y señores nuestros!—, era su repetida y desconsolada letanía. —¿Se han fijado que apenas si hay compositoras en el mundo de la música? Podríamos contarlas con los dedos de las manos. Se
90 explica, se explica . . . La música se hace sentir por el sonido, mientras la pluma corre silenciosa por el papel de las escritoras, quienes a escondiditas, y como si cometieran un pecado mortal, desafían al hombre con sus libros.

　　　Sabíamos que el transistor "Walkman", cuyos audífonos llevaba pegados a las orejas como un par de sanguijuelas, era la rica fuente de su conocimiento,
95 porque jamás quiso un periódico ni se dignó mirar el televisor.

Actividad 17: La abuelita Anacleta   Lee las siguientes oraciones para ver si son   Scanning
ciertas o falsas. Corrige las falsas.

1. _____ Cuando la abuelita hablaba sola en voz baja, nadie podía entenderla.

2. _____ La abuela estaba enferma y un poco senil y, por eso, no podía pensar claramente.

3. _____ Sólo se levantaba de la cama para ir al baño.

4. _____ Los demás miembros de la familia cuidaban a Anacleta, pero Norma y la madre eran las más atentas.

5. _____ La abuela empezó a interesarse más en el mundo cuando le regalaron el Walkman.

6. _____ A la abuelita le gustaba leer el periódico y mirar la televisión.

7. _____ La madre de la narradora le leía novelas románticas a la abuela.

8. _____ La abuelita creía que los hombres mantenían a las mujeres en posición de inferioridad.

9. _____ La abuelita prefería no hablar de política, puesto que era cosa de hombres.

10. _____ La abuela era capaz de prever el futuro.

PARTE II

Marcos fue el de la idea de obsequiarle para su cumpleaños dos bolos, negrititicos, relucientes como el suelo del zaguán que se pasaba lustrando Chelita, la criada, con el mismo esfuerzo de Sísifo. Muertos de risa por la travesura e imaginando el asombro de abuelita Anacleta al verlos, los metimos en 100 una caja a la que pusimos un bello papel rosado de niño recién nacido con un moñote del mismo color.

—¡Y cuidado, Sonia, con ponerte al lado de abuelita Anacleta, porque en uno de los arranques suyos, la fuerza que tiene en la voz se le puede pasar a la mano. ¡Zas!, te tira los bolos encima y te deja patitiesa de un golpazo. ¡A salvar
105 el pellejo, se ha dicho, no te olvidés!— me advirtió Marcos con aire protector de hermano mayorcito. Yo, enternecida, se lo agradecí, porque para ver mejor a la abuela, siempre me trepaba sobre el colchón o en el marco que bordeaba el somier.

—¿Te imaginás, Marcos, con lo gurrumina y flacuchilla que soy, cómo
110 quedaría aplastada bajo los bolos? ¡Una cucaracha sería mucho en comparación!

Era tan incontenible el gorjeo de nuestras risotadas, que no podíamos ni atarle el lazo al regalo. Al día siguiente, el del cumpleaños, hora tras hora fue una fiesta anticipada para nosotros dos ir saboreando de antemano el efecto de nuestra travesura.

115 Sin embargo, para sorpresa nuestra, aquellos bracillos huesudos de pellejo apergaminado, tomaron los bolos como si no pesaran casi nada. Marcos y yo nos miramos aturdidos, preguntándonos si por error, en vez de los bolos, habíamos puesto en la caja algún objeto liviano, pero sin duda alguna ambos sabíamos de sobra lo que había dentro. Íbamos de sorpresa en sorpresa, pues
120 cuando nos habíamos ubicado muy a salvo de sus coléricos arrechuchos tira-cosas, al abrir el regalo, su cara se iluminó como si en ese momento contem-plara el Santo Grial y aquel regalo pusiese fin a una búsqueda interminable.

—¡Ajá!, esto, precisamente esto es lo que yo quería. ¿Cómo lo adivinaron si nunca expresé mi deseo? En mis mocedades . . . , bueno, quiero decir,
125 cuando andaba en los cuarenta, fue mi deporte favorito. En el boliche gané fama entre los buenos.

A partir del episodio de los bolos, mi madre se liberó de las esclavizadoras lecturas junto a su camón barroco. No obstante, de cuando en cuando pasaba por el cuarto para preguntarle si quería que la leyera algo, la respuesta era
130 drástica:

¡Diantres y recontradiantres!, ¿no te he dicho que no, pues ha llegado para mí el momento de la acción? *Acción*, así como se oye, sub-ra-ya-do.

Todos nos mirábamos preguntándonos qué quería decir con aquello del "momento de la acción" y la verdad es que no podíamos ni figurárnoslo de
135 ninguna manera. Hasta que una mañanita soleada y olorosa a azahar, su voz, de pronto desherrumbrada, sonó por la casa, como repiques de resurrección:

—¡Norma, tráeme el pantalón y el suéter negros con la blusa roja, los de salir!

¿Los de salir? ¿Cuáles, si hacía unos veinte años se pasaba confinada en el
140 camón barroco y nunca se había movido ni para sus más elementales necesi-dades? No hubo quién no temiera que aquello fuese la señal evidente de que ya se nos marchaba para el otro mundo, bien trajeadita para que no tuviéramos que amortajarla.

145 —¿Y puede saberse adónde quiere ir usted, abuelita Anacleta?—Norma le preguntó tartamudeando y con miedo de que le contestara que se iba al otro mundo. Pero no, sólo le dijo:

—¡Dejá de preguntar, majadera! Laváme deprisa y corriendo que quiero salir prontito.

150 ¡No lo podíamos creer! Dio un salto ágil del camón barroco y se vistió sin ayuda de nadie. Entonces pensamos al unísono que aquella mujercita de efímera apariencia, se había vivido torturándonos y esclavizándonos todo ese tiempo con el fin de conservarnos bajo su dominio; para tener esa agilidad y cumplir con su plan de larga premeditación, debía haberse ejercitado durante esos años. En aquel preciso instante nos explicamos los ruidos de pasos y

155 movimientos que se escuchaban en su recámara a altas horas de la noche, cuando en el resto de la casa todo era silencio y quietud. Hasta creíamos que en su cuarto había alguna alma-en-pena y llamamos al Padre Baltasar para que la exorcizara. Con razón la abuela se desternillaba de risa debajo de las sábanas mientras el cura asperjaba paredes y muebles con agua y latines.

160 —¿Dónde está la bolera? Marcos, lleváme a la bolera en tu Volkswagen.

—Pero abuelita Anacleta, ¿qué va a hacer usted en la bolera?

—¿Sos tonto o te hacés? ¿A qué se va a una bolera sino jugar a los bolos, mocoso del demonio? ¿No me diste junto con tu hermana unos bolos para mis noventa años? ¿Pues yo, Anacleta Gutiérrez del Castillo los iba a dejar guarda-

165 dos cuando es el mejor regalo de mi vida? ¡Aviados estaríamos! Arreá, mocoso, que vamos ya a la bolera. Verás que tu abuelita batirá el récord mundial y la noticia será el escándalo más maravilloso del momento. ¡Hay que llenar el mundo de maravillas para despoblarlo de tanta brutalidad y porno como abun-dan! Además, fijáte en el doble triunfo, pues soy mujer y nada menos que

170 recontravieja. ¿Te imaginás los grandes titulares de los periódicos anunciando a los cuatro vientos:

"ABUELA NONAGENARIA,
CAMPEONA MUNDIAL DE BOLOS"?

Actividad 18: El episodio de los bolos y . . . después   Termina las siguientes ora-ciones que forman un resumen del episodio de los bolos y lo que ocurrió después.

Recognizing chronological organization

1. Un día, a Marcos se le ocurrió . . .
2. A la hermanita de Marcos (Sonia, la narradora) le encantó . . .
3. Compraron los bolos y los metieron en una caja, que . . .
4. Marcos le advirtió a su hermanita que . . . , ya que . . .
5. Sin embargo, al recibir los bolos, la abuelita . . .
6. Después de su cumpleaños, la abuelita dejó de . . . y comenzó a . . .
7. Nadie entendió lo que quería decir y pensaban que . . .
8. Hasta que un día la abuela pidió . . . y . . .
9. Entonces, todos se dieron cuenta de que . . .
10. La abuelita le dijo a Marcos que la . . . y anunció que . . .

Actividad 19: Del 1 al 5   En grupos de tres, indiquen dónde cae la abuelita Anacleta en una escala del 1 (poco) al 5 (mucho) para los siguientes rasgos, y justifiquen sus decisiones:

buena-mala
dependiente-independiente
tradicional-moderna
agradable-desagradable

Actividad 20: ¿Una moraleja?   Con frecuencia los cuentos, aunque no todos, ilustran una moraleja o valor cultural. En grupos de tres, miren las siguientes oraciones y decidan si alguna o ninguna de ellas expresa bien la moraleja de este cuento. Justifiquen su respuesta.

1. Todos los abuelos disfrutarían de la vejez si sus familias los cuidaran bien.
2. La pasividad en la mujer es mala. Hay que eliminarla.
3. Incluso los viejos pueden aprender cosas nuevas.
4. Las familias deben cuidar a los viejos, incluso cuando son mandones y desagradables.

10-3

CUADERNO PERSONAL

Si tu abuela fuera como Anacleta, ¿cómo la tratarías?

ESTRATEGIA DE REDACCIÓN

Redacción: Ensayo

Analyzing

Analysis is a way of thinking and organizing that requires the division of something into its component parts or aspects. The study of the parts may allow better understanding of a complex whole.

   Nearly anything can be analyzed: the structure of an atom, a human being, a work of art or a short story. First you must decide the parts or aspects to which the object of analysis can be reduced. Then you must describe the parts and look for relationships between these, allowing your own insights and other information to guide you. For example, key elements of a short story would include protagonist, narrator, setting, etc. Analysis often leads to classification, or the grouping of specific parts or aspects into new categories. For example, **Lectura 2** includes a breakdown of certain traditional ideas regarding gender role expectations in Hispanic culture and classifications of these as manifestations of particular modes of conduct.

   You can use the results of your analysis as the basis of organization of an essay. In a short essay you will have to isolate the most important elements and limit discussion to how they lead to a clearer understanding of the object under study.

Actividad 21: Los aspectos de un cuento corto   **Parte A:** Para poder escribir un ensayo sobre un cuento, es necesario analizarlo para llegar a una comprensión profunda del texto. En parejas, consideren los siguientes aspectos del cuento "El secreto mundo de abuelita Anacleta" y traten de describir o contestar cada uno.

Analyzing

a. Lugar de la acción y el ambiente: ¿Qué detalles se mencionan? ¿Qué revelan sobre los personajes?

b. Protagonista (y/u otros personajes principales):
   ¿Cuáles son sus atributos? (rasgos físicos, actitudes, valores)
   ¿Qué cambios de actitud muestra(n)?

c. Contexto social e histórico:
   ¿Cuáles son las condiciones de vida?

d. Palabras e imágenes: ¿Qué palabras se repiten?
   ¿Hay imágenes fuertes?

e. Suceso o comentarios raros: ¿Hay oraciones raras que no parecen tener sentido? ¿Revelan algo de importancia?
   ¿Hay ironías y contradicciones?

f. Punto de vista: ¿Quién es el narrador?
   ¿Qué valores y creencias tiene el narrador? ¿Cómo se revelan? ¿Cuándo ocurre la acción? ¿Qué (no) entiende el narrador?

g. Temas universales: ¿Aparece alguno de éstos: un viaje o una búsqueda; un conflicto entre la realidad y la apariencia; una iniciación a una nueva experiencia; el individuo frente a otros individuos o la naturaleza; un conflicto entre lo espiritual y lo material; las relaciones entre las generaciones; dos personajes opuestos?

h. Estructura: ¿Hay ejemplos de prefiguración *(foreshadowing)*, suspenso, clímax o resolución?

i. Conclusión: ¿Hay moraleja o se evita una conclusión obvia?

Parte B: Considera estas preguntas: ¿Cuáles de los aspectos anteriores parecen más importantes en el cuento? ¿Cuáles son el tema principal y los subtemas del cuento? ¿Qué aspectos ejemplifican el tema?

Writing an essay

Actividad 22: La redacción del análisis   **Parte A:** En grupos de tres, piensen en los resultados de su análisis y escriban una oración de tesis para un ensayo sobre el cuento "El secreto mundo de abuelita Anacleta". Luego, hagan una lista de aspectos del cuento que apoyen esa tesis y sugieran una conclusión —o varias— que se pueda sacar del análisis.

Parte B: Trabajando individualmente, preparen el primer borrador del ensayo. Incluyan título, introducción con oración de tesis, cuerpo con detalles tomados del análisis y conclusión.

CAPÍTULO

11 *Actos ilegales*

See the *Fuentes* Web
Internet site for related links
and activities: http://college.
hmco.com

▲ *Un soldado colombiano
quema bolsas de cocaína
confiscadas en redadas
contra los narcotraficantes.*

Actividad 1: Causas, efectos y soluciones   La siguiente lista incluye cinco de los problemas de delincuencia con los que se enfrentan los países latinoamericanos y muchos otros países del mundo. En grupos de tres, determinen para cada problema por lo menos una causa, un efecto y una solución. Luego, compartan sus ideas con el resto de la clase.

Activating background knowledge

- el tráfico de drogas
- los atracos y robos de casas
- los asesinatos
- el crimen organizado
- el soborno y la corrupción en el gobierno

Lectura 1: Un editorial

Manifiesto CAMBIO 16 en favor de la legalización de las drogas

LA PROHIBICIÓN HA HECHO MÁS ATRACTIVO Y fructífero el negocio de la droga, y fomenta la criminalidad y la corrupción a todos los niveles.

Sin embargo, los Estados Unidos se comportan como si no lo supieran. Colombia, con sus escasos recursos y sus millares de muertos, ha exterminado numerosas bandas y sus cárceles están repletas de delincuentes de la droga. Por lo menos cuatro capos de los más grandes están presos y el más grande de todos se encuentra acorralado. [Pablo Escobar murió a manos de la Policía colombiana el 2 de diciembre de 1993].

En Estados Unidos, en cambio, se abastecen a diario y sin problemas 20 millones de adictos, lo cual sólo es posible con redes de comercialización y distribución internas muchísimo más grandes y eficientes.

Puestas así las cosas, la polémica sobre la droga no debería seguir atascada entre la guerra y la libertad, sino agarrar de

una vez al toro por los cuernos y centrarse en los diversos modos posibles de administrar la legalización. Es decir, poner término a la guerra interesada, perniciosa e inútil que nos han impuesto los países consumidores y afrontar el problema de la droga en el mundo como un asunto primordial de naturaleza ética y de carácter político, que sólo puede definirse por un acuerdo universal con los Estados Unidos en primera línea. Y, por supuesto, con compromisos serios de los países consumidores para con los países productores.

Pues no sería justo, aunque sí muy probable, que quienes sufrimos las consecuencias terribles de la guerra nos quedemos después sin los beneficios de la paz. Es decir: que nos suceda lo que a Nicaragua, que en la guerra era la primera prioridad mundial y en la paz ha pasado a ser la última.

Gabriel García Márquez
Premio Nóbel de Literatura

Cambio 16, la revista de noticias más importante de España, lanzó una campaña para legalizar las drogas a principios de 1994. El autor colombiano Gabriel García Márquez, quizás el autor más conocido de Latinoamérica y ganador del Premio Nóbel de Literatura, escribió esta carta abierta para anunciar la campaña. La carta, firmada por más de dos mil personas, provocó fuertes reacciones a favor y en contra.

Actividad 2: Un manifiesto   Parte A: En parejas, hagan una lista de todos los problemas que causa el uso ilegal de las drogas. Luego compartan sus ideas sobre la mejor solución: la prohibición, o la legalización parcial o total.

Activating background knowledge

Parte B: En parejas, miren rápidamente el manifiesto de *Cambio 16* y contesten las siguientes preguntas.

1. ¿Qué es un manifiesto?
2. ¿Qué es *Cambio 16?*
3. ¿Qué es lo que se pide en este texto?
4. ¿Quién es García Márquez?
5. ¿Por qué los editores de *Cambio 16* le pidieron a García Márquez que escribiera el texto?
6. ¿Les parece chocante la propuesta del manifiesto?

Actividad 3: Términos de un editorial   Antes de leer otro editorial escrito por el director de *Cambio 16*, una revista española, asocia cada una de las palabras de la primera columna, las cuales aparecen en el artículo, con la palabra o expresión correspondiente de la segunda. Usa tus conocimientos de cognados y raíces para adivinar y consulta el diccionario sólo cuando sea necesario.

Building vocabulary

1. _____ adormilado/a
2. _____ adulterado/a
3. _____ el coraje
4. _____ la cordura
5. _____ la dosis
6. _____ enganchado/a
7. _____ rentable
8. _____ la riada
9. _____ el vicio
10. _____ el drogata

a. juicio, prudencia
b. inundación
c. cantidad de una droga
d. mala costumbre
e. valor
f. que produce ganancias o intereses
g. mezclado con sustancias peligrosas
h. que depende de una droga
i. drogadicto
j. con sueño

Actividad 4: Los efectos de la legalización   Parte A: El siguiente editorial apareció al lado del manifiesto de García Márquez. Escrito por Juan Tomás de Salas, director de *Cambio 16*, incluye una discusión detallada de los posibles efectos de la legalización de las drogas. Antes de leer el artículo entero, lee rápidamente sólo el primer párrafo y decide si el autor está a favor o en contra de la legalización, y decide cuáles son las palabras que revelan su perspectiva.

Active reading

Parte B: Ahora, mientras lees, pon una marca al lado de cada efecto señalado por el autor.

Legalización de las drogas

¿Qué pasaría si, en un gesto de cordura y de coraje sin precedentes, el Gobierno español despenalizara el consumo y comercio de drogas, autorizando su venta libre en las farmacias o estancos del país? Pasarían varias cosas:

1. De inmediato se detendría la sangría de muertos provocados por el consumo de droga, adulterada hasta el ladrillo, que es la que hoy se vende en el mercado nacional. Algún muerto habría, por sobredosis o imprudencia, pero la riada de jóvenes asesinados con porquería en sus venas se detendría de inmediato.

2. Las farmacias, con las condiciones razonables del caso, expenderían, a precio también razonable, las dosis de droga demandada por los ciudadanos. El producto estaría garantizado contra adulteraciones y sería tan seguro—y dañino—como indicara exactamente en el prospecto.

3. El precio de la venta de la droga sería una fracción de los feroces precios actuales de la droga clandestina. Ello detendría en el acto la riada de pequeños y grandes delitos que los drogatas actuales cometen para poder financiar su vicio. Si pocos roban para comprarse cerveza, bien pocos lo harían para comprarse dosis a precio normal. Al respecto conviene no olvidar que el costo original de la droga es bien bajo, lo astronómico del precio es resultado de la prohibición, no de la droga.

4. El Estado cobraría un fuerte impuesto sobre las drogas vendidas, como hace con alcoholes y tabacos. Con ello podría financiar masivamente programas de rehabilitación y de prevención del consumo de drogas. Igualmente podría dedicar parte de ese impuesto a financiar escuelas de educación profesional para una juventud como la nuestra que hemos condenado al paro y a la droga entre todos.

5. Millares de funcionarios—policías, aduaneros, jueces y oficiales, etc.—quedarían de inmediato liberados de la imposible tarea de impedir su tráfico, que es el más rentable del planeta, y contra el que han fracasado en todo el mundo. Con ello se reduciría el déficit público, mejoraría la justicia y policía común de nuestras calles, y hasta quedarían recursos humanos para luchar contra esa lacra, aún vigente, que es el terrorismo.

6. Posiblemente, como ocurrió al abolir la prohibición norteamericana del alcohol a principios de los años 30, el consumo legalizado de drogas aumentaría ligeramente. Sólo los puritanos extremos temen que la legalización traería consigo una drogadicción masiva. Pero un cierto aumento del consumo es casi seguro. Pero sólo el consumo, no la muerte. Habría algunos jóvenes más enganchados, es decir, adormilados y soñadores, poco útiles, quizás para la producción en cadena, pero no habría muertos.

JUAN TOMÁS DE SALAS

Actividad 5: Los efectos de la despenalización   Parte A: En grupos de tres, hagan una lista de todos los efectos propuestos por Salas, terminando la siguiente oración:

Si el Gobierno español despenalizara el consumo y comercio de drogas, . . .

Parte B: La campaña de legalización lanzada por *Cambio 16* no tuvo éxito. Pero, si el Gobierno hubiera decidido despenalizar el consumo y comercio de drogas, ¿qué habría pasado? En parejas, hagan una lista de por lo menos dos efectos positivos y dos efectos negativos, terminando la siguiente oración:

Si el Gobierno español hubiera despenalizado el consumo y comercio de drogas, . . .

Actividad 6: ¿Qué es una droga?   El autor del artículo no especifica las drogas a las que se refiere. En grupos de tres, decidan cuáles de las siguientes sustancias se deben prohibir o legalizar. Expliquen por qué.

el café   el tabaco   el alcohol   la mariguana   la coca   la cocaína   el éxtasis

Actividad 7: Las drogas y la vida diaria   En grupos de cuatro, compartan sus reacciones a las siguientes preguntas.

1. ¿Conocen a alguien que use o haya usado drogas?
2. ¿Creen que esa persona merece estar en la cárcel? ¿Por qué sí o no?

11-1

CUADERNO PERSONAL

¿Estás a favor o en contra de la legalización de las drogas? Justifica tu respuesta.

Lectura 2: Panorama cultural

Actividad 8: Palabras claves   Las palabras indicadas en las oraciones son de la lectura "Modernización y criminalidad en Latinoamérica". Asocia cada palabra indicada en negrita con su equivalente de la lista que aparece a continuación.

a. to take for granted
b. involved
c. overwhelming
d. crime
e. standards
f. characteristic of a region

g. to take root
h. seed
i. devastation
j. harmful
k. narcotic

1. _____ Decir la verdad no es **delito.**
2. _____ Los problemas de violencia criminal **han echado raíces** en las sociedades en vías de desarrollo.
3. _____ Algunas personas **dan por descontado** el derecho de llevar armas; otras lo disputan.
4. _____ Los **patrones** de conducta no se pueden mantener sin un sistema de sanciones y castigos.
5. _____ La violencia criminal es **endémica** en algunas sociedades en vías de desarrollo.
6. _____ Los **estupefacientes** suelen impedir la percepción clara de la realidad.
7. _____ El crimen organizado causa graves **estragos** en la sociedad.
8. _____ Muchas personas de alto rango social están **involucradas** en el crimen organizado.
9. _____ A nivel mundial, los problemas ocasionados por la delincuencia son **abrumadores.**
10. _____ La **semilla** de la delincuencia está en el colapso de los sistemas tradicionales de control social.
11. _____ Muchas drogas tienen efectos positivos y otros efectos **nocivos.**

ESTRATEGIA DE LECTURA

Increasing Reading Speed

If you want to increase reading speed, you must learn to decide how carefully to read any particular text. Slow readers often believe they must read and understand every word. Though this is sometimes necessary, a quick first reading can help you see the broader context and facilitate later, closer readings. Some suggestions:

1. On a first reading, focus on understanding broad meaning and allow yourself to skip or only semi-comprehend some words.
2. Use your eyes efficiently. Many slow readers allow their eyes to wander back repeatedly to words they have just read without improving comprehension. Try to move your eyes over each line in smooth sweeps from left to right.
3. Read in short phrases rather than words. The brain absorbs information several words at a time, so read chunks or groups of words rather than individual words. Though there are no hard and fast rules for these groupings, they are often closely related by meaning: a noun plus its modifiers, a prepositional phrase or a verb and its complements.

Actividad 9: El lector eficiente   Parte A: Divide el primer párrafo de la lectura "Modernización y delincuencia en Latinoamérica" en frases cortas, manteniendo juntas las palabras que tienen alguna relación de significado. Luego, compara tus divisiones con las de un/a compañero/a.

Increasing reading speed

Parte B: Lee cada párrafo de la lectura tan rápido como puedas, leyendo en frases cortas sin volver atrás. Al final de cada párrafo, apunta en el margen la idea general del párrafo. Después, vuelve a leer todo el artículo con más cuidado para asegurarte de que entendiste bien la idea principal de cada párrafo.

Active reading

MODERNIZACIÓN Y DELINCUENCIA EN LATINOAMÉRICA

mas = pero

La violencia es una de las enfermedades que ha afligido al mundo entero en las últimas décadas. Latinoamérica, al igual que otras regiones del mundo, tiene una larga tradición de violencia, mas en el pasado, ésta se ha caracterizado principalmente como violencia política, es decir, la represión de gobiernos dictatoriales y los movimientos que utilizaban la lucha armada de guerrilla, secuestro y terrorismo en contra de dichos gobiernos. Sin embargo, en las últimas décadas, la violencia está dejando de ser una lucha por ideales sociales y políticos para convertirse en una violencia asociada con la delincuencia. A través de Latinoamérica, el problema de la delincuencia y criminalidad se ha convertido en una de las principales preocupaciones de los gobiernos y del público.

▲ *Dos gamines de Bogotá. En Latinoamérica hay millones de niños abandonados que se ven obligados a vivir como vagabundos en las calles.*

Aunque parezca irónico que la violencia criminal aumente precisamente cuando la violencia política disminuye, en realidad el aumento de la delincuencia es en parte un efecto normal de los cambios sociales y económicos que afectan a América Latina. En el plano internacional, los países latinoamericanos pertenecen al grupo de países "en vías de desarrollo", es decir, los que han participado en el proceso de modernización, industrialización y urbanización, pero que se encuentran en una situación intermedia entre la sociedad tradicional y la plenamente modernizada.

El proceso de modernización implica profundos cambios en la sociedad. Para empezar, los campesinos abandonan el campo donde la mecanización de la agricultura los deja sin trabajo y se trasladan a buscarlo a las ciudades industrializadas. Como resultado de la migración en masa, se crean grandes urbes densamente pobladas. Los efectos más agudos de esta rápida urbanización son la pérdida de influencias estabilizadoras, como las viejas relaciones personales y la familia extendida y su sustitución por nuevas relaciones impersonales. La familia deja de ejercer un control directo sobre las acciones del individuo y pierde influencia en la formación de los valores personales.

La modernización se ha producido en varios países de Latinoamérica en el espacio de unas pocas decenas de años y, al mismo tiempo, la población ha crecido con una rapidez alarmante. La mezcla de estos dos factores ha agravado la situación de las ciudades. En las afueras de las grandes ciudades donde viven muchos de los recién llegados, se han creado enormes villas miseria, donde a menudo los habitantes no tienen ni agua corriente ni electricidad. El contraste entre su situación y la de las clases acomodadas ha contribuido a alimentar la semilla de la delincuencia. En la ciudad, los campesinos suelen abandonar su tradicional fatalismo al encontrar una nueva ética de consumo y materialismo. Es decir que, en vez de aceptar su posición y su pobreza como lo hubieran hecho anteriormente, luchan por obtener y consumir más. A menudo, les es imposible alcanzar una vida mejor por medio del trabajo, y el delito se ofrece como la ruta más directa hacia la adquisición de bienes materiales. Es así que han aumentado tanto los delitos contra la propiedad—robos y atracos—como los crímenes contra la persona—asaltos y asesinatos.

Un tipo de delito endémico en las sociedades que se encuentran en vías de desarrollo es la corrupción que existe en el gobierno. En Latinoamérica hay dos razones principales de esta corrupción. En primer lugar, lo que actualmente se considera corrupción se daba por descontado en las sociedades tradicionales. Un funcionario con acceso al poder tenía la obligación de usar su poder para ayudar a parientes y amigos, ya que la familia extendida era la unidad más importante de la sociedad. Con la modernización actual, sin embargo, ha surgido mayor necesidad de adoptar y proteger patrones de conducta más amplios y generales. En segundo lugar, la situación económica inestable limita

▲ *Estas elegantes rejas protegen una casa hondureña contra posibles robos.*

▶ *Un barrio pobre en las afueras de Caracas, Venezuela.*

En México, el soborno a un funcionario se llama **mordida** (*bite*).

60 el sueldo de los funcionarios, quienes se ven obligados a buscar ingresos en forma de regalos, contribuciones o sobornos. De todas formas, las protestas en contra de la corrupción están echando raíz en Latinoamérica y muchos gobiernos están tomando medidas para resolver el problema.

Además de los problemas de delincuencia y corrupción, la forma de criminalidad más perniciosa que azota a Latinoamérica es el narcotráfico. Éste
65 también se puede considerar como el resultado de la modernización, puesto que depende del comercio internacional y los avances de la tecnología del transporte. El narcotráfico latinoamericano ha aumentado a medida que ha aumentado la demanda de estupefacientes por parte de los países desarrollados: desde 1980, el consumo de cocaína a nivel mundial se ha multiplicado unas
70 doce veces, y en los países desarrollados, la cocaína se ha establecido como una droga de moda por la cual los consumidores pagan precios exorbitantes.

Este consumo insaciable fomenta la producción, el transporte y la distribución de la droga. El clima de los países ecuatoriales se presta al cultivo de la coca, planta autóctona de la región. La mayor parte de la coca se cultiva
75 en Perú y Bolivia, donde cientos de miles de campesinos abandonan otros cultivos para dedicarse a esta cosecha más rentable. De ahí, se transporta la coca a laboratorios en Colombia donde se usa para producir la cocaína y luego el producto acabado se transporta para vender en los Estados Unidos, Europa, África y Asia.

80 El proceso de producción y distribución de la cocaína requiere una organización internacional a gran escala. Durante los años 80 y 90, los grandes carteles colombianos se conocieron por su riqueza, poder y violencia. De

Los carteles más grandes ya 85
no se encuentran en Colombia
sino en México.

ONU = Organización de las
Naciones Unidas

hecho, los narcotraficantes o "narcos" desestabilizaron las elecciones colombianas, llegando a matar en 1990 a tres candidatos presidenciales que apoyaban los esfuerzos del gobierno por eliminar los carteles. Hoy día, sin embargo, los carteles son más pequeños, más numerosos, más difíciles de localizar y, por lo tanto, más difíciles de eliminar. Su influencia y la delincuencia asociada afectan no sólo a Colombia, sino también a las repúblicas andinas, donde se cultiva la coca, y a los países de América Central, el Caribe y sobretodo México, por donde se tiene que transportar la cocaína. De hecho, las actividades de los carteles se extienden a todo rincón del continente americano y más allá a muchas otras partes del mundo, y la ONU juzga que actualmente se "lavan" unos 400.000 millones de dólares al año en Latinoamérica, cifra que sigue creciendo.

Es fácil reconocer que la creciente influencia de las organizaciones internacionales del crimen es nociva, pero no hay acuerdo en cuanto a cómo combatirla. Muchos gobiernos se encuentran relativamente impotentes ante la amenaza. A veces sus presupuestos ni siquiera llegan a la altura de los ingresos de los carteles. Desde los años 80 los Estados Unidos han mantenido una guerra contra la droga, mandando equipo militar y miles de millones de dólares para destruir los campos de coca y para luchar contra los carteles. No obstante, estos esfuerzos no han logrado eliminar la demanda y el consumo en los Estados Unidos y otros países, y mientras éstos existan, habrá personas dispuestas a arriesgarse para enriquecerse.

Por otra parte, la delincuencia latinoamericana asociada con la droga comienza a asemejarse a la de los Estados Unidos. Cabe notar que, aunque el narcotráfico ha sido un gran problema durante varias décadas, el consumo de drogas entre los jóvenes latinoamericanos se había mantenido bastante bajo. Sin embargo, la introducción de una droga barata, la PBC (pasta básica de cocaína), ha cambiado la situación. La PBC es un producto intermedio del proceso de producción de la cocaína, el cual contiene queroseno y ácidos muy dañinos para el cuerpo humano. En los países andinos, la PBC, conocida popularmente como "el basuco", ha producido estragos parecidos a los del *crack* entre los jóvenes urbanos de los Estados Unidos. La consecuencia es que los robos y otros delitos asociados con el consumo de drogas plagan hoy tanto a algunos países latinoamericanos como a los Estados Unidos.

Con los cambios que ha traído la modernización a Latinoamérica y con sus consecuencias de corrupción y delincuencia, vale preguntarse cuál es la solución para este aumento de criminalidad en la región. Hay quienes abogan por el orden impuesto de la dictadura militar, solución ya intentada muchas veces, pero que trae sus propias formas de violencia al limitar las libertades individuales. Otros predicen que el índice de criminalidad debe bajar después de las primeras etapas de modernización. Mientras tanto, el gran desafío para Latinoamérica es responder a la pobreza abrumadora, a la explosión demográfica y a la crisis de la estructura familiar tradicional, y controlar la violencia de manera que pueda encauzar sus sociedades hacia un futuro de paz y prosperidad.

Actividad 10: Datos y detalles   Lee las siguientes oraciones e indica si son ciertas o falsas según la lectura. Corrige las falsas.

1. _____ El aumento rápido de la violencia criminal es un fenómeno relativamente reciente en Latinoamérica.

2. _____ Los países latinoamericanos tienen economías y sociedades desarrolladas.

3. _____ Los campesinos se trasladan a las ciudades porque allí tienen trabajo garantizado.

4. _____ Las villas miseria son comunidades de pobres que viven en casitas sencillas, pero cómodas, en las afueras de las ciudades.

5. _____ En parte, la corrupción es el resultado de una actitud que enfatizaba las obligaciones familiares.

6. _____ El consumo de la cocaína en el mundo se ha multiplicado unas doce veces desde 1980.

7. _____ Los centros de producción de la cocaína son Bolivia y Perú.

8. _____ Aunque los países latinoamericanos exportan cocaína, sólo en años recientes se ha visto un aumento en el consumo de drogas por parte de la población local.

Actividad 11: Los delincuentes   En parejas, describan el papel que desempeñan los siguientes grupos en relación con cada tipo de delincuencia comentada en la lectura (los delitos y crímenes, la corrupción, las drogas).

los pobres urbanos   los narcotraficantes
los campesinos   los jóvenes urbanos
los funcionarios

Actividad 12: Soluciones hipotéticas   En grupos de tres, imaginen qué habrían tenido que hacer para resolver o evitar estos problemas.

1. La corrupción ya habría desaparecido si . . .
2. El narcotráfico se habría eliminado ya si . . .
3. El basuco no se habría comenzado a usar si . . .
4. Los delitos y crímenes urbanos no habrían aumentado de forma tan drástica si . . .

Actividad 13: En el año 2050   En grupos de tres, discutan qué se habrá hecho o qué habrá ocurrido en el año 2050 con respecto a cada uno de los siguientes problemas sociales en este país, en Latinoamérica y en el mundo: ¿Se habrá solucionado o eliminado? ¿Habrá aumentado o bajado su frecuencia? ¿Se habrá legalizado? Justifiquen sus respuestas.

→   Para el año 2050 no se habrá eliminado la corrupción porque . . .

la corrupción   los robos
el narcotráfico   los secuestros
los atracos   los asesinatos
el terrorismo   las violaciones
el consumo de drogas

11-2

CUADERNO PERSONAL

¿Quiénes tienen la responsabilidad del narcotráfico: los países consumidores o los países productores?

Lectura 3: Un cuento

Actividad 14: Dicho con ganas   El autor del cuento que vas a leer utiliza varios modismos. Lee cada oración y usa el contexto para determinar el mejor equivalente en inglés.

Dealing with idioms

a. to be someone's turn
b. to have plenty of money
c. to leave a trace
d. to help someone who is in a bind

e. to risk one's neck
f. to stir up or tear out someone's guts
g. to trim off loose ends

1. _____ El delincuente le **hurgó las tripas** con el cuchillo y lo dejó por muerto.

2. _____ Tuvieron que **cercenar cabos sueltos,** por eso mataron a todas las personas que sabían del crimen.

3. _____ Los narcos eran muy peligrosos y el policía no quería **jugarse el pellejo** en una operación contra ellos.

4. _____ Miguel se puso nervioso y llamó a Pablo para que lo ayudara, y como siempre, Pablo fue a **sacarle las castañas del fuego.**

5. _____ En este momento Paco tiene un trabajo decente y **tiene los bolsillos bien forrados.**

6. _____ El asesino hizo su trabajo y luego se esfumó sin **dejar rastro.** La policía nunca lo encontró.

7. _____ En el póker, cuando **te toca (el turno),** tienes que poner cara seria para que nadie sepa lo que tienes en la mano.

Actividad 15: Vocabulario y detalles   Parte A: En parejas, estudien la siguiente lista de palabras y expresiones tomadas del cuento "Orden jerárquico", que trata en parte de un asesino a sueldo (*hit man*). Luego, comenten el posible significado del título, miren el primer dibujo y usen las palabras de la lista para adivinar por lo menos cinco detalles de la trama del cuento.

Building vocabulary, Predicting

apuntar	to aim (at)
el atorrante	worthless bum
el cartel	poster, ad
las coristas	showgirls
el cortapapeles	letter opener
el cuchillero	knife-carrying hoodlum
deslizar(se)	to slip, slide
disimular	to dissimulate, pretend
disparar	to fire, shoot
los escombros	rubble, debris
esfumarse	to disappear
el farol	street light
las hembras	females (pejorative)
la hoja	blade of a knife
misión cumplida	mission accomplished

la mugre	filth
la niebla espesa	thick fog
el pasaje	ticket (for travel)
las pisadas	footsteps
el puñal de fabricación casera	homemade dagger
rematar	to finish off
las sombras	shadows
el tufo	stench

Parte B: Ahora, individualmente, lean la primera parte del cuento para verificar si   Active reading
han adivinado algunos detalles del cuento.

Eduardo Goligorsky nació en Argentina en 1931. Se conoce por sus obras policíacas y de ciencia ficción, géneros que tradicionalmente no han sido muy cultivados en el mundo hispano. En una época publicó sus novelas policíacas bajo el seudónimo de James Alistair. Sus creencias políticas lo llevaron a abandonar su país natal en 1976 y mudarse a España, donde ha trabajado de traductor y asesor editorial en Barcelona. Ha escrito muchos ensayos de tema político en los que ataca el autoritarismo, la censura y el fanatismo, temas que también aparecen en su ficción. El siguiente cuento ganó un premio en un concurso juzgado por los famosos escritores latinoamericanos Jorge Luis Borges, Augusto Roa Bastos y Marco Denevi.

ORDEN JERÁRQUICO   *Eduardo Goligorsky*

PARTE I

Abáscal lo perdió de vista, sorpresivamente, entre las sombras de la calle solitaria. Ya era casi de madrugada, y unos jirones de niebla espesa se adherían a los portales oscuros. Sin embargo, no se inquietó. A él, a Abáscal, nunca se le había escapado nadie. Ese infeliz no sería el

5   primero. Correcto. El Cholo reapareció en la esquina, allí donde las corrientes de aire hacían danzar remolinos de bruma. Lo alumbraba el cono de luz amarillenta de un farol.

El Cholo caminaba excesivamente erguido, tieso, con la rigidez artificial de los borrachos que tratan de disimular su condición. Y no hacía ningún

10 esfuerzo por ocultarse. Se sentía seguro.

Abáscal había empezado a seguirlo a las ocho de la noche. Lo vio bajar, primero, al sórdido subsuelo de la Galería Güemes, de cuyas entrañas brotaba una música gangosa. Los carteles multicolores prometían un espectáculo estimulante, y desgranaban los apodos exóticos de las coristas. Él también debió sumer-

15 girse, por fuerza, en la penumbra cómplice, para asistir a un monótono desfile de hembras aburridas. Las carnes fláccidas, ajadas, que los reflectores acribillaban sin piedad, bastaban, a juicio de Abáscal, para sofocar cualquier atisbo de excitación. Por si eso fuera poco, un tufo en el que se mezclaban el sudor, la mugre y la felpa apolillada, impregnaba el aire rancio, adhiriéndose a la piel y las ropas.

El Cholo es un apodo *(nickname)*. En Argentina y otros países, **cholo** = persona de sangre mezclada.

El Retiro es una zona de estaciones de autobuses y de trenes de Buenos Aires.

piringundín = antro o bar barato

La 25 de Mayo es una avenida de Buenos Aires.

El título *doctor* se les aplica a muchos profesionales: médicos, abogados, profesores universitarios, etc.

20 Se preguntó qué atractivo podía encontrar el Cholo en ese lugar. Y la respuesta surgió, implacable, en el preciso momento en que terminaba de formularse el interrogante.

El Cholo se encuadraba en otra categoría humana, 25 cuyos gustos y placeres él jamás lograría entender. Vivía en una pensión de Retiro°, un conventillo, mejor dicho, compartiendo una pieza minúscula con varios comprovincianos recién llegados a la ciudad. Vestía miserablemente, incluso cuando tenía los bol- 30 sillos bien forrados: camisa deshilachada, saco y pantalón andrajosos, mocasines trajinados y cortajeados. Era, apenas, un cuchillero sin ambiciones, o con una imagen ridícula de la ambición. Útil en su hora, pero peligroso, por lo que sabía, desde el instante en que 35 había ejecutado su último trabajo, en una emergencia, cuando todos los expertos de confianza y responsables, como él, como Abáscal, se hallaban fuera del país. Porque últimamente las operaciones se realizaban, cada vez más, en escala internacional, y los viajes 40 estaban a la orden del día.

Recurrir al Cholo había sido, de todos modos, una imprudencia. Con plata en el bolsillo, ese atorrante no sabía ser discreto. Abáscal lo había seguido del teatrito subterráneo a un piringundín° de la 25 de 45 Mayo,° y después a otro, y a otro, y lo vio tomar todas las porquerías que le sirvieron, y manosear a las coperas, y darse importancia hablando de lo que nadie debía hablar. No mencionó nombres, afortunadamente, ni se refirió a los hechos concretos, identifica- 50 bles, porque si lo hubiera hecho, Abáscal, que lo vigilaba con el oído atento, desde el taburete vecino, habría tenido que rematarlo ahí nomás, a la vista de todos, con la temeridad de un principiante.

No era sensato arriesgar así una organización que tanto había costado montar, amenazando, de paso, la doble vida que él, Abáscal, un verdadero téc- 55 nico, siempre había protegido con tanto celo. Es que él estaba en otra cosa, se movía en otros ambientes. Sus modelos, aquellos cuyos refinamientos procuraba copiar, los había encontrado en las recepciones de las embajadas, en los grandes casinos, en los salones de los ministerios, en las convenciones empresarias. Cuidaba, sobre todo, las apariencias: ropa bien cortada, restaurantes escogidos, *starlets* trepadoras, licores finos, autos deportivos, vuelos en cabinas 60 de primera clase. Por ejemplo, ya llevaba encima, mientras se deslizaba por la calle de Retiro, siguiendo al Cholo, el pasaje que lo transportaría, pocas horas más tarde, a Caracas. Lejos del cadáver del Cholo y de las suspicacias que su eliminación podría generar en algunos círculos.

En eso, el Doctor había sido terminante. Matar y esfumarse. El número 65 del vuelo, estampado en el pasaje, ponía un límite estricto a su margen de

Luger = una pistola de fabricación alemana

Leningrado, en Rusia, y El Alamein, en el norte de África, fueron batallas que los nazis (alemanes) perdieron en la Segunda Guerra Mundial.

maniobra. Lástima que el Doctor, tan exigente con él, hubiera cometido el error garrafal de contratar, en ausencia de los auténticos profesionales, a un rata como el Cholo.

70 Ahora, como de costumbre, él tenía que jugarse el pellejo para sacarles las castañas del fuego a los demás. Aunque eso también iba a cambiar, algún día. Él apuntaba alto, muy alto, en la organización.

Abáscal deslizó la mano por la abertura del saco, en

75 dirección al correaje que le ceñía el hombro y la axila. Al hacerlo rozó, sin querer, el cuadernillo de los pasajes. Sonrió. Luego, sus dedos encontraron las cachas estriadas de la Luger°, las acariciaron, casi sensualmente, y se cerraron con fuerza, apretando la culata.

80 El orden jerárquico también se manifestaba en las armas. Él había visto, hacía mucho tiempo, la herramienta predilecta del Cholo. Un puñal de fabricación casera, cuya hoja se había encogido tras infinitos contactos con la piedra de afilar. Dos sunchos apretaban el mango de madera,

85 incipientemente resquebrajado y pulido por el manipuleo. Por supuesto, el Cholo había usado ese cuchillo en el último trabajo, dejando un sello peculiar, inconfundible. Otra razón para romper allí, en el eslabón más débil, la cadena que trepaba hasta cúpulas innombrables.

90 En cambio, la pistola de Abáscal llevaba impresa, sobre el acero azul, la nobleza de su linaje. Cuando la desarmaba, y cuando la aceitaba, prolijamente, pieza por pieza, se complacía en fantasear sobre la personalidad de sus anteriores propietarios. ¿Un gallardo "junker" prusiano, que

95 había preferido dispararse un tiro en la sien antes que admitir la derrota en un suburbio de Leningrado?° ¿O un lugarteniente del mariscal Rommel, muerto en las tórridas arenas de El Alamein°? Él había comprado la Luger, justamente, en un zoco de Tánger donde los mercachifles

100 remataban su botín de cascos de acero, cruces gamadas y otros trofeos arrebatados a la inmensidad del desierto.

Eso sí, la Luger tampoco colmaba sus ambiciones. Conocía la existencia de una artillería más perfeccionada, más mortífera, cuyo manejo estaba reservado a otras instancias del orden jerárquico, hasta el punto de haberse convertido en una especie de símbolo de status. A medida que él ascendiera, como sin duda iba a ascender, también tendría acceso a ese arsenal legendario, patrimonio exclusivo de los poderosos.

Curiosamente, el orden jerárquico tenía, para Abáscal, otra cara. No se trataba sólo de la forma de matar, sino, paralelamente, de la forma de morir.

110 Lo espantaba la posibilidad de que un arma improvisada, bastarda, como la del Cholo, le hurgara las tripas. A la vez, el chicotazo de la Luger enaltecería al Cholo, pero tampoco sería suficiente para él, para Abáscal, cuando llegara a su apogeo. La regla del juego estaba cantada y él, fatalista por convicción, la

aceptaba: no iba a morir en la cama. Lo único que pedía era que, cuando le
115   tocara el turno, sus verdugos no fueran chapuceros y supiesen elegir instrumentos nobles.

La brusca detención de su presa, en la bocacalle siguiente, le cortó el hilo
de los pensamientos. Probablemente el instinto del Cholo, afinado en los
montes de Orán y en las emboscadas de un Buenos Aires traicionero, le había
120   advertido algo. Unas pisadas demasiado persistentes en la calle despoblada.
Una vibración intrusa en la atmósfera. La conciencia del peligro acechante lo
había ayudado a despejar la borrachera y giró en redondo, agazapándose. El
cuchillo tajeó la bruma, haciendo firuletes, súbitamente convertido en la pro-
longación natural de la mano que lo empuñaba.
125   Abáscal terminó de desenfundar la Luger. Disparó desde una distancia
segura, una sola vez, y la bala perforó un orificio de bordes nítidos en la frente
del Cholo.

Misión cumplida.

• • •

Actividad 16: Paseos y pensamientos   Para cada oración, indica si se refiere a
Abáscal (A) o a El Cholo (Ch).

1. _____ Va siguiendo al otro por las calles de Buenos Aires.

2. _____ Se pasa la noche entera divirtiéndose en varios bares de mal aspecto.

3. _____ Se preocupa de vestirse bien y frecuentar a los ricos.

4. _____ Se cuenta todo desde su perspectiva.

5. _____ Tiene un puñal de fabricación casera.

6. _____ Tiene una pistola de fabricación alemana.

7. _____ Ocupa el nivel más bajo de la jerarquía de la organización.

8. _____ Cree que las personas más importantes merecen mejores armas y mejor
muerte.

9. _____ Tenía que morir porque sabía demasiado.

10. _____ Tiene órdenes de marcharse cuanto antes para Caracas.

Actividad 17: Y luego . . .   En grupos de tres, miren el dibujo de la página siguiente y adivinen cómo termina el cuento. Luego lean para saber qué sucede.

PARTE II

El tableteo de las máquinas de escribir llegaba vagamente a la oficina, ven-
130   ciendo la barrera de aislación acústica. Por el ventanal panorámico se divisaba un
horizonte de hormigón y, más lejos, donde las moles dejaban algunos resquicios,
asomaban las parcelas leonadas del Río de la Plata. El smog formaba un colchón
sobre la ciudad y las aguas.

Río de la Plata = el río que
bordea la ciudad de Buenos
Aires

El Doctor tomó, en primer lugar, el cable fechado en Caracas que su secre-
135   taria acababa de depositar sobre el escritorio, junto a la foto de una mujer rubia,
de facciones finas, aristocráticas, flanqueada, en un jardín, por dos criaturas

igualmente rubias. Conocía, de antemano, el texto del cable: "Firmamos contrato". No podía ser de otra manera. La organización funcionaba como una maquinaria bien sincronizada. En eso residía la clave del éxito.

"Firmamos contrato", leyó, efectivamente. O sea que alguien—no importaba quién—había cercenado el último cabo suelto, producto de una operación desgraciada.

Primero había sido necesario recurrir al Cholo, un malevito marginado, venal, que no ofrecía ninguna garantía para el futuro. Después, lógicamente, había sido indispensable silenciar al Cholo. Y ahora el círculo acababa de cerrarse. "Firmamos contrato" significaba que Abáscal había sido recibido en el aeropuerto de Caracas, en la escalerilla misma del avión, por un proyectil de un rifle Browning calibre 30, equipado con mira telescópica Leupold M8-100. Un fusil, se dijo el Doctor, que Abáscal habría respetado y admirado, en razón de su proverbial entusiasmo por el orden jerárquico de las armas. La liquidación en el aeropuerto, con ese rifle y no otro, era, en verdad, el método favorito de la filial Caracas, tradicionalmente partidaria de ganar tiempo y evitar sobresaltos inútiles.

Una pérdida sensible, reflexionó el Doctor, dejando caer el cable sobre el escritorio. Abáscal siempre había sido muy eficiente, pero su intervención, obligada, en ese caso, lo había condenado irremisiblemente. La orden recibida de arriba había sido inapelable: no dejar rastros, ni nexos delatores. Aunque, desde luego, resultaba imposible extirpar todos, absolutamente todos, los nexos. Él, el Doctor, era, en última instancia, otro de ellos.

A continuación, el Doctor recogió el voluminoso sobre de papel manila que su secretaria le había entregado junto con el cable. El matasellos era de Nueva York. El membrete era el de la firma que servía de fachada a la organización. Habitualmente, la llegada de uno de esos sobres marcaba el comienzo de otra operación. El código para descifrar las instrucciones descansaba en el fondo de su caja fuerte.

El Doctor metió la punta del cortapapeles debajo de la solapa del sobre. La hoja se deslizó hasta tropezar, brevemente, con un obstáculo. La inercia determinó que siguiera avanzando. El Doctor comprendió que para descifrar el mensaje no necesitaría ayuda. Y le sorprendió descubrir que en ese trance no pensaba en su mujer y sus hijos, sino en Abáscal y en su culto por el orden jerárquico de las armas. Luego, la carga explosiva, activada por el tirón del cortapapeles sobre el hilo del detonador, transformó todo ese piso del edificio en un campo de escombros.

Actividad 18: De principio a fin Completa las siguientes oraciones para formar un resumen del cuento. Luego, en parejas comparen sus respuestas.

Parte A:

1. Al empezar el cuento, ya era de madrugada y Abáscal seguía a . . .
2. Esa noche el Cholo había visitado . . .
3. Mientras andaba de lugar en lugar, Abáscal pensaba en . . .
4. Abáscal creía que el Cholo era . . .
5. Para Abáscal el orden jerárquico se manifestaba en . . .
6. Cuando el Cholo se dio cuenta de que alguien lo seguía, . . .

Parte B:

1. Cuando el Doctor leyó la frase "Firmamos contrato", se dio cuenta de que . . .
2. El Doctor creyó que Abáscal habría respetado . . .
3. El Doctor opinaba que la muerte de Abáscal . . .
4. Después de leer el cable el Doctor empezó a . . .
5. Al notar el obstáculo, el Doctor pensó en . . . , y luego . . .

Actividad 19: Los peldaños de la pirámide El autor de este cuento describe el orden social de una mafia o cartel. En la pirámide, indica quién ocupa el peldaño más alto en la jerarquía de la organización. Después, en parejas, den la siguiente información para cada persona o grupo:

- su origen, cómo y dónde vive
- su forma de matar
- su forma de morir
- lo que piensa de las personas de los otros niveles (si se sabe)

¿?
DOCTOR
ABÁSCAL
EL CHOLO

Actividad 20: Casualidades y posibilidades En parejas, imaginen cómo y por qué cada personaje, el Cholo, Abáscal y el Doctor, acabó trabajando en el crimen organizado. Después, respondan a las siguientes preguntas.

¿Qué habría pasado: si Abáscal no hubiera matado al Cholo?
                         si Abáscal se hubiera enterado de su asesinato antes?
                         si la secretaria del Doctor hubiera abierto el sobre?

¿Qué habría pasado si los "de arriba" no hubieran ordenado la muerte del Cholo, Abáscal y el Doctor?

11-3

CUADERNO PERSONAL

¿Cuál habrá sido la intención del autor al redactar este cuento?

Redacción: Ensayo

**ESTRATEGIA
DE REDACCIÓN**

Analyzing Causes and Effects

In this chapter you have been reading about causes and effects, for example, the causes of criminal violence and the possible effects of drug legalization. Analyzing cause and effect is both a way of organizing thoughts and a means of organizing writing. It is a useful strategy to employ when you need to answer the question "Why?". The discussion of a cause automatically assumes an effect and vice versa, but in writing, one of these two aspects may become the focus. In **Lectura 1**, Juan Tomás de Salas sees several effects for one cause, drug legalization. On the other hand, **Lectura 2** looks at many causes for one broad phenomenon, a rise in crime.

Using cause and effect as a basis for your writing requires clear thinking on your part. Think about the following points before writing.

1. Determine whether you want to analyze the causes of an event or phenomenon, its effects, or both. Make a list of the points you want to discuss.
2. Distinguish clearly between causes and effects or indicate where this is difficult to do. For example, is violence on television a cause or an effect of increasing violence in society?
3. Avoid the assumption that one event causes another simply because one precedes the other; there may be no causal relation. For example, a change in curriculum at a school is followed by a gradual fall in test scores, but other factors besides the change in curriculum, such as broader changes in society, may have actually caused the fall in test scores.
4. Finally, be aware that it is not possible to fully explain many phenomena. The number of potential causes is in reality infinite, and you should limit yourself to speculation about those that are most important or immediate or to those for which you have the most compelling arguments.

The following expressions are often useful for discussing causes and effects:

así que	thus, so
como consecuencia, como resultado	as a consequence, as a result
el factor; la causa	factor; cause
por consiguiente, por eso, por lo tanto	therefore
porque + *verbo conjugado*	because
una razón por la cual	one reason why
el resultado	result
ya que, puesto que, como	since
a causa de (que), debido a (que)	because, due to
por + *infinitivo/sustantivo*	because of, for
causar, provocar, producir	to cause
conducir a, llevar a	to lead to
deberse a (que)	to be due to
resultar de	to result from
tener como/por resultado	to result in

Actividad 21: Fenómenos y causas   Parte A: La siguiente lista incluye temas candentes importantes en este país. En grupos de tres, escriban oraciones sobre algunos de los fenómenos asociados con estos temas.

Analyzing causes and effects

→   Cada vez hay más personas que consumen drogas.

el consumo y tráfico de drogas
el crimen violento (asesinatos, asaltos, violaciones)
el crimen organizado
el terrorismo y las milicias o grupos paramilitares
el número de cárceles y prisioneros
la pena de muerte
la corrupción en el gobierno
la violencia en los medios de comunicación

Parte B: Escojan uno de los fenómenos y hagan una lista de causas posibles. Usen las sugerencias de la Estrategia de redacción, para discutir qué causas son posibles. Luego, de las que queden, decidan cuáles son más importantes y cuáles menos importantes.

Actividad 22: La redacción   Vas a redactar un ensayo para explicarles a tus compañeros las causas del fenómeno social escogido en la Actividad 21B.

Writing an essay

Parte A: Escribe el título y la introducción de forma que presenten el tema general. Si tu público no conoce bien el fenómeno social que vas a tratar, tendrás que incluir evidencia, como estadísticas o comentarios hechos por expertos, para demostrar su existencia y su importancia.

Parte B: Basándote en tu lista de causas importantes, decide si vas a enfocarte en una o varias causas en el cuerpo de tu ensayo. Presenta evidencia para apoyar cada causa.

Parte C: Escribe la conclusión haciendo un resumen de las causas presentadas y considerando otra vez la importancia del tema y otras implicaciones.

12

Latinos *americanos*

◀ Juan Luis Gómez Pereira
Lugar de nacimiento:
Guanajuato, México
Fecha de nacimiento: 1967
Ocupación: Ingeniero civil
Residencia actual:
Los Ángeles

▶ María Eugenia Zamora Li
Lugar de nacimiento:
La Habana, Cuba
Fecha de nacimiento: 1984
Ocupación: Estudiante
Residencia actual: Miami

◀ Mercedes Roca Salinas
Lugar de nacimiento:
San Antonio
Fecha de nacimiento: 1970
Ocupación: Banquera
Residencia actual:
Houston

▶ Gonzalo Perales Cruz
Lugar de nacimiento: Ponce,
Puerto Rico
Fecha de nacimiento: 1978
Ocupación: Modelo
Residencia actual:
Nueva York

Internet See the *Fuentes* Web
site for related links
and activities: http://college.
hmco.com

Actividad 1: ¿De quiénes estamos hablando?   **Parte A:** En parejas, definan cada término y digan los idiomas que se hablan en cada grupo.

Activating background knowledge

hispanos	hispanoamericanos
latinos	latinoamericanos
mexicanos	mexicoamericanos
chicanos	centroamericanos
caribeños	suramericanos
cubanos	cubanoamericanos
puertorriqueños	neorriqueños
norteamericanos	americanos

Parte B: Miren las fotos e información de la página anterior y digan cuáles de los términos de la Parte A se pueden usar para caracterizar a cada individuo. ¿Son todos inmigrantes?

Lectura 1: Un editorial

Actividad 2: Voces nuevas   Busca las expresiones de la lista que son sinónimas de las palabras en negrita en las oraciones. Estas palabras vienen del editorial que vas a leer sobre la educación bilingüe.

Guessing meaning from context

a. de forma completa
b. contribuir, traer
c. desarrollo lento o insuficiente
d. destruir
e. pertenecer, ser parte integral de algo
f. marginado, excluido
g. distanciamiento

1. Para comprender **cabalmente** este problema hay que estudiarlo con cuidado.
2. El niño se sentía **relegado,** como si no perteneciera al grupo.
3. Los niños y adolescentes muchas veces se esfuerzan por **encajar** en el grupo, imitando la manera de vestir y comportarse de los demás.
4. Las inseguridades pueden **minar** el desarrollo de un niño, de manera que nunca tendrá éxito ni se creerá capaz de conseguir lo que quiere.
5. Los inmigrantes suelen **aportar** aspectos de su propia cultura a la de los Estados Unidos.
6. Muchas veces los niños que no saben inglés sufren **retrasos** en la escuela y tienen que repetir un grado.
7. El aprendizaje del inglés causa el **alejamiento** de la cultura original y el abandono de las tradiciones propias.

Actividad 3: La experiencia de los inmigrantes   **Parte A:** Antes de leer el artículo, "La educación bilingüe y la reafirmación cultural", imagina cómo habría

Activating background knowledge, Anticipating

sido tu vida en otras circunstancias. En grupos de tres, respondan a la situación y a las preguntas.

Si hubieras nacido en una familia de inmigrantes donde se hablara principalmente otro idioma, . . .

1. ¿qué aspectos de la vida habrían sido o serían diferentes para ti?
2. ¿qué problemas habrías tenido o tendrías que afrontar?
3. ¿qué habrías pensado o pensarías de los anglohablantes?
4. ¿qué sería mejor: hablar sólo la lengua nativa, intentar asimilarte y hablar sólo inglés o usar los dos idiomas?

Parte B: Ahora, lee el texto para ver lo que opina el autor sobre estas ideas.

Active reading

La educación bilingüe y la reafirmación cultural

— DANIEL AJZEN —

Todos los años resurgen las viejas discusiones, sobre el bajo nivel de la educación pública en California, o sobre el problema del bilingüismo, el cual despierta tormentosas emociones en todos los participantes.

Comprender cabalmente este problema y las intensas pasiones que genera requiere comprender el país en el que ahora vivimos, sus miedos y temores.

Estados Unidos a pesar de ser un país formado por inmigrantes, es en general sospechoso del que es diferente. Todo está bien, nada está mal, todos somos iguales y tenemos las mismas oportunidades. ¿O no?

Quizás sí, quizás no. Pero no es igual el niño que depende de la escuela pública que el que recibirá sus "credenciales"—

aun cuando aprenda lo mismo—en un colegio de "prestigio reconocido"; tampoco es lo mismo un joven con clara identidad y metas en su vida, que aquel que se siente relegado o presionado, ya sea por su origen nacional o social, su credo o su color.

Para un niño latino todo puede estar en su contra: origen, color, nombre, credo. Elementos que por lo general no coinciden con "las buenas costumbres" que rigen los más "prestigiados" clubes del país y si bien poco es lo que se puede hacer al respecto, aparte de dejar todo a un lado y tratar de encajar a cualquier precio, sin embargo, mucho es lo que se puede lograr por medio de la educación bilingüe.

Quienes se oponen a la enseñanza del español en las escuelas nacionales y estatales, saben, aunque muchas veces no

conscientemente, que la lengua es la relación más íntima e inmediata que un ser humano puede tener con su origen, su pasado y su propia identidad.

No hay forma de traducir la experiencia de los padres, que se refleja en el idioma nativo y desaparece al tratar de transmitirse en otro; raíces que se sostienen por miles de años de experiencia cultural, de una forma particular de ver la vida, de una actitud ante el mundo, todo lo cual desaparece o se modifica al cambiarse el idioma, al perderse la posibilidad de recibir la herencia original y la experiencia familiar.

Pero aún, en el área de la identidad, todos estos elementos son fundamentales; sin ellos el niño no pasa de ser hijo de un barrio, sin antecedentes ni consecuencias particulares, lo cual se traduce en inseguri-

dades que minarán para siempre su propio desarrollo.

La rápida asimilación de olas migratorias anteriores a este país, y el alejamiento violento de sus raíces, de su origen y el intento por ser parte de un concepto de "americano" poco claro, que niega la particularidad de cada uno de sus miembros, es una de las muchas razones que han llevado a esta nación a ocupar un lugar preponderante en las estadísticas del crimen y la drogadicción.

Una persona sin raíces es frágil como una planta y tiende a inclinarse hacia adonde la lleva el viento. Una persona con una clara identidad es firme, robusta y hasta más tolerante con la identidad de los demás.

Si en vez de negarlo, todos pudiéramos aprovechar sinceramente las cualidades particulares de cada grupo migratorio,

Daniel Ajzen es un escritor independiente que reside en San Diego. El artículo apareció en *La Opinión*, periódico en español de Los Ángeles que se edita desde 1926.

el país estaría en mucho mejores condiciones sociales y económicas.

Imagínense la ventaja que tendríamos en un mundo cada vez más internacional teniendo ciudadanos que manejen no sólo el idioma formal, de prácticamente cada nación del globo, sino también su contenido emocional, su manera de hacer las cosas, de vender, de comprar, de negociar y de todo eso que se transmite por medio de una lengua viva, transmitida de padres a hijos de manera orgullosa, sensible y consciente.

Yo tengo dos hijos, los dos son bilingües, los dos hablan perfectamente bien el inglés y los dos conocen el español.

Los niños no han sufrido ningún retraso en la escuela, no tienen problemas de identidad, ni complejos de origen, entienden México y Estados Unidos, y espero que en el futuro servirán de puente entre ambas sociedades.

▲ *Una clase bilingüe en Virginia.*

Si la escuela no les quiere dar español, problema de la escuela, literalmente ellos se lo pierden, pero ojalá pudiéramos organizarnos y pelear no sólo para que se enseñe el español y se cree un mosaico cultural que sólo produce beneficios, sino que también se motive a todos los demás grupos que conforman nuestra sociedad a conocer sus raíces, revivir su herencia, enorgullecerse de ella, y aportar al resto del país los beneficios de un multilingüismo que nunca ha afectado a nadie.

Hoy, cuando las crisis económicas, sociales y políticas de este país amenazan la inmigración y nuestra propia identidad, sólo el esfuerzo de cada madre, de cada padre, de cada hogar permitirá a los niños tener una clara identidad, enorgullecerse de lo que son y aprovechar en beneficio de todos lo que su nuevo hogar les ofrece. No podemos esperar, tenemos que tomar la sartén por el mango. 🐦

Actividad 4: Según el autor . . .   **Parte A:** Después de leer, decide si cada oración es cierta o falsa, según lo que ha dicho el autor, y cambia las oraciones falsas para que sean ciertas.

Scanning

1. _____ El tema de la educación bilingüe ha sido muy importante en el estado de California.

2. _____ En los Estados Unidos todos son iguales y tienen las mismas oportunidades.

3. _____ El origen, color, nombre y credo de un niño latino le pueden causar problemas en la sociedad norteamericana.

4. _____ Uno de los mayores problemas para los inmigrantes es la destrucción de su identidad.

5. _____ La falta de una identidad firme y estable contribuye al alto nivel de delincuencia y drogadicción.

6. _____ La educación bilingüe contribuye a minar la identidad positiva de los niños latinos.

7. _____ Sería una gran ventaja para los Estados Unidos tener ciudadanos multilingües y multiculturales de todas las naciones de la tierra.

8. _____ Los hijos del autor son bilingües y biculturales y no han sufrido ningún retraso.

9. _____ El mantenimiento de las lenguas y las culturas de los inmigrantes, en un mosaico cultural, sólo producirá beneficios.

10. _____ "Tenemos que tomar la sartén por el mango" se refiere a la necesidad de seguir preparando comida mexicana.

Parte B: Después de corregir las oraciones, decide cuáles representan hechos y cuáles opiniones. ¿Con cuáles de las opiniones estás de acuerdo? ¿Por qué?

Distinguishing fact from opinion

Actividad 5: Los argumentos del autor En el artículo el autor defiende algo que él considera verdadero y quiere convencer a otros de la veracidad de este argumento. En parejas, contesten y comenten las siguientes preguntas.

Analyzing

1. ¿Cuál es el argumento básico del autor? ¿Dónde lo presenta?
2. ¿Qué evidencia da para apoyar su argumento? (datos y estadísticas, citas de expertos, experiencia personal, posibles escenarios)
3. ¿Hay afirmaciones que no tienen suficiente evidencia, o sea, que parecen más opinión que hecho?
4. ¿Hay algún contraargumento que el autor no haya considerado?
5. ¿Estás de acuerdo con el argumento del autor?

Actividad 6: Polémicas En parejas, respondan a las siguientes afirmaciones. Prepárense para compartir sus ideas con el resto de la clase.

1. La educación bilingüe produce más víctimas que beneficiarios.
2. El único objetivo válido de la educación bilingüe es facilitar el paso de español a inglés.
3. El uso de otro idioma dentro de este país no es un derecho sino un lujo.

12-1

CUADERNO PERSONAL

Daniel Ajzen dice: " . . . la lengua es la relación más íntima e inmediata que un ser humano puede tener con su origen, su pasado y su propia identidad". ¿Te parece acertada esta declaración? ¿Por qué sí o no?

Lectura 2: Panorama cultural

Actividad 7: La palabra adecuada   Estudia la siguiente lista de palabras y expresiones de la lectura "La cara hispana de los Estados Unidos", y luego termina las oraciones.

Building vocabulary

a lo largo de	along, throughout
aferrarse a	to cling to
el desafío	challenge
dondequiera	wherever
fechar	to specify a date
la fuga de cerebros	brain drain
hispanohablante/hispanoparlante	Spanish-speaking, Spanish speaker
la ola/oleada	wave

1. Cuando se van de un país los intelectuales y profesionales, se dice que ocurre una _____.

2. Los habitantes de Australia y de gran parte de los Estados Unidos son angloparlantes, mientras que los habitantes de Honduras, Venezuela y Uruguay son _____.

3. Con un teléfono celular es posible efectuar una llamada desde _____ que estés.

4. Con frecuencia los inmigrantes resisten el cambio y _____ sus viejas costumbres.

5. Las primeras _____ de inmigrantes ingleses llegaron a Norteamérica en el siglo XVII.

7. Los obreros trabajaron _____ año sin tomar vacaciones.

8. Los historiadores _____ la llegada de los primeros colonos españoles a Nuevo México en el siglo XVI.

9. Es un gran _____ para la sociedad norteamericana facilitar la convivencia entre tantos grupos étnicos diferentes.

Actividad 8: ¿Qué sabes de los hispanos?   En grupos de tres, contesten y comenten las siguientes preguntas. Luego, lean para ver si contestaron correctamente las preguntas 2, 3 y 4. ¿Hay información que les llame la atención?

Activating background knowledge, Active reading

1. ¿Conoces a algunos hispanos? ¿De dónde son? ¿Qué idioma hablan?
2. ¿En qué partes de los Estados Unidos viven los hispanos?
3. ¿De dónde son los hispanos que viven en los Estados Unidos?
4. ¿Cuándo llegaron los primeros hispanos a los Estados Unidos?

LA CARA HISPANA DE LOS ESTADOS UNIDOS

Nueva York, Miami, Los Ángeles, Chicago, Santa Fe y San Antonio. Por todo el país, dondequiera que estemos, encontramos evidencia de que los Estados Unidos son un país multilingüe y multicultural. La nación tiene una larga tradición de abrir sus puertas a los extranjeros, y durante las 5 últimas décadas ha visto la entrada de un número mayor de inmigrantes que durante cualquier época anterior. La mayor parte de ellos han llegado de Latinoamérica y el Caribe, y de éstos, la gran mayoría habla español. Su presencia ha hecho de los Estados Unidos el quinto de los países hispanohablantes, y las cifras siguen creciendo: en 1990 había 22.000.000 de hispanos, 10 en el 2000 más de 31.000.000 y en el 2010 habrá unos 41.000.000. La llegada en masa ha convertido a los hispanos en el grupo inmigrante más grande del país. No obstante, es erróneo verlos a todos como miembros de un solo bloque monolítico, ya que su país de origen no es siempre el mismo, no todos son inmigrantes, no todos hablan español y no todos se identifican de 15 la misma manera.

Los cuatro primeros países hispanohablantes: México, España, Argentina y Colombia.

Los mexicanos y los mexicoamericanos

Los primeros hispanos "americanos" o estadounidenses fueron los mexicanos, quienes no eran inmigrantes, sino residentes ya establecidos en los territorios que perdió México después de la Guerra de 1846. El Tratado de Guadalupe Hidalgo, que dio término a la guerra en 1848, les cedió a los 20 Estados Unidos gran parte del territorio del norte de México: los actuales estados de Texas, Nuevo México, Arizona, California, Nevada, Utah y parte de Colorado. El núcleo de población mexicana más importante era el de Nuevo México, lugar poblado por españoles desde el siglo XVI, y cuyos descendientes todavía ocupan esa región. Pero, por lo general, la región del 25 suroeste tenía una población escasa hasta la segunda mitad del siglo XIX cuando llegaron numerosos pioneros anglosajones.

A principios del siglo XX, empezaron a llegar inmigrantes mexicanos que cruzaban la frontera para trabajar en la nueva industria agrícola de California y para construir y mantener los ferrocarriles del suroeste de los Estados 30 Unidos. Esta inmigración se mantuvo y aumentó a lo largo del siglo, a pesar de pequeñas interrupciones como la que ocurrió durante los años 30 a causa de la Depresión, cuando cientos de miles de "mexicanos" fueron deportados de los Estados Unidos, entre ellos muchos que habían nacido en este país. Sin embargo, con la Segunda Guerra Mundial se reanudó la necesidad de 35 mano de obra barata, y con ella la llegada de inmigrantes legales e ilegales.

La mayoría de los mexicoamericanos, tanto descendientes de colonos españoles como nuevos inmigrantes, vivían y trabajaban en el campo, donde no tenían acceso ni a la educación ni a las demás oportunidades que ofrecía la ciudad. Sin embargo, a partir de los años 60, la población hispana del 40 suroeste se comenzó a urbanizar a grandes pasos. En California, por ejemplo,

la Guerra de 1846 (entre México y los Estados Unidos) = the Mexican American War

El término **anglosajón** se refiere a una persona de origen europeo que no es hispano. También se usa **anglo,** aunque a menudo tiene una connotación negativa.

Algunos mexicoamericanos prefieren llamarse **chicanos,** término de fuertes asociaciones políticas que antes de los años 60 se había considerado como un insulto.

sólo un 7% de la población hispana actual vive en zonas rurales, y aunque hay muchos mexicoamericanos pobres en las ciudades, un número creciente de ellos forma parte de la clase media y vive en los suburbios.

Los cubanos y los cubanoamericanos

A diferencia de los mexicoamericanos, los cubanos pueden fechar con bastante precisión su llegada a los Estados Unidos, ya que la gran mayoría de ellos llegó después de 1959. Los primeros inmigrantes cubanos se escaparon del régimen comunista de Fidel Castro entre 1959 y finales de los 70, y se fueron a vivir como refugiados políticos a Nueva York y, especialmente, a Miami. Estos cubanos que eran en su mayoría de las clases alta y media, a diferencia de otros grupos de inmigrantes, trajeron consigo conocimientos y experiencia de las profesiones y los negocios. Pronto se dieron cuenta de que no podrían volver a Cuba, y se dedicaron a crear una nueva vida. Cubanos que tenían bancos les prestaron dinero a comerciantes cubanos que tenían experiencia pero que se encontraban con escasos recursos económicos. Esta comunidad tuvo éxito, llegó a extender sus negocios a toda Latinoamérica y convirtió a la ciudad de Miami en una de las principales capitales financieras del continente.

El panorama cambió algo a partir de 1980. En ese año, Castro dejó salir de Cuba a unas 125.000 personas, entre ellas muchos "indeseables": pobres, locos y delincuentes. Los que llegaron en esta segunda oleada se conocen como "marielitos" por haber salido del puerto de Mariel. En 1994 Castro volvió a abrir las puertas de salida y llegó otra ola de personas pobres, llamados "los balseros" por llegar no en barcos sino en balsas de fabricación casera. Estos dos grupos causaron grandes trastornos en la comunidad cubana de Miami y debilitaron su imagen como un grupo hispano totalmente distinto de los demás.

Sin embargo, el enclave cubano de Miami ha ayudado a sus compatriotas a encontrar trabajo y mejorar su situación. Además, los cubanos suelen recibir ayuda especial del gobierno de los Estados Unidos (gracias a su estatus de refugiados políticos). Como resultado, los cubanoamericanos siguen constituyendo hoy día el único grupo hispano de los Estados Unidos que por lo general disfruta de un nivel de vida parecido al de los americanos anglosajones. Representan una mayoría de la población de Miami, ciudad que han logrado convertir en la primera ciudad bilingüe de los Estados Unidos, aunque el bilingüismo no se reconoce a nivel oficial. También han conseguido elegir al primer alcalde cubano y viven orgullosos de la prosperidad de su ciudad.

Los puertorriqueños

Boricua (puertorriqueño) y **Borinquen** (la isla de Puerto Rico) son términos que usaban los taínos, habitantes originales de la isla.

El caso de los puertorriqueños o boricuas es diferente al de los demás hispanos, puesto que han llegado a los Estados Unidos siendo ya ciudadanos estadounidenses. La isla de Puerto Rico fue convertida en territorio de los

▶ *El festival de la Calle Ocho de Miami, que tiene lugar cada año en julio, comenzó como un festival de la comunidad cubana. Con la llegada de hispanos de otros países, esta fiesta se ha convertido en una muestra de la cultura hispana en general.*

la Guerra de 1898 entre España y los Estados Unidos = the Spanish American War

Estado Libre Asociado = Commonwealth

Los residentes de Puerto Rico eligen a sus líderes locales y participan en las fuerzas armadas de los EE.UU., pero no votan para elegir presidente de los EE.UU. ni pagan impuestos federales.

Aunque la palabra **barrio** significa vecindario, en los Estados Unidos ha adquirido la connotación negativa de *ghetto*.

Los neorriqueños también se conocen como *Nuyoricans*.

Estados Unidos después de la Guerra de 1898; en 1917 sus residentes fueron declarados ciudadanos de este país; y en 1948 la isla fue declarada Estado Libre Asociado de los Estados Unidos. Después de 1945, se inició una migración masiva de puertorriqueños a las ciudades del norte, especialmente
85 Nueva York, donde se necesitaba mano de obra barata para la industria. Los puertorriqueños llegaron con vistas a mejorar sus posibilidades económicas, las cuales se hallaban limitadas en la isla debido al constante desempleo.

Con el pasar de los años, muchos puertorriqueños pudieron abandonar los barrios pobres de Nueva York y llegar a formar parte de la clase media, dispersándose por otras partes de los Estados Unidos. Al mismo tiempo, los
90 profesionales huían de la isla y también se extendían por los Estados Unidos, lo cual constituyó una verdadera fuga de cerebros para Puerto Rico. Otros, pobres y sin formación profesional, siguieron llegando a los barrios del norte. Sin embargo, durante la década de los 70, la situación económica
95 empezó a cambiar. Los trabajos industriales que hacían los puertorriqueños se exportaron a otras regiones y países, esfumándose así gran parte de las oportunidades que antes habían existido. Del millón de puertorriqueños que habita Nueva York y otras ciudades industriales, muchos se han encontrado atrapados en el declive general. Por tanto, la comunidad boricua de Nueva
100 York, más que ninguna otra comunidad hispana, se ve plagada de problemas de pobreza, desempleo, abuso de drogas, delincuencia y educación inferior, y afronta la posibilidad de convertirse en una subclase permanente. A pesar de estos problemas, los puertorriqueños de Nueva York, o "neorriqueños", mantienen un fuerte orgullo étnico y luchan por curar los males que afligen
105 a su comunidad.

La forja de la cultura latina en los Estados Unidos

Aunque hay tres comunidades principales de hispanos en los Estados Unidos, existe además un grupo de varios millones constituido por inmigrantes de diversos países, como la República Dominicana, Colombia, Ecuador, Guatemala, Honduras, El Salvador y Nicaragua. Sus razones de emigrar a los Estados Unidos varían según el país de origen. Los disturbios políticos de los 80 causaron el éxodo de muchos centroamericanos—de Guatemala, Nicaragua y El Salvador—hacia Los Ángeles y Miami. Por lo general, la oportunidad económica ha atraído a los demás. En todos los centros de población hispana, la presencia de estos inmigrantes ha contribuido a crear y extender el concepto de comunidad latina o hispana, a diferencia de la estrictamente mexicana, cubana o puertorriqueña.

Después de la destrucción causada por el huracán Mitch en 1998, muchos hondureños llegaron a Estados Unidos para buscar trabajo.

La terminología de identidad causa debate. Muchos se identifican por su país de origen (**mexicano,** etc.); otros prefieren el término global **hispano,** que recalca la relación con la lengua española, y muchos adoptan **latino,** que enfatiza una nueva identidad menos atada a viejas distinciones nacionales y lingüísticas. Algunos simplemente dejan de referirse a sus orígenes.

▶ *El arte mural empezó como forma de expresión de la comunidad mexico-americana pero se ha extendido a otros grupos latinos. Este mural celebra la vida cultural puertorriqueña del Barrio (East Harlem) en Nueva York.*

La nueva identidad latina se ve expresada en su producción cultural. La salsa, música creada entre las islas caribeñas y Nueva York, combina ritmos de muchos países sin ser de ninguno de ellos. En la literatura, autores como Sandra Cisneros (chicana de Chicago), Cristina García (cubana de Miami), Oscar Hijuelos (cubano de Nueva York) y Tato Laviera (puertorriqueño) publican libros que tratan de las experiencias de los latinos en los Estados Unidos. El arte mural que durante mucho tiempo se asoció con México, ahora se ha convertido en medio de expresión no sólo de la comunidad chicana sino de otras comunidades hispanas, sobre todo la puertorriqueña.

El gran desafío que la cultura latina ha presentado al país del norte ha sido su ataque a la imagen y al mito del gran crisol norteamericano. En vez de aceptar la supuesta necesidad de abandonar su propia cultura para asimi-

larse y desaparecer dentro de la cultura dominante de los Estados Unidos,
130 muchos latinos, junto con los representantes de otras minorías, han propuesto un modelo según el cual los distintos grupos étnicos pueden conservar su cultura y su lengua, formando así una "ensalada" cultural que permite
la diferencia dentro de la unidad. Conservando su lengua y su cultura no sólo
mantienen viva la herencia de sus antepasados, sino que aportan a su país
135 adoptivo la riqueza de una población bilingüe y bicultural.

Sin embargo, la tendencia hispana de aferrarse a sus costumbres y lengua
ha alarmado a muchos otros americanos, ya que al hacerlo desafían las tradiciones de este país. Pero la realidad es que, a pesar de las apariencias, los latinos también están asimilándose y adoptando el inglés como otros grupos
140 inmigrantes. Lo que los diferencia de los grupos anteriores es que conservan
el uso de la lengua materna a la vez que aprenden el inglés. Esto ocurre por
varias razones: la inmigración de los hispanos es superior a la de cualquier
grupo anterior; el número de hispanohablantes y la constante llegada de
nuevos inmigrantes fomentan el uso continuo del español; el avión y el telé-
145 fono y la Internet hacen posible mantener el contacto con la tierra natal, cosa
que no ocurría con los inmigrantes de antaño. Además, el concepto del multi-
culturalismo que surgió de los movimientos de los años 60 también ha
fomentado una nueva actitud hacia la diferencia cultural al ver en ella una
causa de orgullo. Todos estos factores han contribuido a mantener vivo el uso
150 del español en los Estados Unidos, pero la realidad es que la mayoría de los
hijos de los inmigrantes aprenden a usar el inglés junto con el español, y que
los nietos ya tienen el inglés como primer, y a veces, único idioma. De hecho,
los autores latinos más importantes tienden a escribir mayormente en inglés.

Ya para el año 2005, las personas de origen hispano llegarán a ser la
155 minoría más grande de los Estados Unidos. Este aumento en su población se
está manifestando en la elección de numerosos candidatos políticos de origen
latino y una mayor dispersión de su influencia cultural y económica. Los hispanos, como tantos grupos anteriores, harán contribuciones importantes a la
cultura de los Estados Unidos, cambiándola al mismo tiempo que se asimilan
160 a ella. De hecho, la mutua adaptación y asimilación entre la sociedad mayori-
taria de los Estados Unidos y su minoría principal será uno de los grandes
desafíos del siglo XXI.

Actividad 9: Los tres grupos principales   **Parte A:** Asocia cada uno de los siguientes rasgos o hechos con los mexicanos o mexicoamericanos (M), los cubanos
o cubanoamericanos (C) o los puertorriqueños (P).

1. _____ antepasados que llegaron antes del siglo XIX

2. _____ inmigrantes legales e ilegales

3. _____ refugiados políticos

4. _____ ciudadanos de los Estados Unidos antes de llegar

5. _____ la Guerra de 1846

6. _____ la Revolución de 1959

7. _____ la Guerra de 1898

8. _____ el Tratado de Guadalupe Hidalgo

9. _____ Estado Libre Asociado

10. _____ el suroeste

11. _____ Miami y Nueva York

12. _____ Nueva York y otras ciudades norteñas

13. _____ la industria agrícola y los ferrocarriles

14. _____ el alto índice de desempleo

15. _____ comunidad comercial de gran éxito

16. _____ la urbanización de su población

17. _____ la fuga de cerebros

18. _____ la mudanza a los suburbios

Parte B: En parejas, reconstruyan la historia de uno de los tres grupos principales, usando como base la lista de detalles de la Parte A.

Actividad 10: Una nueva identidad   En grupos de tres, contesten las siguientes preguntas.

1. ¿En qué sentido es nueva la identidad latina?
2. ¿A qué se debe esta nueva identidad?
3. ¿Cuáles son algunas manifestaciones de la cultura latina?
4. ¿Cuál es el problema o desafío que presenta la cultura latina en los Estados Unidos?
5. ¿Creen que sobrevivirá la cultura latina o representa sólo un paso hacia la asimilación total?

Actividad 11: Asimilación/americanización   En la historia de los Estados Unidos, la mayoría de los inmigrantes se han asimilado a la cultura dominante. En parejas, digan cuáles de los aspectos siguientes u otros son los más importantes para mostrar que se es plenamente norteamericano.

la ropa
la comida
manejar un carro
otras costumbres:¿?
el número de años que lleva en los Estados Unidos
tener pasaporte
tener ciudadanía legal
tener hijos nacidos en Estados Unidos
estar casado/a con un/a norteamericano/a
tener padres norteamericanos
hablar inglés
no hablar otro idioma

Actividad 12: ¿Cómo será?   En parejas, contesten las siguientes preguntas, imaginándose que son de El Salvador y que llegaron a los Estados Unidos a la edad de 13 años.

1. ¿Hablan mejor español o inglés?
2. ¿Se identifican como salvadoreños, hispanos, latinos u otra cosa?
3. ¿Se sienten "americanos"?
4. ¿Qué opinan de la cultura y las personas norteamericanas?
5. ¿Qué opinan de su cultura de origen?

12-2 CUADERNO PERSONAL

¿Cómo ves a la sociedad norteamericana, como un crisol o como una ensalada? ¿Crees que a largo plazo los latinos deben mantener una identidad distinta o asimilarse a la cultura general?

Lectura 3: Literatura

Actividad 13: Dos poemas bilingües   Lee los dos poemas "Where you from?" y "Bilingual Blues". Después, en parejas, decidan las semejanzas y las diferencias entre los dos poemas, enfocándose en los siguientes aspectos.

- el origen del/de la poeta: ¿De dónde es?
- su mensaje: temas y sentimientos
- el uso del inglés y el español: ¿Por qué se usan los dos? ¿Cuándo se usa cada uno? ¿Cuál domina?
- el tono: enojado, amargado, triste, cómico, juguetón, serio, irónico, nostálgico

Gina Valdés nació en Los Ángeles, California y se crió a los lados de la frontera entre Estados Unidos y México. Estudió en la Universidad de California–San Diego, y ha enseñado cursos de literatura chicana y de escritura en universidades a través de los Estados Unidos. En su poesía explora las múltiples barreras que existen tanto entre las personas como entre los países.

WHERE YOU FROM?   *Gina Valdés*

Soy de aquí
y soy de allá
from here
and from there
5 born in L.A.
del otro lado
y de éste
crecí en L.A.
y en Ensenada
10 my mouth
still tastes
of naranjas

▶ *Barrera cerca de Tijuana y San Diego que marca la frontera entre México y los Estados Unidos.*

con chile
soy del sur
15 y del norte
crecí zurda°   *left-handed; "wrong, clumsy"*
y norteada°   *pointed northward*
cruzando fron
teras crossing
20 San Andreas
tartamuda°   *stuttering*
y mareada°   *dizzy*
where you from?
soy de aquí
25 y soy de allá
I didn't build
this border
that halts me
the word fron
30 tera splits
on my tongue.

Gustavo Pérez Firmat nació en La Habana pero se crió en Miami. Tiene doctorado en literatura comparada de la Universidad de Michigan y enseña en la Universidad de Duke en Carolina del Norte. Además de escribir obras de crítica literaria, se ha dedicado a explorar la vida cubanoamericana a través de la poesía.

BILINGUAL BLUES   *Gustavo Pérez Firmat*

Soy un ajiaco° de contradicciones   *sopa caribeña de muchos ingredientes*
I have mixed feelings about everything.
Name your tema, I'll hedge;
name your cerca,° I'll straddle it   *fence*
5 like a cubano.

I have mixed feelings about everything.
Soy un ajiaco de contradicciones.
Vexed, hexed, complexed,
hyphenated, oxygenated, illegally alienated,
10 psycho soy, cantando voy:

You say tomato,
I say tu madre;
You say potato,
I say Pototo.°   *Personaje cómico del teatro cubano*
15 Let's call the hole
un hueco, the thing
a cosa, and if the cosa goes into the hueco,
consider yourself en casa,
consider yourself part of the family.

20   Soy un ajiaco de contradicciones.
        un puré de impurezas:
        a little square from Rubik's Cuba
        que nadie nunca acoplará.°   *fit together*
        (Cha-cha-chá)

Actividad 14: Voces dramáticas   Cada poema incluye una variedad de voces: una voz en español, otra en inglés, una voz hispana, otra anglosajona. En grupos de cuatro, hagan una representación dramática de uno de los poemas.

Decidan quién hará cada voz o papel.
Asignen cada verso o palabra a una persona.
Practiquen, enfatizando la pronunciación.
Decidan los movimientos físicos que ayuden a comunicar el significado de la obra.

Actividad 15: Una identidad desdoblada   En cada poema se revela una personalidad desdoblada entre diferentes fuerzas culturales. En parejas, compartan sus reacciones a las siguientes preguntas.

¿Se pueden sentir igualmente divididas las personas que no son inmigrantes? ¿Cómo? ¿Cuándo?
¿Te has sentido alguna vez "desdoblado" entre diferentes culturas o fuerzas culturales?

12-3
CUADERNO PERSONAL
¿Te sientes a veces como los autores de estos poemas? ¿Cuándo?

Redacción: Ensayo

ESTRATEGIA DE REDACCIÓN

Defending a Position

When you declare your opinion on a topic, you must be ready to defend your position. Ideally, you can also convince others to share your views. In order to defend your position, you must garner facts that will support it, such as examples, statistics, statements by authorities, or even personal experiences. However, facts can lead to very different opinions on a specific issue, depending on your broader values and beliefs. The best way to convince your readers of the validity of your position is by showing them that, if they hold the same values and beliefs as you do, then the logical position to take is the one you are defending. Strategies such as the ones you have already practiced can help you build your argument: comparing and contrasting, analyzing, and looking at causes and effects. Acknowledging opposing points of view and maintaining a reasonable tone can also make the reader more willing to accept what you have to say.

Actividad 16: Defensa de una postura   **Parte A:** En grupos de tres, miren la lista y decidan qué diferencias de opinión pueden surgir con respeto a cada tema.

Defending a position

- El bilingüismo
- English Only
- La educación bilingüe
- El uso de los términos latino e hispano
- La inmigración
- Los indocumentados
- Las cuotas que favorecen a las minorías

Parte B: Escojan un tema de la lista que les parezca importante. Primero, definan la polémica. ¿Por qué hay desacuerdo? Luego, adopten una postura y hagan una lista de argumentos a favor de esta postura y otra lista de contraargumentos, o sea, argumentos a favor de la postura opuesta. Traten de explorar el tema en un tono moderado y objetivo.

Parte C: Escojan los mejores argumentos de su lista y decidan qué tipo de evidencia se necesita para apoyar cada argumento. Luego, miren los contraargumentos y decidan si es necesario mencionar alguno de éstos. De ser así, tendrán que refutar el argumento o mostrar que no es muy importante.

Actividad 17: La redacción   Vas a escribir un ensayo para convencer a los demás miembros de tu clase del valor de tu postura.

Writing an essay

Parte A: Escribe una introducción en la que demuestres, con estadísticas o ejemplos, que el asunto o la polémica existe, y en la que la oración de tesis presente claramente tu postura.

Parte B: Basándote en las ideas de la Actividad 16, escribe el cuerpo de tu ensayo presentando argumentos específicos y evidencia para apoyarlos.

Parte C: Escribe la conclusión en la que resumas tus argumentos y tu tesis. Puedes elaborar un poco: ¿qué pasará en el futuro? ¿qué deben hacer las personas que asumen esa postura?

Reference Section

Spanish-English Vocabulary

This vocabulary includes both active and passive vocabulary found throughout the chapters. The definitions are limited to the context in which the words are used in the book. Exact or reasonably close cognates of English are not included, nor are certain common words that are considered to be within the mastery of a second-year student, such as numbers, articles, pronouns, and possessive adjectives.

The gender of nouns is given except for masculine nouns ending in **-l, -o, -n, -e, -r,** and **-s** and feminine nouns ending in **-a, -d, -ión,** and **-z.** Adjectives are given only in the masculine singular form.

The following abbreviations are used in this vocabulary:

adj.	adjective	*inf.*	infinitive	*p.p.*	past participle
adv.	adverb	*m.*	masculine	*prep.*	preposition
conj.	conjunction	*n.*	noun	*sing.*	singular
f.	feminine	*pl.*	plural		

abanico folding fan
abarcar to include, span
abastecer to supply
abecedario alphabet
abertura opening, gap
abierto open
abnegado self-sacrificing
abofetear to slap
abogar por to advocate; to plead for
abolir to abolish
abordar to approach; to tackle
aborto abortion
abrazar to hug, embrace
abrazo *n.* hug, embrace
abreviado abbreviated
abreviatura abbreviation
abrigo coat
abrumador *adj.* overwhelming, crushing
abstenerse (ie) to abstain
abundar to be plentiful; to abound
aburrimiento boredom
acabado finished; accomplished
acariciar to caress
acechante *adj.* threatening, lying in wait
aceitar to oil, lubricate
aceite oil
acelerado accelerated
acentuado accented
acentuar to accentuate
aceptación acceptance, approval
acercarse to come near, draw near
acero steel

aclaración clarification
aclarar to clarify
acoger to welcome, receive
acogida welcome, reception
acomodado well-off, well-to-do
acomodar to adjust, accommodate; **acomodarse** to comply; to adapt; to settle in
acompañado accompanied
acompañar to accompany
acontecimiento event
acoplar to fit together
acordarse (ue) to remember
acorralado cornered, trapped
acortar to shorten
acribillar to shoot full of holes, riddle
actitud attitude, position
actuación performance
actual *adj.* present-day, current
actualidad present time; **de actualidad** of current importance **actualidades** current events
actuar to perform; to act upon/as
acudir to come, come up
acuerdo agreement; **de acuerdo con** in accordance with; **estar de acuerdo** to agree; **ponerse de acuerdo** to agree
adecuado appropriate, suitable
adelante forward; **en adelante** from now/then on
además in addition, moreover; besides
adherirse (ie, i) to adhere, stick

adinerado wealthy, well-off
adivinar to guess
adjudicar to award
admiración admiration
admirado admired
admirador *n.* admirer; *adj.* admiring
admirar to admire
adoptivo adopted; adoptive
adorar to worship; to adore
adormilado sleepy, drowsy
adorno adornment; decoration
adquirir (ie, i) to acquire
aduanero customs officer
aducir to bring forward; to offer as proof
adueñarse to take possession of
adulterado adulterated, made impure
advenimiento *n.* coming, advent
advertencia warning; observation
advertir (ie, i) to warn, notify
afán desire, urge
aferrarse to cling (to)
afición fondness, liking; interest, hobby
afilado sharp; high-pitched
afilar to sharpen; **piedra de afilar** whetstone
afín similar
afinado fine-tuned
afligido distressed, grieved
afligir to afflict, trouble
aflojar to loosen, undo; to let up
afrontar to confront, face

afuera   out, outside; **afueras**   outskirts
agacharse   to crouch, squat
agarrar   to grasp, grab; **agarrar el toro por los cuernos**   to take the bull by the horns
agazaparse   to crouch down
agobiar   to overwhelm
agotado   exhausted; spent
agradar   to please, be pleasing to
agradecer   to thank; to be grateful
agregar   to add
agrícola *adj.*   agricultural
aguantar   to stand, endure, tolerate; **aguantarse**   to resign oneself
aguardiente   type of liquor
aguas negras   untreated sewage
agudo   acute; sharp; witty
ahijuna   Well, I'll be! (an exclamation)
ahogar   to drown; to suffocate
ahuecar   to hollow out; to fluff up; **ahuecar el ala**   to take off, leave
aire *m.*: **a su aire**   in one's own way
airoso   graceful, elegant
aislación   isolation (rare)
aislado   isolated
aislamiento   isolation
aislar   to isolate
ajado   creased, wrinkled
ajedrez *m.*   chess
ajeno *adj.*   alien, of other people, not one's own
ajiaco   stew; mess, mix-up
ajustar   to adjust, settle; to get by
ala *f.* (*but* **el ala**)   wing; hat brim
alabar   to praise
Al-Andalus   Arabic name for southern Spain
alargar   to lengthen
alarmante   alarming
alba *f.* (*but* **el alba**)   dawn, daybreak
albañil   bricklayer, mason
albergar   to give shelter to; to house
albóndiga   meatball
albricias   Great! Good! (an exclamation)
alcalde   mayor
alcanzar   to reach; to manage to; to succeed in
alcázar   castle, fortress
aldea   village; **aldea fantasma**   ghost town
alejamiento   distancing, withdrawal
alejar   to move away
aleluya   hallelujah
alentar (ie)   to encourage, cheer
alféizar   window sill

alfiler   pin
alfombra   carpet, rug
algas *pl.*   algae
alimaña   vermin, pest
alimentar   to feed
alimento *n.*   food
alistarse   to get ready
allá   over there; **más allá**   beyond; farther on
alivianado *adj.*   cool, hip (informal)
allanar   to level, flatten
alma *f.* (*but* **el alma**)   soul; **alma en pena**   lost soul, ghost
almacenamiento   storage
almena   battlement
alondra   lark (bird)
alrededor   around; **los alrededores**   surrounding areas
alternancia   alternation
altibajos   ups and downs
altivez   arrogance, haughtiness
alto *adj.*   high; **voz de alto**   order to halt
altura   height; moment in time
alumbrar   to light, illuminate
alza *f.* (*but* **el alza**)   rise
alzar   to lift up, raise
amabilidad   kindness; amiability
amaestrar   to train
amanecer   to dawn
amante *m./f.*   lover
amapola   poppy
amar   to love
amargo   bitter
amarillento   yellowish
amatista   amethyst
ambiental   environmental
ambientalismo   environmentalism
ambientalista *m./f.*   environmentalist
ambiente   atmosphere, environment; **medio ambiente**   natural environment
ambos   both
ambulante *adj.*   traveling; walking
amenaza   threat
amenazador *adj.*   threatening
amenazante *adj.*   threatening
amenazar   to threaten
ametralladora   machine gun
amistad   friendship
amistoso   friendly
amo *n.*   master
amorío   love affair, romance
amortajar   to shroud
amparar   to protect, shelter

amparo *n.*   protection, shelter
amplificar   to amplify
amplio   wide, full; broad
amplitud   extent, size
ampuloso   pompous; full, stuffed
amurallado   walled
anacoreta *n.*   religious recluse
analfabeto   illiterate
ananás *m. sing.*   pineapple
anca *f.* (*but* **el anca**)   haunch, rump; **ancas de rana**   frog's legs
ancho *adj.*   wide
Andalucía   Andalusia
andaluz   Andalusian
andanzas *pl.*   deeds, adventures
andar   to walk; to move along
andino   Andean
andrajoso   ragged, in tatters
anglohablante *adj.*   English-speaking; *n.*   English speaker
angosto   narrow
angustia   anguish, distress
angustiado   anguished, distressed
angustiarse   to be distressed; to grieve
anillo   ring
ánimo   energy, vitality; intention
anís   anise
anochecer   to get dark; to be/do at nightfall
ansia *f.* (*but* **el ansia**)   anxiety
antagónico   antagonistic
antaño *adv.*   long ago
anteayer   day before yesterday
antecedentes   record, history, background
antemano: de antemano   in advance, beforehand
anteojos   eyeglasses
antepasado   ancestor
anteponer   to place in front of; to prefer
anterior *adj.*   previous
anticipadamente   in advance; beforehand
anticipado   in advance, ahead of time
anticonceptivo   contraceptive
anticuado   old-fashioned
antifaz *m.*   mask
antillano   West Indian, of the Antilles
Antillas   Antilles, West Indies
anuncio   advertisement; **anuncio personal**   personal ad
añadir   to add
año   year; **los años ochenta**   the eighties

aparear to match; to pair off

aparecer to appear

aparición appearance (action)

apariencia outward appearance

apartado section; heading; **apartado postal** post office box

apasionante exciting, thrilling

apelar to appeal; to resort to

apellido surname

apenas *adv.* scarcely, hardly

apergaminado *adj.* parchment-like, dried-up

apertura opening

aplastado crushed, squashed, flattened

aplicar to lay on, apply

apodo nickname

apogeo peak, height, top

apolillado moth-eaten, old

apolítico apolitical

aportar to bring, contribute

apoyar to support

apoyo *n.* support

apreciar to appreciate, value

aprendizaje training period; apprenticeship; learning

apretar (ie) to tighten; to squeeze; to press

apropiado appropriate

aprovechamiento use, development

aprovechar to make good use of; to make the most of; **aprovecharse (de)** to take advantage of

apuntar to take notes; to point out; to aim, point (gun)

apuntes written notes

aquejar to worry; to ail

árabe *n. m./f.* Arab; *m.* Arabic (language); *adj.* Arabic

araña spider

árbol tree

archivo file (record); filing; archive

arena sand

arete *m.* earring

argumento argument; plot

árido arid, dry

arista edge

arma *f. (but* **el arma**) weapon

arpillera Chilean burlap tapestry

arrancón sudden starting (car)

arranque fit, outburst

arrasamiento leveling, destruction

arrasar to level, flatten, destroy

arrear to get moving

arrebatado hasty, sudden; bemused, ecstatic

arrebatar to snatch, seize

arrechucho fit, attack

arreglado arranged

arreglar to arrange; to fix

arreglo *n.* agreement; musical arrangement

arriba up; above; upstairs; **de arriba abajo** from top to bottom

arriesgado risky, dangerous

arriesgar to risk

arrimarse to come/stay close

arrojarse to throw or hurl oneself

arrugado wrinkled

arte *m.* art; **bellas artes** *f.* fine arts

artesanía crafts, handicrafts

articulado *n.* article of a proposal or bill

artillería artillery

asado *adj.* roasted; *n.* roast

asaltar to rob; to assault

asalto *n.* robbery; assault

ascender (ie) to go up, rise; to be promoted

asegurado insured; made safe or secure

asegurar to make sure

asemejarse to be like, resemble

asentir (ie, i) to agree, approve

asesinar to murder; to assassinate

asesinato murder; assassination

asesino *n.* murderer; assassin

asesor consultant

aseverar to affirm, assert

asfixiado asphyxiated, suffocated

así thus, so, like this/that; **así que . . . so . . .**

asiático Asian

asiduamente assiduously; regularly

asignatura subject; course

asilo asylum; refuge, shelter; **asilo de ancianos** nursing/retirement home

asimismo likewise, in like manner

asistente *m./f.* **social** social worker

asma *f. (but* **el asma**) asthma

asociar to associate, relate

asomar to show, stick out; to lean out

asombrado astonished, amazed

asombrar to astonish, amaze

asombro *n.* astonishment, amazement

asombroso astonishing, amazing

asperjar to sprinkle

aspirante *m./f.* candidate, applicant

aspirar to aspire; to breathe in

asta *f. (but* **el asta**) spear; pole

astilla splinter, chip

asunto issue, affair, matter; **asuntos exteriores** foreign affairs

atar to tie; to tie up

atascado stuck, blocked up

atasco traffic jam

ataviado dressed up

atávico atavistic

atemorizar to frighten, scare

atentamente attentively; sincerely (in a letter)

atento attentive; polite, thoughtful

aterrado terrified, horrified

aterrar to terrify

atisbo *n.* flash, glimmer

atónito astounded, flabbergasted

atorrante worthless bum

atraco holdup, robbery

atrapado trapped

atrás behind; back; **hacia atrás** backwards

atravesar (ie) to cross; to pass through

atreverse to dare

atrevido daring, bold; forward

aturdido dazed, bewildered

audífonos headphones

auge rise, expansion

aumentar to increase

aumento *n.* increase

aun even

aún still, yet

aunque although, even though

auriculares headphones

aurora dawn

ausencia absence

austeridad austerity

autóctono *adj.* autochthonous, native, indigenous

automovilístico *adj.* car, automobile

autopsia autopsy

autor author

autorretrato self-portrait

avanzar to advance; to move forward

ave *f. (but* **el ave**) bird

aventura adventure; love affair; fling

aventurero *n.* adventurer; *adj.* adventurous

averiguación investigation, inquiry

averiguar to investigate, ascertain; to find out, look up

aviación aviation

aviado ready; **¡Aviados estamos!** What a mess we're in!

avisar to inform, notify

aviso *n.* notice, announcement

axila armpit
ayuntar to yoke or join together
azafrán saffron
azahar orange blossom
azar *n.* chance; **al azar** at random, by chance
azotado beaten, whipped
azotar to lash; to whip
azucena white lily
azulado bluish

bache pothole; bad patch
bachiller *m./f.* high school graduate
bachillerato high school diploma
bacinica bedpan
bailarín dancer
baja *n.* decrease, drop
bajada descent, going down
bajar to go down; to fall
bajo *adj.* low, short; *prep.* under; *n.* bass (guitar)
bala bullet
balbuceo babbling
baloncesto basketball
balsa raft
banano banana
bancarrota bankruptcy
banco bench; **Banco Mundial** World Bank
banda gang; strip, ribbon; conveyor belt; **banda sonora** sound track
bandera flag
bañera bathtub
barboteo murmuring
barco ship
barra bar, counter
barrer to sweep
barrera barrier
barriga stomach, belly
barrio neighborhood, quarter
barroco Baroque
basarse en to be based on
base *f.* basis, foundation
bastante enough, quite, rather; quite a lot
basura trash, garbage
bata housecoat
batalla battle
batata sweet potato
batazo *n.* a hit with a bat
batería car battery; small battery
batir to beat; **batir el récord** to break the record
beca scholarship, grant

Bella Durmiente Sleeping Beauty
bemba lip
bendito *adj.* blessed
beneficio benefit
bereber Berber
besar to kiss
bicoca trifle, mere nothing
bien *n.* good; **bienes materiales** material goods; **por el bien de** for the good of
bienestar well-being, welfare
bilingüe bilingual
bilingüismo bilingualism
birlar to steal
Blancanieves Snow White
blanco: en blanco blank
boca mouth; **ir a pedir de boca** to go/turn out perfectly
bocacalle street intersection
bochorno *n.* hot weather; hot flash
bodega bar; wine cellar
bolera bowling alley
boliche bowling
bolo bowling ball
bolsa bag
bolsillo pocket; **tener los bolsillos forrados** to have plenty of money
bondad goodness, kindness
borde edge; **al borde de** on the verge of
bordo: a bordo on board
borgoña burgundy
boricua Puerto Rican
borrador rough draft
borrar to erase
bosque forest, woods
bosquejar to outline
bosquejo *n.* outline
botar to throw out
boticario chemist, pharmacist
botín booty
brazo arm; **no dar el brazo a torcer** to stand firm
brevemente briefly
brindar to offer; to present
bronco raucous, harsh
brotar to bud, blossom; to come up, gush forth
bruja witch
brujo wizard, sorcerer
bruma mist, fog
brusco *adj.* sudden, abrupt; rude
brutalidad brutality
buey *m.* ox
bulto bundle; indistinct shape

burdo *adj.* coarse, rough
burro donkey; dunce
busca *n.* search
buscafortunas *m./f.* fortune hunter
buscar to seek, to look for; **buscárselo** to ask for it
búsqueda search

caballo horse
cabalmente completely, fully
caber to fit; to be possible; **no cabe duda** there is no doubt
cabildo town council; Santería group or chapter
cabina cabin; booth
cabizbajo crestfallen, downcast
cable cable, telegram
cabo end; **al cabo de** at the end of; **al fin y al cabo** after all; **llevar a cabo** to carry out, execute; **cabo de servicio** duty officer, policeman; **cercenar cabos sueltos** to trim off loose ends
caca "doo-doo," rubbish
cacerola pot, casserole
cacha butt of a revolver
cacique chief; political boss
cacofonía cacophony, discordant repetition of sound
cada each
cadena chain; **cadena de montaje** assembly line; **producción en cadena** mass production
caer(se) to fall; **caerle bien** to be to the liking of
caída *n.* fall (act of falling)
caja cash register; **caja fuerte** safe
cal *f.* lime (mineral)
caldera boiler
calefacción heating system
calentador heater
calentamiento heating, warming
calidad quality
calidez warmth
callarse to be quiet; to shut up
callejero *adj.* street
calmarse to calm down
camastro rough old bed
cambiante changing
cambio change; **en cambio** on the other hand
camino road; path; route; **de camino** on the way
camión truck

camioneta   truck, van
campaña   campaign
campeón   champion
campera   parka
campero   country, rural
campesino   peasant
campo   field; scope, range
camuflado   camouflaged
cancha   court (tennis)
candela   candle; fire
candidatura   candidacy
canoa   canoe
cansado   tired
cansancio   tiredness, fatigue
cantante *m./f.*   singer
cántaro   pitcher, jug
cantidad   quantity
caña de azúcar   sugar cane
capa   layer; icecap
capacitado   qualified
capaz   capable, able
Caperucita Roja   Little Red Riding
   Hood
capo   mafia or crime leader
capricho   whim
cara   face
carácter   character
caravela (carabela)   caravel, ship
carbón   (char)coal
cardíaco   cardiac, heart
carencia   lack, shortage
carga *n.*   charge
cargar   to carry; to load
cargo *n.*   post, position
Caribe: Mar Caribe   Caribbean Sea
caribeño *adj.*   Caribbean
caricortado   scarface
cariñoso   affectionate, loving
carne de res   beef
carpintero   carpenter
carrera   area of study; career; race;
   carrera empujada   run batted in
carrito   cart
carta   letter
cartearse   to correspond by mail
cartel   poster, ad; cartel
cartera   wallet
cartilla: no saber ni la cartilla   not to
   know a single thing
cartón   cardboard
casco   helmet
casero *adj.*   homemade; home
casi   almost
casilla   pigeonhole; doghouse

caso: case; **hacer caso de**   to pay
   attention to; **¡ni caso!**   no attention
   at all!; **no hacer caso**   to ignore
castaña   chestnut; **sacarle las castañas
   del fuego**   to help out someone in a
   bad situation
castaño   chestnut brown
castellano *n.*   Castilian, Spanish
castigar   to punish
castigo *n.*   punishment
Castilla   Castile
castillo   castle
castrar   to castrate
catolicismo   Catholicism
caudaloso   swift, large; abundant
caudillo   leader; tyrant; political boss
causa *n.*   cause; **a causa de**   because
   of, due to
causante *n.*   causer, originator
causar   to cause
cautiverio   captivity
cazar   to hunt
ceder   to hand over; to cede
célebre   famous
celo   zeal
Cenicienta   Cinderella
cenit *m.*   zenith
censura   censorship
centenar *n.*   hundred
ceñir (i, i)   to gird; to circle
cerca *n.*   fence
cercano   nearby
cercenar cabos sueltos   to trim off
   loose ends
cerdo   pig; pork
cerebro   brain
certero   accurate
cesar: sin cesar   unceasingly
chacra   small farm
chalet   freestanding house outside the
   city
chambón   awkward, clumsy; bungling
chancla   slipper, "flip-flop"
chapucero   rough, crude; clumsy
charla *n.*   chat, talk
chau   good-bye, ciao
chavos   money
chicotazo   lash, swipe
chilcano   a type of alcoholic beverage
chimenea   fireplace; chimney
chino *n.*   kid, youngster; *adj.*   Chinese
chisporrotear   to crackle, sizzle
chistar   to say a word; to speak
chocante *adj.*   shocking

cholo   mestizo, "half-breed"
chop *m.*   draft beer
choque   crash, shock; clash, conflict
cicatriz   scar
ciegamente   blindly
cielo   sky, heaven
ciencia ficción   science fiction
científico *n.*   scientist
cifra   figure, number, numeral
cigarrillo   cigarette
cinturón   belt
circundado   surrounded
cita *n.*   quote; appointment, date
citar   to make an appointment with; to
   quote
ciudadano   citizen
clandestino   clandestine, underground
clarear   to lighten; to dawn
clarividencia   clairvoyance;
   clearsightedness
clarividente   clairvoyant; clearsighted
claro   clear
clave *f.*   key; clue
clavel   carnation
clavo   nail
coágulo   clot
cobrar   to charge; to collect money
   owed; to cash (a check)
cobre   copper; **sin un cobre**   without
   a cent
cocha   pool; water tank
cocina   kitchen; cooking, cuisine
cocinero   cook
cocodrilo   crocodile
código   code
colchón   mattress
colecta   collection (for charity)
colega *m.*   colleague; schoolmate
colegio   high school
colérico   angry, furious
colgado   hung; hanging
colgar (ue)   to hang
colibrí *m.*   hummingbird
collar   necklace
colmado *adj.*   full, filled
colmar   to fulfill
colocado   placed
colocar   to place
colonia   colony; suburb; **colonia
   penitenciaria**   prison camp
colono   colonist, settler
comando   commando; assault unit
combatir   to fight
combustible   fuel

comentario   comment, remark
comercialización   commercialization
comerciante *m./f.*   trader, merchant, businessperson
comestibles   food, provisions
cometer   to commit
comisaría   police station
cómoda   chest of drawers, dresser
cómodo   comfortable
compadecerse de   to pity, be sorry for
compadre   godfather of one's child; close friend
compañía   company
comparación   comparison
compartir   to share
compatriota *m./f.*   compatriot, fellow countryperson
competencia   competition
competitividad   competitiveness
complejo   complex
complemento   complement; object (grammar)
cómplice *m./f.*   accomplice
componerse de   to be composed of
comportamiento   behavior
comportarse   to behave
compositor   composer
comprensivo *adj.*   understanding
comprobar (ue)   to check
comprometer   to endanger; to compromise; to commit
comprovinciano   person from the same province as another
compuerta   hatch; door
compuesto (*p.p.* of **componer**)   composed, made
común   common
conceder   to grant; to concede
concienciación   consciousness raising
conciliar el sueño   to get to sleep
concurrir   to converge, meet; to concur
concurso   contest
conde *n.*   count
condenado *adj.*   damned, wretched; *n.* wretch
condiscípulo   fellow student
conducir   to lead
conducta   behavior, conduct
conductor   driver
conferencista   lecturer
confianza   trust; **hombre de confianza**   reliable, trustworthy man
confinado *adj.*   confined; *n.* prisoner
confirmar   to confirm

congelar   to freeze
conglomerado   conglomerate
congrí   rice and beans cooked together
conjunto   whole, collection; musical group, band
conmemorar   to commemorate
conmover   to move; to touch emotionally
conocencia   acquaintance
conocido   well-known
conocimiento   knowledge
conquistar   to conquer
consecuencia   consequence; **como consecuencia**   consequently
conseguir (i, i)   to get, obtain; to attain, achieve, succeed in
conserva   canned food
conservación   preservation; conservation
conservado   preserved, kept
conservar   to keep, preserve; to conserve
consigo   with himself, herself, itself; with themselves
consiguiente: por consiguiente   therefore
consola de juego   videogame control
constatar   to note; to verify
constituir   to constitute; to form
consumidor   consumer
consumo *n.*   consumption
contabilidad   accounting
contable   accountant
contaminación   pollution
contar (ue)   to tell; to count; to include
contenedor   large container
contener (ie)   to contain
contenido   content
continuación: a continuación   next, following
contra   against
contraer   to contract, catch (disease)
contraste: en contraste con   in contrast to/with
contratación   hiring
contratar   to hire
controvertido   controversial
convalecencia   convalescence
convenir (ie, i)   to arrange; to agree; to be suitable or advisable
conventillo   tenement house
convertirse (ie, i) en   to convert into; to turn into
convincente   convincing
convivencia   coexistence

copa   glass, cup; drink
copal   resin, incense
copera   bar waitress
copetín   small drink
coraje   courage
cordura   good sense; sanity
corista   chorus girl, showgirl
correaje   strap, belt, harness
corregir (i, i)   to correct
correo   mail; post office
corriente *adj.*   common, current; *f.* trend, tendency; **agua corriente**   running water
corrugado   corrugated
cortado *n.*   espresso (coffee) cut with milk
cortadora   lawn mower
cortajeado   torn
cortapapeles *m.*   letter opener
cortar   to cut
cortejar   to court, woo
cortés   courteous, polite
cortina   curtain
cosecha   harvest; crop
coser   to sew
costa: a costa de   at the expense of; **a toda costa**   at all costs
costoso   expensive
costumbre *f.*   custom, tradition; **como de costumbre**   as usual
cotidiano *adj.*   everyday, daily
crear   to make, create
crecer   to grow
creciente   growing, increasing
crecimiento   growth
credo   creed
creencia   belief
creer   to believe
creíble   believable
criada   servant, maid
criado *n.*   servant; (*p.p.* of **criar**)   raised
crianza   raising; upbringing
criar   to raise; **criarse**   to be brought up, be raised
criatura   infant, baby
crimen   crime
criminalidad   criminality; crime rate
crisol   melting pot
cristianismo   Christianity
cristiano   Christian; **moros y cristianos**   black beans and rice
crítica   criticism; critique
criticar   to criticize; to critique
croasán   croissant

crónico chronic
cruce crossing
cruz *f.* cross; **cruz gamada** swastika
cruzada crusade
cuadernillo folder, booklet
cuadrangular home run
cuadro box, table, chart; painting, picture
cualquier(a) *adj.* any; *n.* anyone, anybody
cuanto antes as soon as possible
cuarentón fortyish
cubeta pail, bucket
cubiertos silverware
cubrir to cover
cuchara spoon; **meter la cuchara** to meddle, butt in
cuchillero knife-carrying hoodlum
cuchillo knife
cuenca basin
cuenta bill; **cuenta bancaria** bank account; **darse cuenta de** to realize; **por cuenta** apparently
cuento short story
cuerdo sane
cuerno horn
cuero leather; drum skin
cuerpo body
cuestas: a cuestas upon one's back
cuestión matter, question, issue
cuestionario questionnaire; survey
culata butt of a gun
culebra snake; **peinar la culebra** to waste time, be lazy
culminar to culminate
culpa guilt
culpable guilty
cultivado cultivated, farmed
cultivar to cultivate, farm
cultivo crop; cultivation
culto *adj.* cultured, educated; *n.* worship
cumbre *f.* summit
cumplido accomplished
cumplir: cumplir años to turn, reach an age; **cumplir con** to carry out, fulfill
cuna cradle
cuota quota; share
cúpula dome, cupola
cura *f.* cure; *m.* priest

dama lady
dañar to damage
dañino harmful, destructive

daño *n.* damage
dar to give; **dar de comer** to feed; **darle igual** to be all the same to someone; **darle la (real) gana** to feel like doing (exactly as one likes); **darle vueltas a algo** to think a matter over; **dar por descontado/sentado** to take for granted; **darse a** to make oneself, to become; **darse cuenta de** to realize; **darse por vencido** to give up; **darse vuelta** to turn around; **dar vueltas** to turn, revolve, go around; **no dar el brazo a torcer** to stand firm
dato piece of information; **datos** data
deber *n.* duty; *inf.* to ought to, must
deberse (a) to be due (to)
debido (a) due (to)
débil weak
debilidad weakness
decanatura dean's office
decidir to decide
decimotercero thirteenth
declinación decline
declive *n.* decline
decorado *n.* set (decorations and props)
dedicarse (a) to devote oneself (to)
dedillo: al dedillo at one's fingertips; perfectly, thoroughly
dejar to leave; to lend; **dejar de** to give up; to cease; **dejar en paz** to leave alone
delator informer, accuser
delincuencia crime, delinquency
delincuente criminal
delito crime, offense
demanda *n.* demand; lawsuit
demandar to sue
demarcar to mark out
demás: los demás the others, the rest
demasía surplus
demasiado too (much)
demócrata *m./f.* democrat
demográfico *adj.* demographic, population; **explosión demográfica** population explosion
demoler (ue) to demolish
demonio demon, devil
denominar to name, denominate
denunciar to report, denounce
deportar to deport
depredación depredation, pillaging
deprisa rapidly
derechista *m./f.* rightist
derecho law; right

derivado derived
derrota *n.* defeat
derrotar to defeat
derrumbar to overthrow; to throw down; **derrumbarse** to collapse
desacuerdo disagreement
desafiante challenging; defiant
desafiar to challenge, dare
desafío *n.* challenge
desafortunadamente unfortunately
desagradable unpleasant
desaparecer to disappear
desaparecido *adj.* disappeared; *n.* missing person
desaparición disappearance
desarmar to disarm; to take apart
desarrollado developed
desarrollar to develop
desarrollo *n.* development; **en vías de desarrollo** developing
desbocado *adj.* runaway, uncontrolled
descalzo barefoot
descansar to rest, relax
descanso *n.* rest
descarnado raw, harsh
descascarado chipped
desconcierto confusion
desconfiar to distrust
descongelación thawing, unfreezing
descontado: dar por descontado to take for granted
desde since, from; **desde luego** naturally, of course
desdoblado split
desdoblamiento splitting
desechable disposable
desechar to throw out, get rid of
desecho *n.* scrap, rubbish; **desechos** industrial waste
desempeñar to carry out; to fulfill; to play (a part)
desempleo unemployment
desenfundar to unsheath, remove from a case
desenterrar (ie) to dig up
desentrañar to unravel, disentangle
desenvolverse (ue) to evolve, unfold
desequilibrio imbalance
desesperadamente desperately
desesperar to despair, lose hope
desestabilizar to destabilize
desfile parade
desgraciado unlucky, unfortunate
desgranar to tell; to announce
deshacer to undo

deshielo   thawing, unfreezing
deshilachado   worn, frayed
desierto   desert
desigualdad   inequality
deslizar   to slip, slide
desnudo   nude, naked
desobedecer   to disobey
desorden   disorder, confusion
despachar   to dispatch, send
despedida   farewell; closing (letter)
despedir (i, i)   to fire; to give off, emit;
   despedirse   to say good-bye; to take
   leave
despejado   clear, awake
despejar   to clear; to remove
despenalizar   to decriminalize
desperdiciar   to waste
desperdicio n.   waste
despertar (ie)   to awaken, wake up
despilfarro   wasting, squandering
desplegar (ie)   to unfold, unfurl
despoblar (ue)   to depopulate, reduce
   the population of
despótico   despotic, tyrannical
despotricar   to rave, carry on
despreciado   despised
despreciar   to scorn, despise
desprecio n.   scorn, contempt, disdain
despreocuparse   not to worry
desproporcionado   out of proportion
destacarse   to stand out
desternillarse de risa   to split one's
   sides laughing
destinatario   addressee
destino   destiny; destination
desvarío   delirium, raving
desventaja   disadvantage
detalladamente   in detail
detallado   detailed
detalle   detail
detención   arrest, detention
detener (ie)   to arrest; to stop, cease
deterioro   deterioration; damage
detonador   detonator
detrimento   damage, detriment
deuda   debt; **deuda exterior o externa**
   foreign debt
devolver (ue)   to return, give back
día de fiesta   holiday
diantres   Darn it! (an exclamation)
diario n.   daily newspaper; **a diario** adv.
   daily
dibujo   drawing
dictador   dictator
dictadura   dictatorship

didáctico   didactic
diestra: a diestra y siniestra adv.
   right, left, and all around
diestro   skilled
diferencia: a diferencia de   unlike
diferenciarse de   to differ from
dignarse   to deign, condescend
digno   worthy; decent; dignified
dios   god
diosa   goddess
dióxido de carbono   carbon dioxide
diptongo   diphthong
dirección   address
dirigente n. m./f.   leader
dirigir   to lead, direct; **dirigirse (a)**
   to speak (to), address; to head (to)
disculpa n.   excuse, plea, apology
diseño n.   design
disfrutar de   to enjoy
disgusto   dislike; unpleasant experience
disimulado   covered up, pretended;
   hacerse el disimulado   to pretend
   not to notice
disimular   to dissimulate, pretend, hide
   one's true feelings
disimulo n.   dissimulation; craftiness;
   concealment
disminuir   to lower, diminish
disparar   to fire, shoot; **dispararse un
   tiro**   to shoot oneself
disponibilidad   availability
disponible   available
dispuesto   willing
distraer   to distract, divert; **distraerse**
   to amuse oneself
distraídamente   absent-mindedly;
   casually
disturbio   disturbance; **disturbios**
   turmoil
diversión   amusement, entertainment
divertido adj.   fun, entertaining
divisar   to make out, discern
divisorio adj.   dividing
doblaje   dubbing
documental   documentary
doloroso   painful
dominación   domination; rule
dominado   dominated
dominador adj.   dominating,
   controlling; n.   dominator
dominante adj.   domineering; dominant
dominar   to dominate; **dominar una
   lengua**   to speak a language fluently
Domingo de Ramos   Palm Sunday
dominical adj.   Sunday

dominio   authority, control
don   title of respect used with male
   names
dondequiera   wherever
doña   title of respect used with female
   names
dorado   golden
dormirse sobre sus laureles   to rest
   on one's laurels
dosis f.   dose
drama m.   play
dramaturgo   playwright
droga   drug
drogadicción   drug addiction
drogata m./f.   junkie, drug addict
duda: sin duda   undoubtedly; **sin
   lugar a dudas**   undoubtedly; **no
   cabe duda**   there is no doubt
dulce adj.   sweet; n.   candy
duración   period, length of time;
   duration
duradero   lasting
durar   to last

echado adj.   stretched out
echar   to throw, toss; **echar mano a**
   to get hold of; **echar mano de**   to
   make use of; **echar pie atrás**   to
   back out/down; **echarse a**   to start;
   to burst out; **echar un vistazo**   to
   take a look at; **echar raíz**   to take root
ecología   ecology
ecológico adj.   ecological
ecologismo   environmentalism
ecologista n. m./f.   environmentalist
ecólogo   ecologist
ecuestre   equestrian
edad   age; **Edad Media**   Middle Ages
edema m.   edema, swelling
edificación   building
editar   to publish; to edit
editorial adj.   publishing; f.
   publishing company
edredón   down comforter
efectuar   to carry out, (accomplish); to
   effect
eficacia n.   effectiveness; efficiency
eficaz adj.   effective; efficient
eficiencia   efficiency
eficiente   efficient
efímero   ephemeral, short-lived
egoísta   selfish
ejecutado   executed, carried out
ejemplificar   to exemplify

ejercer to practice, perform; to exercise, wield
ejercitarse to exercise
ejército army
elaborar to elaborate
elegido elected
elegir (i, i) to elect; to choose, select
elogiable praiseworthy
elogiar to praise
embajador ambassador
embargo: sin embargo however
emerger to emerge
emocionante exciting
empacadora packing factory
empacar to pack
empanada meat pie
empaque *m. n.* packaging
emparentado related
empeño aim, desire, ambition
empeorar to worsen
emperador emperor
empero but; yet; however
emperrarse to be dead set on; to lose one's temper
empinado steep
empleado employee
empleo job; employment
emprender to undertake; to start
empresa *n.* company; enterprise; **administración de empresas** business administration
empresario businessperson, employer, manager
empuñar to grasp, clutch, grip
emular to emulate
enaltecer to exalt, praise
enarbolar to hoist up
encabezamiento heading
encabezar to lead, head
encajar to fit; to insert; to fit in
encantado enchanted, delighted
encantador enchanting, charming
encantar to delight, charm
encanto *n.* enchantment; magic spell
encarcelar to put in jail
encargado *adj.* in charge
encargo *n.* errand, assignment; order
encauzar to channel, direct
encender (ie) to turn on; to light
encendido lit; turned on
enchufe plug; outlet; **tener enchufe** to have connections
encima on top, above; **por encima** on top
enclave enclave, area, grouping

encogerse to shrink
encuadrado framed
encuadrar to insert, incorporate
encuentro *n.* encounter; meeting
endémico endemic, characteristic of a region
enérgico energetic
enfatizar to emphasize
enfermedad disease, sickness
enfermero nurse
enfisema emphysema
enfocarse en to focus on
enfrentamiento clash, confrontation
enfrentarse (a/con) to deal (with), confront
enganchado hooked
engañar to deceive
engañoso misleading, deceptive
engordar to make fat; to become fat
engullir to swallow, gulp down
engurruñado wrinkled, crumpled
enjabonar to soap
enjundioso substantial
enmarañar to entangle
enojado angry
enorgullecerse de to take pride in
enramada a type of food
enredarse to get tangled up
enriquecer to enrich; **enriquecerse** to get rich
ensalmo spell
ensamblado assembled
ensayo essay; rehearsal
enseñanza *n.* teaching
enseñar to show; to teach
ensordecer to deafen; to muffle
ente entity
entendimiento understanding
enterarse de to find out about
enternecido touched emotionally, moved
enterrado buried
enterrar to bury
entierro *n.* burial; funeral
entrada entry; influx; ticket
entrañas entrails, bowels
entrega delivery
entregar to deliver, hand over, hand in; **entregarse** to surrender
entretenimiento entertainment
entrevista *n.* interview
entrevistado interviewee
entrevistador interviewer
entrevistar to interview; **entrevistarse** to be interviewed

envase container
envenenamiento poisoning
envenenar to poison
envidiar to envy
envoltorio bundle; wrapping
envoltura wrapping
envolver (ue) to wrap; **envolverse en** to get involved in
envuelto wrapped (up)
época period, time, age, epoch
equilibrado balanced
equipo team
erguido erect, straight
erguirse (ie, i) to rise up, straighten up; to swell with pride
erosión erosion
escalerilla small ladder
escalofrío chill, shiver
escamotear to snatch away, make vanish
escaparate shop window
escaramuza skirmish
escasamente scarcely
escasez shortage, lack
escaso scarce; very limited; **escaso de** short of; **escasos** few
escena scene
escenario stage, setting; situation, scenario
escénico *adj.* stage
escenografía scenery
esclavizado enslaved
esclavizador *adj.* enslaving
esclavizar to enslave
esclavo *n.* slave
escobilla small broom; brush
escoger to choose
escombros rubble, debris
escondida: a escondidas secretly
escondite hideout
escritura writing; scripture
escultura sculpture
escupidera spittoon
escupir to spit
esforzarse (ue) to make an effort
esfuerzo *n.* effort
esfumarse to disappear
eslabón link
esmalte enamel
esmerarse to do one's best; to shine
eso: por eso therefore; that's why
espada sword
espantar to frighten, scare
especialización specialization; major
especie *f.* species; type, sort
espectáculo show, spectacle

espejo   mirror
esperanza   hope
espeso   thick, dense
espiar   to keep watch on; to spy upon
espigar   to glean; to collect
espina   thorn
esquema *m.*   outline, diagram
esquina   corner
estabilizante   stabilizing
estable *adj.*   stable
establecer   to establish
establecido   established
establecimiento   establishment; institution
estación   season; station
estadísticas   statistics
estado   state; **golpe de estado**   coup d'état
estado civil   marital status
estampa   print, engraving; look, image
estampado   stamped, printed
estampilla   stamp
estancamiento   stagnation
estancia   stay
estanco   tobacco shop
estándar   standard
estandarte *n.*   standard, banner; stand
estatal *adj.*   state
estentóreo *adj.*   booming, strident
estimado   dear (formal letter)
estimar   to estimate; to esteem
estirar   to stretch
estorbar   to hinder, obstruct, impede
estorbo *n.*   hindrance, annoyance
estragos   havoc, destruction
estrecharle la mano   to shake someone's hand
estrecho *adj.*   narrow; close; **relaciones estrechas**   close relations
estrella   star
estremecer   to shake, shudder
estrenar   to show or wear for the first time
estriado   grooved, striated
estribillo   refrain
estrofa   stanza, verse
estudioso *n.*   scholar
estupefaciente *n.*   narcotic
estupefacto   astonished, speechless
estupendo   marvelous, wonderful
etapa   stage, phase
ética   ethics
etiqueta   label
etnia   ethnic group
evitar   to avoid

exceso   excess, surplus
exigente   demanding
exigir   to demand, require
éxito   success
exitoso   successful
expender   to sell
explicar   to explain
explotar   to exploit; to explode
expulsar   to expel
exterior *adj.*   foreign; **al exterior**   abroad, out of the country
extirpar   to remove, eradicate
extraído   extracted
extranjero *adj.*   foreign
extraviarse   to get lost

fábrica   factory
fabricante   maker
facción   facial feature
facilitar   to facilitate, make easy
factible   possible, feasible
faena   task, job
falla   fault, defect
falta *n.*   lack; **hacer falta**   to be needed or necessary
faltar   to be missing or lacking
fanatismo   fanaticism
fantasear   to fantasize
fantasma *m.*   ghost
farmacéutico *adj.*   pharmaceutical; *n.*   pharmacist
farmacia   pharmacy, drugstore
farol *m.*   street light
fascinación   fascination
fascinar   to fascinate
fatalista *adj.*   fatalistic
fatigarse   to wear oneself out
favorecer   to favor
fe   faith
fechado   dated
fechar   to date, put a date on
felpa   plush, velvet
feroz   ferocious
ferrocarril *m.*   railroad
festejar   to throw a party; to celebrate
feto   fetus
fiebre *f.*   fever
fiel   faithful
figurarse   to imagine, figure
fijar   to fix, fasten; **fijar la vista en**   to stare at; **fijarse en**   to notice
filial *f.*   branch, subsidiary
fin *m.*   end; **a fin de**   in order to; **a fines de: a fines de los noventa**   in the

late nineties; **al fin**   finally; **al fin y al cabo**   after all; **en fin**   in short; well; **por fin**   at last
final *m.*   ending; **al final**   at/toward the end
finalidad   objective, aim
firma *n.*   signature; firm
firmar   to sign
firulete   decorative pattern
físico *adj.*   physical
fláccido   flaccid, soft
flaco   thin, skinny; weak
flanqueado   flanked
flaqueza   weakness
flauta   flute
florecer   to flourish
fluir   to flow
foco   spotlight; light bulb
fomentar   to promote, encourage
fondo   bottom; back; **fondos**   funds; **al fondo**   in the back
forja   forging
forjar   to forge, shape, make
forma   form; way, manner; **de esta forma**   in this way; **de todas formas**   at any rate
formación   formation; training; education
formar   to form; to train; to educate
formulario   form, document
fornido   well-built, hefty
forrado   lined
fortalecer   to strengthen
fortaleza   strength; fortress
fortuito   fortuitous, accidental
fracaso   failure
fracción   fraction
francamente   frankly, honestly
frasco   jar
frente *m.*   front; *f.*   forehead; **frente a** *prep.*   facing, in front of
frescura   freshness; coolness
fresno   ash tree
frijol (fríjol) *n.*   bean
fritura   fried dish
frondoso   leafy, lush
frontera   border; frontier
fructífero   fruitful
fuente   fountain; spring; source; serving platter
fuere: sea como fuere   be that as it may
fuerte *adj.*   strong; *n.*   fort
fuerza   strength; force; **por fuerza**   by force; against one's will
fuga de cerebros   brain drain

funcionar   to work, function
funcionario   official, employee; government official
fundación   foundation; founding
fundirse   to merge; to melt
fusil *m.*   rifle, gun
futbolista *m./f.*   soccer player

gabinete   cabinet; laboratory
galardonar   to give a prize to
gallardo   graceful, elegant; gallant
gama   gamut, range
gamada: cruz gamada   swastika
gamín *m.*   homeless child in Bogotá
gana *n.*   desire, wish, urge; **darle la gana**   to feel like; **tener ganas**   to feel like
ganadería   cattle raising
ganado   cattle
ganador   winner
ganancia   profit; **ganancias**   earnings
ganancioso   profitable; **salir ganancioso**   to come out ahead
ganar   to earn; to win; **ganarse la vida**   to earn a living
ganadero *adj.*   cattle
gangoso   nasal, twanging
garabato   scribbling, scrawl
garantizado   guaranteed
garantizar   to guarantee
garrafal *adj.*   enormous
gasto   expense; **gastos**   spending
gaveta   drawer
gavilla   bundle, sheaf
gemelo   twin
general: por lo general   generally
generar   to generate
género   gender; genre (type of literature)
gerente *m./f.*   manager
gesto   expression; gesture
gira   performance tour
girar   to spin, rotate; **girar en redondo**   to spin around
giro   expression
gobernante *n.*   ruler, governor
gobierno   government
gol   goal (soccer)
golpe   blow; **de golpe**   suddenly; **golpazo**   heavy blow; **golpe de estado**   coup d'état
golpear   to hit, beat
goma   eraser; rubber; tree gum
gorjeo   trill, gurgling
gorro   cap, hat

gota   drop
gotear   to drip
gozar   to enjoy, delight in
grabación   recording
grabado *adj.*   recorded; engraved
grabadora   tape recorder
grabar   to record
gracia   grace; wit
gracioso   funny
Gran Bretaña   Great Britain
grano   grain; seed; **ir al grano**   to get to the point
grasa   fat
grave   serious, grave
Grecia   Greece
griego   Greek
gritar   to scream, shout
gritón *n.*   shouter; street vendor or collector
guajolote   turkey
guardar   to keep; to put away
guau guau   bowwow, woof woof
guerra   war; **nombre de guerra**   underground name, pseudonym
guerrear   to wage war
guerrero *n.*   warrior; *adj.*   warlike
guerrilla   guerrilla warfare
guerrillero   guerrilla fighter
guión *m.*   script
gurrumino *adj.*   puny
gustar de   to take pleasure in
gusto *n.*   like, interest; taste; **darse el gusto**   to give oneself the pleasure

haber   there to be; **haber que**   to be necessary to; **había una vez**   once upon a time there was; **habérselas con**   to come face to face with
habichuela   bean
habitante *m./f.*   inhabitant
habitar   to inhabit
habla   speech; **de habla (española)**   (Spanish)-speaking
hablante *m./f.*   speaker
hacendado   landowner
hacer: hacer caso de   to heed, notice; **hacer falta**   to be needed; **hacerse**   to become; **hacerse daño**   to hurt oneself; **hacerse el disimulado**   to pretend not to notice; **no hacer caso**   to ignore
hacha *f.* (*but* **el hacha**)   ax
hacienda   country estate, farm, ranch

hada *f.* (*but* **el hada**) **madrina**   fairy godmother
hallado   found
hallar   to find; to discover; **hallarse**   to find oneself; to be
hallazgo   finding, discovery
hambruna   ravenous hunger
harina   flour
hasta   until; up to; to
hastiado *adj.*   fed up
hechizo *adj.*   artificial; *n.*   magic spell
hecho *n.*   fact, deed; **de hecho**   in fact; **hecho de**   made of
hectárea   hectare (2.471 acres)
helado *adj.*   frozen; chilly, cold
hembra   female
herencia   heritage; inheritance
herida *n.*   wound
herido *n.*   wounded
herir (ie, i)   to wound
hermético   hermetic, self-contained
hermetismo   hermitism; secrecy
herramienta   tool
herrumbrado   rusty
hervir (ie, i)   to boil
hierba (yerba)   grass; herb
hilar   to spin
hilo *n.*   thread; fabric
hinchado   swollen
hipermercado   supermarket and department store
Hispania   Roman name for the Iberian Peninsula
hispanohablante *adj.*   Spanish-speaking; *n.*   Spanish speaker
hispanoparlante *adj.*   Spanish-speaking; *n.*   Spanish speaker
histérico *adj.*   hysterical
historia   tale, story; history
historiador   historian
hogar   home; hearth
hoja   leaf; sheet of paper; knife blade
hombría   manliness
hombro   shoulder
honra   honor, reputation
horario   schedule
horizonte   horizon
hormigón   concrete
hornilla   burner; hotplate
hostigar   to harass, pester
hotelería   hotel management
hueco   empty space; hole
huelga   workers' strike
huella   trace; footprint
hueso   bone

huesudo bony
huir to flee; to escape
humedad humidity; dampness
humilde humble
humo smoke
hundir to sink
hurgar to poke, stir; **hurgar las tripas** to tear out someone's guts
husmear to sniff out; to pry into

ibérico Iberian
idioma *m.* language
igual equal; alike; **al igual que** just like; **igual a** equal to; just like
igualdad equality
imagen *f.* image
impecable impeccable, faultless
impedir (i, i) to prevent; to impede, obstruct
impertinente impertinent, insolent
implacable relentless
implantar to implant; to introduce
imponente imposing
imponer to impose
importación import
importunar to bother, pester
impregnar to saturate; to impregnate
imprescindible essential, indispensable
impreso *adj.* printed
impresor printer
imprimir to print
imprudencia imprudence, carelessness
impuesto *n.* tax; *adj.* imposed
impulsar to impel; to drive
inadecuado inappropriate
inapelable unappealable
inasequible unattainable
incaico *adj.* Inca
incansable tireless
incapaz incapable
incendiar to set fire to
incendio *n.* fire
incipientemente little by little, gradually
incluir to include
incluso even
inconforme not in agreement, nonconformist
inconfundible unmistakable
incontable countless, innumerable
incorporar(se) to sit up; to stand up
indecible unspeakable
indeleble indelible

indemnización compensation
indicado indicated, shown
indicar to indicate, show
índice index; rate
indígena *adj. m./f.* indigenous, native; **indígena americano** *m./f.* Native American
indocumentado *n.* illegal immigrant
indumentaria clothing, apparel, dress
ineficiente inefficient
inerte passive; inactive
inesperado unexpected
infeliz *n.* wretch
inflación inflation
inflar to inflate, pump air into
influir to influence
informe report
infraestructura infrastructure
infundir to instill, inspire
ingenuismo naiveté, ingenuousness
ingreso admission; **ingresos** income
injuriar to insult; to abuse
inmediato: de inmediato immediately
inmigración immigration
innato innate, inborn
innoble ignoble
innombrable unmentionable
inodoro toilet
inquietar to worry, disturb
inquietud anxiety, worry; interest
inquilino tenant
insaciable insatiable
insaludable unhealthy
inscribirse en to enter, sign up for
inseguridad insecurity
inservible useless
insomnio sleeplessness, insomnia
insoportable intolerable
inspirador inspiring
instancia: en última instancia ultimately
instruir to instruct, teach
insufrible unbearable
insustituible irreplaceable
intentar to try, attempt
intento *n.* attempt
intercambiar to exchange
interlocutor speaker, person being spoken with
internar to admit (hospitalize); **internarse** to go deeply into
interponerse to come between
intérprete *m./f.* performer, artist
interrogante *n.* query, question
íntimo intimate

intruso intruder, outsider
inundar to flood
inútil useless
invasor *m./f.* invader
invernadero *n.* greenhouse; **efecto invernadero** greenhouse effect
inversión investment
inversionista *m./f.* investor
invertido reversed
invertir (ie, i) to invest
invitar to invite; **invitar a una copa** to pay for someone's drink
involucrado involved
ir: ir al grano to get to the point; **ir a pedir de boca** to go/turn out perfectly
ira ire, wrath
irremisiblemente unpardonably
irrespirable unbreathable
itinerario itinerary
izquierdista *m./f.* leftist

jadeante panting, gasping
jalar to pull, haul
jarabe syrup
jarra pitcher
jerarquía hierarchy
jerárquico hierarchical
jerarquizar to hierarchize
jerez *m.* sherry
jeroglífico *n.* hieroglyphic
jirón bit, shred; short street, court
jonrón home run
jornada workday
jorobado hunchback
jubilado retired
jubilar(se) to retire
Judas: sepa Judas God only knows
judería Jewish quarter
judío *n.* Jew; *adj.* Jewish
juego: en juego in play
juez *m.* judge
jugar (ue): jugarse el pellejo to risk one's neck; **jugarse la vida** to risk one's life
juguete toy
juguetón playful
juicio judgment; **a juicio de** in the opinion of
junta *n.* board, council; **junta militar** military junta
juntar to bring together
junto together
jurar to swear, take an oath

justicia justice
justo just, fair
juventud youth
juzgar to judge

labor *f.* labor, work
laboral *adj.* labor, work, job
lacerado torn, mangled
lacio: pelo lacio straight hair
lacra blot, blemish
ladino person who has adopted Spanish and Hispanic culture in Guatemala
lado side; **por un lado** on the one hand; **por otro lado** on the other hand; **por el otro (lado)** on the other hand
ladrar to bark
ladrillo brick
ladrón thief
lago lake
lágrima teardrop
laguna lacuna, gap
lápida tombstone
largo long; **a largo plazo** in the long run; long term; **a lo largo de** along, throughout
lástima *n.* pity
lata tin can
latifundista owner of a large estate
laurear to honor, reward
lavamanos bathroom sink
lazo bow; tie
leal loyal
lecho bed
lector reader
lectura reading
legado *n.* legacy
legitimar to legitimize
lejano distant, remote
lenguaje language, style of language
lengua romance romance language
lentamente slowly
lente *f.* lens
lento slow
leña firewood
leonado tan-colored
letanía litany
letra letter; lyrics
levantar to raise
ley *f.* law
libertad freedom
libre free (at liberty)

licenciatura bachelor's degree
líder *m./f.* leader
liderazgo leadership
lidiar to fight; to deal with
ligado linked
ligeramente lightly
limosna alms
limpiabotas *m.* shoeshiner
linaje lineage, family
linterna flashlight
liquidación elimination
liviano light
llamada *n.* call
llano *adj.* flat
llave *f.* key (door)
llegada *n.* arrival
llegar a ser to become
llenarse to fill up
lleno *adj.* full; **de lleno** fully, entirely
llevar to take, carry; **llevar a** to lead to; **llevar a cabo** to carry out, execute (accomplish); **llevarse** to take away
local *n.* locale, site (business)
localización location
localizar to find; to locate
locura insanity, craziness; crazy thing or deed
lograr to manage to; to succeed in
logro *n.* achievement
lona canvas
lote portion, share
lotería lottery
lucha *n.* struggle, fight; **lucha armada** armed struggle
luchador fighter
luchar to fight, struggle
lucidez lucidity, clarity
luego afterward, soon; next; **luego de** after
lugar place; **sin lugar a dudas** undoubtedly; **tener lugar en** to take place in
lugarteniente lieutenant
lujo luxury; **de lujo** deluxe, luxury
lustrar to polish

macanudo great, terrific
machismo *n.* machismo, masculinity
machista *adj.* full of machismo
macho *n.* male; macho
madera wood; plank
maderero *adj.* timber, lumber

madre mother; river bed
madrugada very early morning
maestría master's degree
maestro teacher
mago magician; wizard
maíz *m.* corn, maize
majadero *n.* fool; *adj.* silly, foolish
mal *n. m.* evil
malcomprendido *adj.* misunderstood
maldecir (i) to curse
maldición curse, damnation
maldito damned
malevo malevolent, spiteful
malintencionado *adj.* having bad or evil intentions
malsano unhealthy
maltrato ill-treatment
malversación misappropriation; **malversación de fondos** embezzlement
maná *m.* manna
manar to flow, run
mando *n.* command, control
manejar to run, manage; to drive; to use
manejo *n.* handling, running; use
manera manner, way; **de la misma manera** in the same way; **de todas maneras** at any rate
mango *n.* handle
manguera hose
manifestación manifestation, show, sign; demonstration, rally
manifiesto statement, declaration
maniobra maneuvering
manipuleo manipulation; handling
manito pal, buddy
mano *f.* hand; **echar mano de** to make use of; **estrecharle la mano a alguien** to shake someone's hand; **mano a mano** hand in hand, jointly; **mano de obra** labor, work force; **pasársele la mano** to go too far, go over the line; **poner mano a** to lay hands on
manosear to handle; to fondle
mantener (ie) to maintain, keep; to support
mantenimiento maintenance; support
mantilla mantilla, woman's shawl worn draped over the head
maquiladora assembly plant
maquillaje makeup, cosmetics
máquina de escribir typewriter
maquinaria machinery

maravilla marvel, wonder
marco frame
mareado seasick; dizzy
margen margin
marginado marginalized, excluded
marginar to marginalize, exclude
marido husband
marino *n.* sailor, seaman
mariscal field marshal
marítimo *adj.* maritime, sea
mas but, however
más more; **es más** what's more; **más allá** farther, beyond
masacrado massacred
mascullar to mumble, mutter
masivamente en masse, on a large scale
mataperrear to wander the streets, hang out
matasellos postmark
materno maternal
matriarca matriarch
matricial *adj.* matrix
matricularse to enroll; to register
matrimonio marriage
mayor older; oldest; greater; greatest; **plaza mayor** main square
mayoría *n.* majority
mayoritario *adj.* majority
mayúscula *n.* capital letter
mazorca ear of corn
mecanografía typing
mecedora rocking chair
mediante *prep.* by means of, through, by
medible measurable
medida measure; measurement, step; **en gran medida** to a great extent; **en la medida que** insofar as
medio *adj.* middle; half; average; *n.* means; **medio ambiente** natural environment; **medio de transporte** means of transportation; **Medio Oriente** Middle East; **medios de comunicación de masa** mass media; **por medio de** by means of; **término medio** compromise, happy medium
medir (i, i) to measure
médula marrow; core
mejor: a lo mejor maybe
mejora *n.* improvement
mejorado improved
mejorar to improve
melena long mane (hair)
membrete letterhead

menear to move, shake
menor de edad minor, underage
menos less
menospreciar to despise; to underrate
menta mint
mente *f.* mind
mentir (ie, i) to lie
mentira lie
menudencia trifle, small thing
menudo: a menudo often
mercachifle small-time trader, dealer
mercadeo marketing
mercader merchant
mercado market; **mercado libre** free market
merecer to deserve
merecido deserved
mero mere
meseta plateau
mestizaje mixing of races (European and Native American)
mestizo *adj.* of mixed European and Native American origin
mesurado moderate, measured
meta goal, aim
meticulosidad meticulousness
mezcla *n.* mixture
mezclar to mix
mezquita mosque
mientras while; **mientras tanto** meanwhile
milagro miracle
millar *n.* thousand
mil millones billion
milpa corn field
minar to undermine
minería mining
ministerio ministry
minoría minority
mira *n.* aim, intention
misa mass (Catholic)
miseria misery; poverty; **villa miseria** shantytown
mísero miserable, wretched
misión mission
mitad half
mítico mythical
mito myth
mixto mixed, co-ed
mocedad youth
mocoso *n.* (snotty) brat
moda: de moda in style, fashionable, popular
modismo idiom

modista *m./f.* fashion designer
modo mode, manner, way; **del mismo modo** in the same way; **de todos modos** at any rate; **modo de vivir** way of living
mofarse de to ridicule
mohoso rusty
moldear to mold, give shape
mole *f.* mass or pile of buildings
molestar to bother
montaje *m.* editing; assembly
montar to assemble; to set up
Montes Cantábricos Cantabrian Mountains
montículo small heap, lump
montón pile, heap
moño hair bun; bow
morado purple
moraleja moral (of a story)
morder (ue) to bite
moreno olive-skinned; dark-skinned; tanned
moribundo dying
moro *adj.* Moorish; *n.* Moor; **moros y cristianos** black beans and (white) rice
mortífero deadly, lethal
mosca fly; **por si las moscas** just in case (humorous)
mostrador store counter
mostrar (ue) to show
motivo motif; reason, motive
mozo young man; waiter
muchacho boy
muchedumbre *f.* crowd, mass
mudado moved
mudanza *n.* move to another house
mudarse to move to another house
mueca grimace, gesture
muerte *f.* death
muerto *adj.* dead; *n.* dead person
muestra sample; display
mugre *f.* filth
mugriento dirty, filthy
mulato mulatto; person of mixed European and African descent
multiplicar to multiply
mundial *adj.* world
mundo world
muñeca doll
muñeco doll, figure
muralla city wall
murmurado murmured, whispered
muro wall

musculoso muscular
musitar to murmur
musulmán Moslem

nacer to be born
nacimiento birth
naranjal orange grove
narcotráfico drug traffic
narrador narrator
narrar to narrate
natal *adj.* native, home
naturaleza nature
naufragar to be shipwrecked
náufrago shipwrecked person, castaway
navegación navigation; sailing
Navidad Christmas
neblina fog
necesidad *n.* need, necessity
negación denial; refusal
negar (ie) to deny; **negarse a** to refuse to
negociante businessperson
negociar to negotiate
negocio *n.* business
negrita: en negrita in boldface
nene small child
netamente clearly, purely
nexo link, connection
ni nor; not even
ni siquiera not even
niebla fog
niñez childhood
nítido neat, clean
nivel level; **nivel de vida** standard of living
nobleza nobility, honesty
nocivo harmful
nombrar to name; to appoint
nombre de guerra underground name; pseudonym
nomenclatura nomenclature
nonagenario *adj.* ninety-year-old
norteado pointing northward
norteño *adj.* northern; *n.* northerner
nota *n.* note; grade
notable noteworthy
notar to note
notario notary; clerk
noticia news item; **noticias** news
noticiario news program
novedad novelty
noviazgo engagement
nubarrón large black cloud

nube *f.* cloud
nuevamente again
numerar to enumerate, number

ñame yam (similar to sweet potato)

obligación obligation, duty, responsibility
obligado forced, obliged
obligar to force, oblige
obra *n.* work; **obra de teatro** play (theatrical); **mano de obra** work force, labor
obrero worker, laborer; working class
obsequiar to offer as a gift
obstante: no obstante however, nevertheless
obtención obtaining, securing
ocasionar to cause, produce
occidental western
octavo eighth
ocultar to hide
oculto *adj.* hidden
ocupar to occupy, fill
ocurrir to happen
ofensa offense
oficial *n.* officer; *adj.* official
oficinista *m./f.* office worker, clerk
oficio trade, job
ofrecer to offer
ofrenda offering
ojo eye; **no pegar ojo** not to sleep a wink
ola wave
oleada large wave
oler (ue) to smell
olfato *n.* sense of smell
olla pot, pan
olor *n.* smell, odor
oloroso perfumed, fragrant
ombligo navel
opaco opaque
operar to operate on
operación operation, surgery
opinar to give one's opinion; to think
oponerse (a) to oppose
oprimido oppressed
oquedad *n.* hollow; void
oración prayer; sentence
orden *m.* order; arrangement, disposition; *f.* command
ordenar to order, command; to put in order

organismo organization; organism
orgullo pride
orgulloso proud
oriental eastern
orificio hole, orifice
orisha god/saint of Santería
orquesta orchestra
orquestar to orchestrate
orquídea orchid
osar to dare
oscurecer to get dark
oscuro dark
ostentar to show off; to have
otra vez again
oveja sheep
overol overalls

pacificar to pacify, appease
pacífico peaceful
padecer to suffer from
pago payment
paja straw
pájaro bird
pala shovel
palanca crowbar; **tener palanca** to have connections
palangana washbasin
pálido pale
palma palm leaf
palmada *n.* clap, pat
palmera palm tree
paloma dove; pigeon
panorama *m.* panorama, outlook
pantalla screen; lampshade
pañuelo handkerchief
papel paper; part, role; **papel periódico** newsprint
paquete package
par couple, pair; **a la par con** at the same time as, while
parada *n.* stop
parado *adj.* unemployed
paradoja paradox
parador inn, state-owned hotel
paraje place, spot
parar to stop; **pararse** to stand up
parcela plot, piece of ground
pardo dark, brown
parecer to seem; **parecerse a** to resemble
parecido similar
pared wall
pareja pair, couple; partner; **en parejas** in pairs

pariente relative
parir to give birth
paro *n.* unemployment
párrafo paragraph
parroquiano parishioner; regular customer
particular *n.* private citizen
particularidad peculiarity; special feature
partidario partisan
partido political party; game, match
partir to leave, depart; **a partir de** beginning in/on/with
pasaje *m.* ticket (for travel); passage, selection
pasajero passenger
pasamanos *m.* handrail
pasar to happen; to spend (time); **pasar de** to go beyond, exceed; **pasársele la mano** to go too far, go over the line
paseo stroll, walk
paso *n.* step; pace
pastilla tablet, pill
patear to kick
patilla sideburn
patitieso *adj.* paralyzed
pato duck
patrimonio heritage
patrón patron; standard; boss, master
P.D. (post data) P.S.
pecado sin
pecho chest; **pechos** breasts
pedazo piece
pedestal pedestal, stand, base
pedir (i, i) to ask for; to order; **pedir limosna** to beg for alms; **pedir prestado** to borrow; **ir a pedir de boca** to go/turn out perfectly
pegado glued, stuck
pegar: no pegar ojo not to sleep a wink
peinar la culebra to waste time, be lazy
peldaño step
pelear to argue, quarrel
peligroso dangerous
pellejo hide, skin; **jugarse el pellejo** to risk one's neck; **salvarse el pellejo** to save one's skin
pelo: con pelos y señales with lots of details; **tomarle el pelo a alguien** to pull somebody's leg
pena punishment; distress; **pena de muerte** death penalty

pendiente pending, unsettled; **estar pendiente de** to be attentive to, waiting on
penitenciaria: colonia penitenciaria prison camp
penoso painful, distressing
pensión boarding house, guest house; retirement pension
penumbra shadows
pequeñez smallness; trifle, small thing
percatarse de to notice, take note of
percibir to perceive
perder (ie) to lose; **perder de vista** to lose sight of
pérdida loss; **pérdida de tiempo** waste of time
perdido *adj.* lost; **perdida** *n.* loose woman, tramp
perdiz partridge
perdurar to last
perfeccionado perfected
perfumado fragrant, perfumed
periódico newspaper; **papel periódico** newsprint
perjudicar to damage, harm, impair
permanecer to remain
pernicioso pernicious, harmful
perrera dog pound; doghouse
perseguido pursued; persecuted
personaje character
pertenecer to belong
pertinente *adj.* relevant
pesado heavy; boring
pesar to weigh; **a pesar de** despite, in spite of
peseta unit of currency (Spain); twenty-five cents (Puerto Rico)
peso *n.* weight
pesquero *adj.* fishing
petición petition; request
petrolero *adj.* petroleum; **petrolera** *n.* oil company
pez *m.* fish
picado minced, chopped
picantería restaurant with hot, spicy food
pico: y pico and a bit
pie: echar pie atrás to back up, step back
piedad pity, compassion
piedra de afilar whetstone
piel *f.* skin; leather; fur
pieza piece; room
piltrafa worthless or cheap object
pincel *m.* paintbrush

pintado painted
pintura painting
pionero pioneer
piringundín dive, cheap bar
pisada footstep
pisar to step on
pisco a type of strong liquor
pistola gun
plagar to plague; to fill
planeación planning
planeta *m.* planet
plano plan, drawing
plantar to plant; to stop, finish; to give up
plantear to set forth; to state; **plantearse** to arise
plátano plantain; banana
plaza square; **plaza de toros** bullring; **plaza mayor** main square
plazo time limit; **a largo plazo** in the long run; long-term
plebiscito plebiscite, election
plenamente fully, completely
plomo *n.* lead (metal)
plumazo stroke of the pen
población population
pobre *adj.* poor
pobreza poverty
poco a poco little by little
poder (ue) *inf.* to be able; *n.* power
poderoso powerful
poema *m.* poem
poesía poetry; poem
polémica controversy, debate
policiaco *adj.* police, detective
polifacético multifaceted
poliomielitis *f.* poliomyelitis
politeísta polytheistic
política *n.* politics
político politician; *adj.* political
polo pole
poner to put; **poner en escena** to stage; **ponerle mano a** to lay hands on someone; **ponerse** to get, become; **ponerse a** to begin to; **ponerse de acuerdo** to come to an agreement, agree
pormenor *n.* detail, particular
porque because
porquería rubbish, garbage, filth
portada magazine/book cover
portafolio briefcase
portal *m.* vestibule, hall; main entrance

portavoz *m.* spokesperson
porvenir future
poseer to possess, own
postal *f.* post card; **tarjeta postal** post card
postura attitude, position, stand
potable drinkable
potencia power, ability
pozo *n.* well; **pozo de los deseos** wishing well
precario precarious
precaver to take precautions
precedente: sin precedente unprecedented, unparalleled; **sentar un precedente** to establish a precedent
precedido preceded
predecir to predict, foretell
predilecto favorite
prefiguración foreshadowing
prejuicio prejudice
premio prize; award
prensa press, media; **rueda de prensa** press conference
preponderante preponderant, superior
presa prey
presión pressure; **presión arterial** blood pressure
presionado under pressure
preso *adj.* imprisoned; *n.* prisoner
prestado *adj.* lent, loaned; **pedir prestado** to borrow
préstamo loan
prestar to lend; **prestar atención** to pay attention
prestigio prestige
presumido pretentious
presupuestar to budget
presupuesto *n.* budget
pretender to seek to; to aim at
prevención prevention
prever to foresee, predict
previsor foresighted, prudent
previsto foreseen; **tener previsto** to anticipate
prieto blackish, dark
primacía primacy
primordial basic, fundamental, essential
princesa princess
príncipe prince
principiante *m./f.* beginner
principio principle; **al principio** in the beginning; **a principios de** at the beginning of

prisión prison, jail
prisionero prisoner
problema *m.* problem
procedencia origin
procesamiento de datos data processing
procurar to try to
pródigo *adj.* prodigal, wasteful; generous
producción en cadena mass production
producir to cause; to produce
producto bruto interno gross domestic product
profundidad depth
profundo deep, profound
programa *m.* program
progresista progressive
prójimo neighbor; one's fellow man
proletariado proletariat
prolijamente meticulously; tediously
promedio *n.* average
promover (ue) to promote, encourage
pronombre *m.* pronoun
pronto soon; **de pronto** suddenly; **por lo pronto** for the moment
propiedad property; propriety
propio own; one's own; very same; himself, herself, itself
proponer to propose
proporcionar to give, supply, provide
propósito purpose
propuesta proposal
propuesto *adj.* proposed
prospecto prospectus; instructions
prosperidad prosperity
proteccionismo protectionism
proteger to protect
provenir (ie, i) to come from
providencial providential, resulting from divine intervention
provocar to provoke; to cause
prueba proof, piece of evidence
prusiano Prussian
público *adj.* public; *n.* audience
pueblo people of a region or country; town, village
puente *m.* bridge
pues since, because
puesta en escena *n.* staging
puesto *n.* position, job; **puesto laboral** position, job; **puesto que** *conj.* since
pujante strong, vigorous
pulido polished

pulmón lung
punto de vista point of view
punzante piercing; biting
puñado fistful
puñal *m.* dagger
puño fist; **puños** cuffs (sleeves)
puro *n.* cigar; *adj.* pure; mere

quebrado broken, shattered
quedar to be left, remain; **quedarse** to stay; **quedarse con** to keep; to end up with
quejarse to complain
quemar to burn
querido dear (informal letter)
quiebre breakdown, collapse
quieto still, motionless
quietud calmness
quitar to take away, remove

rabo de buey oxtail
racionar to ration
raíz root; **echar raíz** to take root
ranchero rancher, farmer
rancio rancid, stale; long-established
rango rank
rapidez speed
rara vez *adv.* rarely
raro strange, rare
rasgo feature, trait
rastro trace, sign
rasurarse to shave
rata rat
rato *n.* while, short period of time
ratón mouse
rayo ray; thunderbolt; **rayos** lightning
raza race
razón *f.* reason; **razonable** reasonable; **razón social** trade name, firm's name; **tener razón** to be right
realizado accomplished
realizar to make, to do; to realize
reanudar to renew; to resume
rebaño herd, flock
rebelde *adj.* rebellious; *n.* rebel
recado message; errand
recalentar (ie) to reheat
recámara bedroom
recargable rechargeable
recargar to recharge; to load on

receptor receiver

recesión recession

receta recipe; **receta médica** prescription

rechazar to reject

recién *adv.* newly, recently

reciente recent

recio strong, tough

recipiente *m.* container

reclamar to claim, demand

reclamo *n.* claim; complaint, protest

recluido shut away, secluded

reclusión seclusion

recobrar to recover, get back

recoger to pick up, gather

recompensa compensation, reward

reconocer to recognize

reconocido recognized

reconocimiento recognition

Reconquista Reconquest (of Spain)

recontraviejo very, very old

recordar (ue) to remember; to recall; to remind

recorrer to travel through

recorrido journey, route

recortado *adj.* cut out

recostado *adj.* reclining

recuerdo *n.* memory, recollection

recuperarse to recover, recuperate

recurrir to turn, resort to

recurso resource

red net; network; Internet, Web

redacción composition; writing; **jefe de redacción** editor

redactar to write, draft

redactor editor; writer

redada police raid

reducir to reduce

reemplazar to replace

referirse (ie, i) to refer to

refinamiento refinement

reflejado reflected

reflejar to reflect

reflejo *n.* reflex; reflection

reflexionar to reflect on, think about

refrescar to refresh; to cool down

refresco *n.* soft drink

refugiado *n.* refugee

refugiarse to take refuge, shelter

refugio *n.* shelter

refutar to refute

regadera shower head

regalar to give (*as a present*)

regar (ie) to water

régimen regime; diet

regir (i, i) to rule, govern

regla rule

reglamento regulations, rules

reina *n.* queen

reinado reign

reinar to reign, rule

reino *n.* kingdom

reja grid, iron bars

relajarse to relax

relegado excluded, marginalized

relegar to relegate; to exclude

rellenar to fill in; to stuff

reluciente shining, gleaming

rematar to finish off

remediar to remedy; to put right

remedio *n.* **no tener más remedio que** to have no alternative but to

remendado mended, patched

remitente *m./f.* sender

remolino swirl, whirl

remordimiento remorse

remoto remote, distant

renacer to be reborn

renacimiento renaissance; rebirth

rendija crack, crevice

rendirse (i, i) to give up, surrender

renombrado renowned

rentable profitable

rentista *m./f.* stockholder

renuncia resignation

reparar to fix, repair

repartición distribution

repartir to distribute

reparto *n.* cast of a play/film; distribution; **reparto de casas** housing subdivision

repique ringing, chiming

replantear to raise (a question) again

repleto filled

reponer to replace, refill

reportaje news report, article

representante *n. m./f.* representative

reprochar to reproach

reproche *n.* reproach

repuesto (*p.p.* of **reponer**) replaced; *n.* refill

requerir (ie, i) to require

resaltar to stand out

rescatar to rescue

reseña review; **reseña de cine** film review; **reseña biográfica** profile

residencia residence; dormitory

residuo residue; **residuos** waste, refuse

resistente resistant

resistir to resist; to endure

resolver (ue) to solve; to settle

resonancia resonance; importance

resoplido heavy breathing; snort

respecto: al respecto about the matter

respetuoso respectful

respirar to breathe

responder to answer, respond

respuesta answer

resquebrajado cracked

resquicio crack, opening

restante remaining

restaurar to restore

resultado *n.* result; **tener como/por resultado** to result in

resultar to turn out; **resultar de** to result from

resumen summary

resumir to summarize

resurgente reemergent, resurgent

resurgimiento resurgence, reemergence

resurgir to reappear, reemerge

retirada withdrawal

retirar to withdraw; to retreat

retocar to touch up

retorcido twisted

retornable returnable

retraso delay; deficiency

retrato portrait

retumbar to resonate

reunir to assemble; to raise; **reunirse** to meet, gather

revelar to reveal

reverso back, other side

reviejo very old

revista magazine

revolotear to flutter, fly about

revolver (ue) to mix, stir

revuelo fluttering; stir, commotion

rey *m.* king; **día de Reyes** Epiphany, January 6; **los Reyes** the Three Wise Men; **Reyes Católicos** Ferdinand and Isabella

rezar to pray

riada flood, torrent

Ricitos de Oro Goldilocks

rico rich; tasty, delicious

riel rail, track

riesgo risk

rigidez rigidity

rima rhyme

rincón corner

riqueza riches, wealth

risa laugh; **desternillarse de risa** to split one's sides laughing
risotada burst of laughter
ritmo rhythm
rizado curly
robar to steal, rob
robo *n.* theft, robbery
roca rock
rocío dew
rodar to roll along, roll down; to shoot (film)
rodeado surrounded
rodear to enclose; to surround
rogar (ue) to beg, plead
rol role
romano Roman
ropero wardrobe (piece of furniture)
rostro face
rótulo sign
rotundamente flatly, roundly
rozar to rub; to scrape
rueda de prensa press conference
ruego request, entreaty
ruido noise
rumbo route, direction
runrún noise, roar, hum
rusófilo "Russophile"
ruta route

sábana bed sheet
saber to know; **no saber ni la cartilla** not to know a single thing; *n.* knowledge
sabido known
sabio *adj.* wise; *n.* wise man; **Alfonso el Sabio** Alfonso the Learned
sabor *n.* taste
saborear to taste, savor
sabroso delicious
sacar to take out, extract; **sacarle el jugo** to get the most out of it; **sacarle las castañas del fuego** to help out someone in a bad situation
sacerdote priest
saco *n.* bag, sack; coat
sacudida *n.* shake, shaking
sagradas escrituras Holy Scriptures
sagrado sacred
salado salty
salario mínimo minimum wage
salida departure; exit; projection, prominence
saltar to jump
salud health

saludable healthy
saludo greeting
salvaje wild; savage
salvar to save; **salvarse el pellejo** to save one's skin
sancocho stew
sangre *f.* blood
sangría spilling of blood; Spanish punch with red wine and fruit
sangriento bloody
sanguijuela leech, bloodsucker
sano healthy
santería religion of mixed African and Christian origin
Santo Grial Holy Grail
sapo toad
sartén *f.* frying pan; **tomar la sartén por el mango** to take action
sastre tailor
sazonar to season (food)
sea: o sea that is to say, in other words; **sea como fuere** be that as it may
secar to dry
seco *n.* dry
secta sect; cult
secuestro kidnapping; hijacking
secundaria *f.* high school
seda silk
Sefarad Sepharad, Hebrew name for Spain
sefardita Sephardic, Spanish-Jewish
seguida: en seguida at once, right away
seguidor *m.* follower
seguir (i, i) to follow
según according to; while
seguro *adj.* sure; safe, secure; *n.* insurance; **seguro de sí** sure of oneself, confident
sello stamp, seal
selva jungle, forest
sembrar (ie) to sow, plant
semejante similar
semejanza similarity, likeness
semilla seed
senador senator
senil senile
sensato sensible
sensibilidad sensitivity
sensible sensitive
sentado: darse por sentado to take something for granted
sentar (ie) to sit; **sentar las bases** to lay the foundations; **sentar un precedente** to set a precedent
sentencia ruling, decision

sentido meaning, sense; **tener sentido** to make sense
sentimiento feeling
señal *f.* sign; **con pelos y señales** with lots of details
señalar to point out; to indicate
séptimo seventh
sepultar to bury
sequía drought
ser humano human being
sereno *n.* night watchman
serpiente *f.* snake
servilleta napkin
servir (i, i) to be useful; **servir de** to serve as
seudónimo pseudonym, false name
siembra sowing, planting
sien *f.* temple (anatomy)
sigla abbreviation, initials
siglo century
significado meaning
significar to mean; to signify
significativo significant
siguiente following
silbido whistle
sinagoga synagogue
singular exceptional, unique; peculiar
siniestra: a diestra y siniestra *adv.* right and left, all around
sinónimo synonym
síntesis *f.* synthesis
Sísifo Sisyphus
sistema *m.* system
sitio place; site
situado located
situar to situate
soberbio magnificent, superb
soborno bribe; bribery
sobra *n.* leftover, surplus; **de sobra** more than enough
sobrar to remain, be left (over)
sobre envelope
sobredosis *f.* overdose
sobrepasar to exceed, surpass
sobrepoblar to overpopulate
sobresalto *n.* start, fright
sobrevivir to survive
sociedad anónima (S. A.) corporation (Inc.)
socio partner; member
sofocar to suffocate, stifle
sofreír (i, i) to sauté
sol sun; former monetary unit of Peru
solapa lapel; flap

solas: a solas alone
soleado sunny
soledad solitude, loneliness
soler (ue) to be in the habit of; to usually (do)
solicitante *m./f.* applicant
solicitar to apply for
solicitud application; **a solicitud** on request
sollozo *n.* sob
soltar (ue) to let go, release
sombra shadow
someterse to yield, give in, submit
somier spring mattress
somnolencia sleepiness, drowsiness
son tune; type of Cuban music/dance
sonrisa smile
soñador dreamer
sopera soup tureen
sopero nosy, gossipy
sopetón: de un sopetón suddenly
soplar to blow
sorbo sip
sórdido dirty; sordid
sorprender to surprise
soslayo: de soslayo sideways
soso tasteless; insipid, dull
sospecha *n.* suspicion
sospechar to suspect
sospechoso suspicious
sostén support; woman's bra
sostener (ie) to maintain; to hold up, support
sotana priest's cassock
sótano basement
suave soft, smooth
subdesarrollo underdevelopment
subempleado underemployed
subida *n.* climb, ascent; rise, increase
subir to go up; to get on; to climb
súbitamente suddenly, unexpectedly
subrayar to underline
subsuelo basement
suceder to happen, occur
suceso event
suciedad dirtiness, obscenity
sudado sweaty
sudor sweat
sueldo salary
suelo floor; ground; soil
suerte *f.* luck; sort, kind
suficiente enough, sufficient
sufijo suffix
sugerencia suggestion
sugerir (ie, i) to suggest

sumado added
sumamente extremely
sumarísimo swift, expeditious
sumergirse to sink, submerge
sumiso *adj.* submissive
sumo *adj.* great, extreme
suncho metal band
superar to overcome
superexplotación overexploitation
superficie *f.* surface
superpoblación overpopulation
supervivencia survival
suplicar to implore
suprimir to suppress; to omit
supuesto supposed
surgimiento emergence
surgir to appear; to emerge; to arise
susceptible de liable to; capable of
suspicacia suspicion, mistrust
sustantivo noun

tableteo rattle, clatter
tablilla tablet, pad of paper
taburete stool; bench
tajante sharp, cutting
tajear to cut up, slash
tal *adj.* such; *adv.* just as; **con tal de que** provided that
talar to cut down; to destroy
tal cual just as it is
talentoso talented
taller workshop
tallo stem
tamal tamale
también also, too
tambor drum
tanto: mientras tanto meanwhile; **por lo tanto** therefore; **tanto A como B** both A and B
tapa *n.* cover; dish of hors d'oeuvres
tapar to cover up
taquígrafo stenographer
tardar to delay; to take (time)
tardío *adj.* late
tarea chore; homework
tarifa tariff, tax; customs duty
tarjeta card; business card; **tarjeta postal** postcard
tartamudear to stammer, stutter
tartamudo *adj.* stuttering; *n.* stutterer
tasa rate
taurino: arte taurino art of bullfighting

techo roof
técnica technique
tehuano from Tehuantepec
tela fabric; oil painting
telaraña spider web
telenovela soap opera
telón theater curtain
tema *m.* topic, theme
tembloroso *adj.* trembling
temer to fear
temeridad recklessness, hastiness
temor fear
temperamento temperament, nature
temporada period, season
tenaz persistent, tenacious
tender (ie) to stretch; to extend; to tend to
tendido: hablar tendido to speak for a long time
tenedor de libros bookkeeper
tener (ie) to have; **tener en cuenta** to take into account; **tener ganas de** to feel like; **tener lugar en** to take place in; **tener previsto** to anticipate; **tener razón** to be right; **tener sentido** to make sense
tensar to tauten; to stretch
tercio third
terminante conclusive, definite
terminar to end, finish
término term; end, conclusion; **en último término** as a last result; **término medio** compromise; happy medium
ternura tenderness
terraplén agricultural terrace
terrateniente landowner
terraza outdoor terrace
terremoto earthquake
terreno terrain; piece of land
tertulia social gathering for conversation
tesis *f.* thesis
tesorero treasurer
tierra earth
tieso stiff, rigid
tila linden-blossom tea
tildar de to label, characterize as
típico *adj.* typical; characteristic
tipo type; typeface
tira *n.* sniper; **tira cómica** comic strip
tiracosas *n.* "thing throwing"
tiránico tyrannical
tirar to throw; **tirar a la basura** to throw out

tiro *n.* shot (of a gun)

tirón pull, tug, sudden jerk

titular *n.* headline

título title; academic degree

tiza chalk

toalla towel

tocar to touch; to play; **tocarle el turno** to be someone's turn; **tocar a su fin** to come to an end

tocino bacon

todavía still, yet; **todavía no** not yet

todo: con todo still, even so; **del todo** entirely, wholly

tomar: tomar la sartén por el mango to take action, take the bull by the horns; **tomarle el pelo** to pull someone's leg

tonelada ton

tonto foolish, stupid

tópico cliché; topic

torcer (ue) to twist; **no dar el brazo a torcer** to stand firm

torcido twisted

tormenta storm

tormentoso stormy

tornero turner, lathe operator; errand boy

torno: en torno a about; around

toro bull

torre *f.* tower

torturar to torture

trabajador *adj.* hardworking; *n.* worker

traducir to translate

traductor translator

trajeado dressed, clothed

trajinado worn out

trama plot

trance moment, juncture; difficult moment or situation

tranquilidad peace, tranquillity

transcribir to transcribe

tránsito traffic

trapo rag

tras behind, after

trasladar to transfer, move

traslado *n.* move; transfer

traste piece of junk; **trastes** pots and pans

trastorno disturbance, trouble

trasvasijar to pour into another container

trasvasije transfer

tratado treaty; **Tratado de Libre Comercio** North American Free Trade Agreement (NAFTA)

tratar to treat; **tratar de** to be about; to try to; to call

trato *n.* treatment

través: a través de through; across; over

travesía voyage

travesura childish prank

trazar to draw, trace

tregua truce

trepador *adj.* (social) climbing

trepar to climb

tribu *f.* tribe

tripas guts; **hurgar las tripas** to tear out someone's guts

triunfar to triumph; to "succeed"

triunfo *n.* victory, "success"

trofeo trophy

tropezar (ie) to stumble, trip; **tropezar con** to bump into

trueno thunder

tufo bad odor, stink

turrón nougat (candy)

tutela protection, guidance

ubicación placement, location

ubicado located

ubicar to locate, place

últimamente lately

último *adj.* last; **por último** *adv.* lastly

único only; unique

unificador unifying

unificar to unite, unify

urbe *f.* large city

urdido put together, contrived

usuario user

útero uterus

útil useful

utilidad usefulness; benefit; **utilidades** profits, earnings

vacante *f.* vacant position

vaciar to empty out

vacío *adj.* empty; *n.* void

vagamente lazily; vaguely

vago lazy; vague; *n.* lazy person

vagón train car

vaina thing, small thing

vaivén coming and going

valer to be worth; **más vale** it is better to; **valerse de** to make use of

valiente brave, courageous

valla fence

valle valley

valor value; courage; **valor nominal** face value

valoración valuation, appraisal

valorar to value

vanguardia vanguard; avant-garde

vaquero cowboy; **vaqueros** jeans

varilla rod, rail

varios several, various

varón male, man

vasco Basque

vasija pot; container

vatio watt

¡Vaya . . . ! What a . . . !

vecino *n.* neighbor; *adj.* neighboring

vela candle

veloz quick, fast

vena vein

venal corrupt, venal

vencer to defeat; to beat

vencido: darse por vencido to give up

vendedor salesperson

venenoso poisonous

venidero *adj.* coming

venta sale; selling

ventaja advantage

ventajoso advantageous

ventanal large window

ventilador electric fan

ver to see; **verse** to be, to find oneself

vera side, edge

veracidad truthfulness

verba eloquence

verdad: de verdad real

verdadero true

verdugo executioner; hangman

vergüenza shame

verificar to verify

verso line of poetry

verter (ie) to pour or dump out

vez *f.* time, occasion; **a la vez que** while; **a veces** sometimes, at times; **de vez en cuando** every so often, from time to time; **en vez de** instead of; **érase una vez** once upon a time there was; **otra vez** again; **por primera vez** for the first time; **rara vez** rarely

vía way, route; train tracks; **en vías de** in the process of; **en vías de desarollo** developing

viable feasible, viable

vibrar to vibrate

vicio vice; bad habit

víctima victim

vida life

vidrio glass

viento: a los cuatro vientos to the four winds, in every direction

vientre *m.* stomach, belly

vigente valid; prevailing

vigilar to watch, watch over

vigor: entrar en vigor to take effect, come into force

villa village; villa

vincular to link; to tie

vínculo link

violinista *m./f.* violin player

virginidad virginity

visigodo *n.* Visigoth; *adj.* Visigothic

vista view; **con vistas a** with a view to; **fijar la vista** to stare at; **perder de vista** to lose sight of; **punto de vista** point of view

vistazo glance; **echar un vistazo** to take a look at

viuda widow

viudo widower

vivacidad vivacity, liveliness

vivienda housing

vivo alive; smart

vocablo word

vocativo vocative, case of direct address

vociferar to shout out, vociferate

voluminoso massive; voluminous

voluntad will; **buena voluntad** goodwill

volver (ue) to return; **volverse** to turn, become; **volver a . . .** to do . . . again

vos *sing.* you

voto vote; vow

voz *f.* voice

vozarrón *m.* booming voice

vuelo flight

vuelta return; walk, stroll; **a la vuelta de** just around; **darle vueltas a algo** to think a matter over; **darse vuelta** to turn around; **dar vueltas** to turn, spin, go around

ya already; right now; **ya no** not anymore; **ya que** since

yacer to lie; to rest

yautía a starchy, edible root

yerba (hierba) grass; herb

yerno son-in-law

yuca yucca

yuxtaposición juxtaposition

zacate hay, fodder; grass

zaguán front hall

zapatero shoemaker

zoco Arab market

zumbido *n.* buzz, hum

zumo juice

zurdo left-handed; clumsy

Index of Reading and Writing Strategies

Permissions and Credits

Text Permissions (Continued)

(continued from p. vi)
Chapter 3: pages 44–45, Reprinted with permission from Abercrombie & Kent International, Inc.; 54, 56–57, © Bernardo Atxaga, 1989. By arrangement with Ediciones B.S.A., Barcelona, Spain. **Chapter 4:** pages 64–66, Reprinted from *Qué pasa*, Santiago, Chile, August 28, 1993, pp. 44–45; 75–76, Reprinted with permission from Siglo Vientiuno Editores, México, D.F. **Chapter 5:** pages 82–83; "La reina rumba habla de la salsa" by Norma Niurka. Reprinted with permission of The Miami Herald. Originally printed in *El Nuevo Herald*, Miami, June 5, 1987; 91, "Ausencia," Printed with permission from FAF Publishing, New York, NY; 92, Act. 16, Reproduced by permission of Oxford University Press from *Resource Books for Teachers: Music and Song*, by Tim Murphey. © 1992 Oxford University Press; 93, © Permiso concedido por Herederos de Nicolás Guillén y Agencia Literaria Latinoamericana. **Chapter 6:** pages 100–101, "La historia oficial por canal 23," by Beatriz Parga. Reprinted with the permission of The Miami Herald. Originally printed in *El Nuevo Herald*, Miami; 110–113, Reprinted with permission from *Colección de 1990* (Editorial Alfaguara, pp. 149–152.); 116, "Política a ritmo de tango," by César Santos Fontenla. Originally printed in *Cambio 16*, No. 743, Feb. 24, 1986, p. 119. **Chapter 7:** pages 120–121, Reprinted with permission from *Tiempo Hispanoamericano* (Mexico); 131, "Paseo de la Reforma," *Los trabajos del mar*, 1983; 132, "Las ruinas de México, Parte II, Sección 5," *Miro la tierra* (Mexico City, Ediciones Era), p. 18; 133, Printed with permission from *Reuters* Wire Services, November 9, 1993 Copyright Reuters Limited 1993. **Chapter 8:** pages 137–138, *Revista Visión—La revista latinoamericana* Editada en Buenos Aires, Bogotá, y México; 147–152, The editors wish to thank the author and his publishers, Girol Books, Inc., for permission to reproduce the text of "Historia del hombre que se convirtió en perro," which appears in *Historias para ser contadas*. Edición completa. Ottawa: Girol Books, Inc., 1982, pp. 34–40. ISBN 0-919659-00-4.
Chapter 9: pages 161–163, Reprinted from *Américas*, a bimonthly magazine published by the General Secretariat of the Organization of American States in English and Spanish; 174–177, "Garabatos," from *Spiks* by Pedro Juan Soto (Rio Piedras, Puerto Rico, 1980). Reprinted by permission of the author. **Chapter 10:** pages 184–185, "El idioma español y lo femenino," by Teresa de Jesús from *Palabra de mujer*; 196–201, Ediciones Torremozas. Apartado 19.032. 8080 Madrid, España. Colección "Ellas también cuentan." **Chapter 11:** page 205, "Manifiesto *Cambio 16* en favor de la legalización de las drogas" by Gabriel García Márquez. Originally printed in *Cambio 16*, No. 1, 154, January 3, 1994; 207, "Legalización de las drogas" by Juan Tomas de Salas. Originally printed in *Cambio 16*, No. 1, 154, January 3, 1994, p. 5; 215–219, From, "Orden jerárquico," by Eduardo Goligorsky. **Chapter 12:** pages 225–226, Cortesía de *La Opinión*; 235–236, "Where You From?," by Gina Valdés; 236–237, "Bilingual Blues," by Gustavo Pérez Firmat from *Bilingual Blues* by Gustavo Pérez Firmat. Copyright © 1994 Bilingual Press/Editorial Bilingüe located at Arizona State University, Tempe, AZ.

Text Sources

Instructor's Guide: page IAE 16, Partially based on a sample in Brodsky, David and Eileen Meagher. "Journals and Political Science," Fulwiler, Toby. *The Journal Book*. Portsmouth, N.H.: Boynton/Cook Publishers, 1987. **Chapter 3:** page 59, Act. 22 partially inspired by "Fairytale Update," in Hadfield, Charles and Jill Hadfield. *Writing Games*. Walton-on-Thames, Surrey: Thomas Nelson and Sons, 1990. **Chapter 7:** page 117, "Tierra llamando a Río: S.O.S.," by Rafael Tamayo. *Cambio 16*, No. 1,071, June 10, 1992, pp. 58–59. **Chapter 9:** pages 165–170, Partially based on information contained on pages 38–40 of Day, Holliday T., and Hollister Sturges. *Art of the Fantastic: Latin America, 1920–1987*. Indianapolis: Indianapolis Museum of Art, 1987. **Chapter 10:** pages 188–192, Groff, Susan Hill, and Mary Hill Rojas. *Contemporary Issues for Women in Latin America*. St. Louis Park, Minnesota: Upper Midwest Women's History Center, 1991.

Realia

Preliminary Chapter: pages 4–5, Reprinted with permission of La Universidad de las Americas, Puebla. **Chapter 2:** pages 34, 37, 38, Reproduced by permission from *The American Heritage Spanish Dictionary*. Copyright © 1986 by Houghton Mifflin Company. **Chapter 6:** page 98, Courtesy La Asociación Madres de Plaza de Mayo.

Illustrations

Anna Veltfort

Photo Credits

Preliminary Chapter: page 1, Ulrike Welsch; 5, Frerck/Odyssey/Chicago. **Chapter 1:** 12 *tl*, David Simson; 12 *tml*, Beryl Goldberg; 12 *tmr*, Beryl Goldberg; 12 *tr*, Victor Englebert; 12 *bl*, David Simson; 12 *br*, Beryl Goldberg; 16 *l*, L.J. Regan/Liaison Agency; 16 *r*, Brian Smith/Outline; 17 *tl*, Matthew Stockman/Allsport; 17 *tr*, Topham/The Image Works; 17 *ml*, AP/Wide World Photos; 17 *br*, AP/Wide World Photos. **Chapter 2:** page 30, Chartrand/Liaison Agency; 31 *t*, David Wells/The Image Works; 31 *b*, Michael Dwyer/Stock Boston. **Chapter 3:** page 41 *tmr*, Sandra Baker/Liaison Agency; 41 (*all others*), Courtesy of the Spanish government tourism office; 44 *tl*, Marketing Ahead; 44 *tml*, Frerck/Odyssey/Chicago; 44 *b*, Nik Wheeler; 45 *tl*, Nik Wheeler; 45 *mr*, Jean Becker/Sygma. **Chapter 4:** page 61, Will & Deni McIntyre/Photo Researchers, Inc.; 65, L. Van Der Stockt/Liaison Agency; 70, Chip & Rosa Maria Peterson; 71 *tl*, Corbis-Bettmann; 71 *tr*, Frerck/Odyssey/Chicago; 75, Gary Payne/Liaison Agency; 76, Frerck/Tony Stone Images. **Chapter 5:** page 82, Grant LeDuc/Corbis; 88, Sarabamda-Rompe Monte by Felipe Garcia Villamil. Photo: ©1993 C. Daniel Dawson; 90, Corbis. **Chapter 6:** page 97, Robert Frerck/Tony Stone Images;

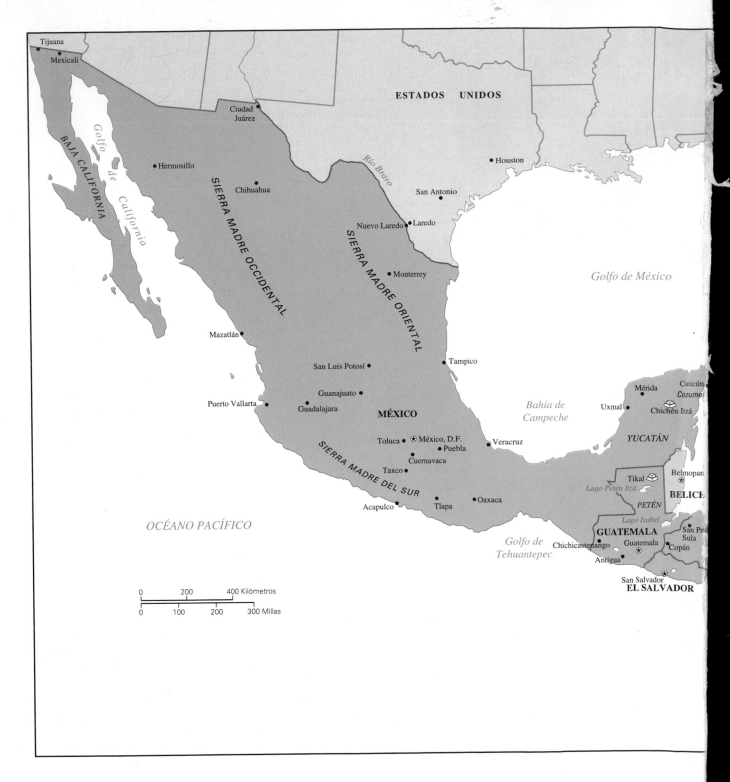

MÉXICO, AMÉRICA CENTRAL Y LAS ANTILLAS